海西求是文库

海西求是文库

近代民间组织与灾害的应对

以福州救火会为论述中心

徐文彬 / 著

T HE NGO and
　　　DISASTER RESPONSE
since MODERN TIMES

社会科学文献出版社
SOCIAL SCIENCES ACADEMIC PRESS (CHINA)

总　序

　　党校和行政学院是一个可以接地气、望星空的舞台。在这个舞台上的学人，坚守和弘扬理论联系实际的求是学风。他们既要敏锐地感知脚下这块土地发出的回响和社会跳动的脉搏，又要懂得用理论的望远镜高瞻远瞩、运筹帷幄。他们潜心钻研理论，但书斋里装的是丰富鲜活的社会现实；他们着眼于实际，但言说中彰显的是理论逻辑的魅力；他们既"力求让思想成为现实"，又"力求让现实趋向思想"。

　　求是，既是学风、文风，也包含着责任和使命。他们追求理论与现实的联系，不是用理论为现实作注，而是为了丰富观察现实的角度、加深理解现实的深度、提升把握现实的高度，最终让解释世界的理论转变为推动现实进步的物质力量，以理论的方式参与历史的创造。

　　中共福建省委党校、福建行政学院地处台湾海峡西岸。这里的学人的学术追求和理论探索除了延续着秉承多年的求是学风，还寄托着一份更深的海峡情怀。多年来，他们殚精竭虑所取得的学术业绩，既体现了马克思主义及其中国化成果实事求是、与时俱进的理论品格，又体现了海峡西岸这一地域特色和独特视角。为了鼓励中共福建省委党校、福建行政学院的广大学人继续传承和弘扬求是学风，扶持精品力作，经校党委、院党委研究，决定编辑出版《海西求是文库》，以泽被科研先进，沾溉学术翘楚。

　　秉持"求是"精神，本文库坚持以学术为衡准，以创新为灵魂，要求入选著作能够发现新问题、运用新方法、使用新资料、提出新观点、进行新描述、形成新对策、构建新理论，并体现党校、行政学院学人坚持和发展中国特色社会主义的学术使命。

　　中国特色社会主义既无现成的书本作指导，也无现成的模式可遵循。

思想与实际结合，实践与理论互动，是继续开创中国特色社会主义新局面的必然选择。党校和行政学院是实践经验与理论规律的交换站、转换器。希望本文库的设立，能展示出中共福建省委党校和福建行政学院广大学人弘扬求是精神所取得的理论创新成果、决策咨询成果、课堂教学成果，以期成为党委政府的智库，又成为学术文化的武库。

马克思说："理论在一个国家实现的程度，总是取决于理论满足这个国家的需要的程度。"中共福建省委党校和福建行政学院的广大学人应树立"为天地立心、为生民立命、为往圣继绝学，为万世开太平"的人生境界和崇高使命，以学术为志业，以创新为己任，直面当代中国社会发展进步中所遇到的前所未有的现实问题、理论难题，直面福建实现科学发展跨越发展的种种现实课题，让现实因理论的指引而变得更美丽，让理论因观照现实而变得更美好，让生命因学术的魅力而变得更精彩。

中共福建省委党校 福建行政学院

《海西求是文库》编委会

序

　　福州位于东海之滨，地处闽江下游的河口盆地。公元前 202 年建城，此后，在漫长的历史岁月中，该地长期作为八闽的政治中心而备受世人关注。清人杭世骏曾饶有兴致地撰有十数首《福州竹枝词》，诗前序曰：

> 闽城环溪带海，三山鼎峙，百货塒积，群萃而州处者，隐隐展展，咸衣食于山海。士朴茂，知礼让，女无冶游自衒之习。斗米不过百钱，薪采于山而已足，鱼盐蜃蛤之饶，用之不竭，佐以番藷蒟芋，民虽极贫，无菜色……

　　在杭世骏笔下，福州依山傍海，境内溪流纵横，物产极为丰富，民众生活安居乐业。此言虽多溢美之词，但在一定程度上勾勒出传统时代福州城市生活的概貌。至 19 世纪中叶，福州作为近代最早开放的五个通商口岸之一，饱经欧风美雨的冲击与洗礼。直到数十年前，福州又成为中国首批对外开放的沿海城市之一，被今人视作海西重镇和海上丝绸之路的重要门户。揆情度理，在全国范围内，福州显然只是个非一线的中小城市，但在福建省，它却是最为重要的中心城市。深入剖析此一独具特色的城市，对于理解中国中小城市从传统迈向现代的发展历程，有着颇为重要的学术意义。

　　福州是我的故乡，我对生于斯、长于斯的这座城市充满感情，更对福州城市的历史地理有着浓厚的兴趣。早在 30 多年前，我就曾利用每年寒暑假返乡省亲的机会，在福建省图书馆特藏部，比较广泛地翻阅各类地方历史文献。1996 年，我利用前期的一点学术积累，出版了《近 600 年来自然灾害与福州社会》一书。在书中有专门的一节，探讨了传统时代最为重要的地方乡里组织，特别是绘制了数幅相关的地图，从空间上展示了社、境之分布及其嬗变。该书是 20 世纪 90 年代方兴未艾的"灾害与社会应对"研究课题的一项初步成果，限于当时的学术条件及个人学力，书中的部分探讨只能是浅尝辄止。1998 年以后，我因在皖南意外发现大批徽州文书，主要精力遂集中于"徽学"研究。不过，对福州传统社会此后仍多所关注。近 20 年来，凡是新出版的有关福州的史料及论著，我总是想方设法购置及阅读。2003~2004 年，我前往美国哈佛燕京学社访问，遂利用哈佛燕京图书馆庋藏的一批"榕腔"文献，研究晚清民国时期的福州社会。2007年以后，又利用陆续披露的琉球官话课本，数度发表与清代福州城市社会生活相关的研究论文。

与此同时，我也关注近 20 年来学界对于福州城市的相关研究，特别是年轻学者的一些成果。其间，台湾暨南大学的陈怡行君，曾寄赠他的硕士学位论文《明代的福州：一个传统省城的变迁（1368—1644）》（2005年）。另外，在各类学术会议上，偶尔读到一些与福州历史地理相关的学术论文，亦让我特别留意。就在徐文彬邀约撰写序文时，我正好收到李孝悌教授主编的《海客瀛洲——传统中国沿海城市与近代东亚海上世界》一书（上海古籍出版社，2017），其中，收录有江西南昌大学罗桂林君的《中国近代城市转型的"草根"之路——以福州境社传统的演进为中心》一文，这是 2015 年在香港城市大学召开的"传统中国的沿岸城市及其近代转型"国际研讨会上的一篇论文，当时，与会的我恰好也是该文的评论人。从中可见，有关福州境社传统及其相关问题，已引起学界愈来愈多的重视。

本书作者徐文彬，曾于 2004~2007 年就读于福建师范大学，攻读中国近现代史专业的硕士学位。毕业后，他任职于闽都文化杂志社。2009 年前后，他曾将多期的杂志寄赠与我，并写信表达自己对社会文化史的兴趣，希望能有机会报考复旦大学，从我攻读博士学位。2010 年，他顺利考上复旦大学中国历史地理研究所。在数年的时间里，徐文彬心无旁骛，一心向学。在我的电脑中，迄今还保留有他与我的通信。其间，他曾多次向我谈及读书心得以及对博士学位论文的设想。根据他的设计，博士学位论文题目为"明清以来自然灾害与民间组织应对"，具体内容拟从社会变迁的大背景下探讨城市基层组织如何应对灾害、国家与社会互动等问题。该文完成并提交答辩时，经由多位专家评审，他们既肯定了论文的学术贡献，也指出其中存在的问题与不足。为此，毕业之后，徐文彬在原有的基础上，经过数年的努力，对全文做了进一步的推敲与充实，将研究时段集中在近代以后，并重点考察火灾与福州地域文化之间的关系，以及各个时期救火会与国家政权的互动，较此前的博士学位论文有了多方面的提高。

具体说来，该书系统地发掘了福建省图书馆、福建师范大学图书馆、福州市档案馆等公藏机构的相关文献，在一些资料的利用上较前人有所推进。通过对第一手史料的爬梳，作者对研究对象之发展脉络加以阶段性分析，并归纳出各阶段的特点，从总体看，研究颇为细致。全书虽然聚焦于福州，但并不完全局限于滨海一隅，而是从全国范围内，通过专题性的比较、分析，将宏观探讨与个案分析相结合，尽最大可能地凸显福州城市的地域特色。另外，在对救火会的研究上，注意从整体史的角度，梳理救火会与其他基层组织错综复杂的社会关系。除了文字表述之外，书中还征引了一些私人收藏的老照片及实物，颇为珍贵。上述的几个特色，使得此书得以成为近代福州救火会研究方面的一部学术专著。

现在我很高兴地看到，此一专著经过专家评审，入选"海西求是文库"。值此出版前夕，聊缀数语，谨致祝贺。

王振忠

戊戌新春于上海新江湾

（序作者王振忠为复旦大学中国历史地理研究所教授、博士生导师）

摘　要

　　本书运用文集、方志、报刊、档案等多种史料，结合田野调查，试图从近代以来福州的自然环境、市场网络和民间宗教、地方权力等角度，探讨近代福州市民在社会变迁和局势动荡情况下，如何自我调适，应对灾害，从而说明自然灾害与民间组织嬗变、基层自治三者之间的关系。

　　开埠之前，福州虽然灾害频发，文风亦颇为鼎盛。一方面，祭祀瘟神五帝的社境成为主要的基层组织；另一方面，士绅数量众多，主持赈灾、浚湖、修渠等公共事务。开埠之后，福州社会经济结构发生较大变化，商贸繁荣、火油流行，火灾更为频繁。与此同时，地方权力渐趋多元，外人势力渗入、商人力量兴起，士绅地位虽受到冲击，但仍有相当影响力。官府亦调整基层管理体系，推行联甲制、设立保甲局，但效果不佳，导致社会问题丛生，火灾逐渐失控。

　　清末废科举、行自治、准结社，一系列的制度变迁，使福州社会基层形态悄然变化，传统的官绅共治模式终结。救火会由此兴起，一方面，其兴衰沉浮与国家力量紧密相连。民国初期，福州局势紊乱，政权更替频繁。为弥补地方权力真空，救火会迅速发展，至20世纪20年代末臻于顶峰，后因政府控制加强，有所萎缩。新中国成立之后，各地民间社团基本消亡，福州救火会却依旧活跃，直到"三大改造"完成后，才渐渐消失。80年代再次复兴，至今仍有活动，延续时间长达百余年。另一方面，救火会多由社境组织嬗变而来。民国时期福州救火会共有37处，与传统社境组织的空间分布相似，是其在新的历史时期的表现形式。借助民间信仰，救火会跨越籍贯与职业的差异，成功整合社会各阶层，获得广泛认同。

　　由于政府缺位，福州救火会功能不断扩展，有类于社区自治组织。从运行机制来看，救火会人员志愿参加，自筹经费、自我管理，会务独立。从业务上看，除消防外，涉及救灾、慈善、治安、调解等诸多事务，多次代表市民，发动集体运动，反对政府捐税，并与商会、保甲、善堂等地方力量互动频繁，在城市管理中发挥重要作用。较之"国内仅见形态的基层自治组织"的苏州市民公社，福州救火会有相似之处。

除置于地方脉络考察外，本书还对新中国成立前各地民间救火会的时空分布加以梳理，用图表表示，弥补以往善会善堂史的研究不足，并分析数据得出，救火组织肇始于明末清初，同光年间，江南、直隶救火会数量众多，至民国时，极为普遍。新中国成立后则迅速消亡。较之京、沪等地，福州救火会起步较晚，但功能之多、延续时间之长，在全国较为罕见。这与火灾频频、畏火惧火民性、特殊地方权力结构等诸多因素有关。

本书认为，火灾攸关都市安全，救火会不仅是城市中社会关系的重构，还体现官民力量消长，二者彼此扶持，又互有冲突，处于动态演变之中。救火会作为"新式团体"，并非突兀出现，而多由传统组织嬗变而来，是社会机体自我调适的表现。本书以此为切入点，以小见大，通过宏观与微观的结合，以新的视角了解明清福州城市机制的运作，以加深对灾害与社会等问题的理解，为当今社会管理提供借鉴。

关键词：自然灾害；福州救火会；民间组织；近代以来

Abstract

Through the exploration of documents, local literatures and modern news-papers, oral historical material and fieldwork research, this paper aims to analyze how the people in Fuzhou make self-adjustment to cope with natural disaster under social transition and social turbulence since the Ming and the Qing Dynasty from the angle of natural environment of Fuzhou, market network, folk religion, and local power, so as to explain the relationship among natural disasters, folk organizations transformation, and grass-roots autonomy.

Before opening the port, disasters happened frequently in Fuzhou while cultural activities were prosperous. For one thing, the nongovernmental organization which offers sacrifice to god of Plague Wudi prevailed and became the primary organization of grass-root community below county-level in Fuzhou; for the other thing, a large number of gentry presided over the public affairs, such as disaster relief, dredging lake and building bridge, they even control government affairs, leaving the city in an autonomous state. After opening the port, social and economic structure of Fuzhou changed greatly, with the prosperity of commerce and business, the popular use of kerosene. Meanwhile, fire occurred frequently in Fuzhou, so the city was known as "the paper city". With the diversification of social power, the infiltration of foreigner influence, the rising of merchant class, the dominance of genty was shocked, but they still had considerable influence. Fuzhou local government also adjusted its community management system, implemented United-household (Lianjia) residence registration system, and established Household Management (Baojia)

Bureau, but achieved limited effectiveness. Consequently, social problems prevailed and fire accidents were out of control.

A series of institutional changes, including the abolishment of imperial examinations and the implementation of local autonomy in the late of Qing Dynasty, had a great influence on Fuzhou local society, putting an end to the official-gentry united governance model. Since then, Fuzhou fire brigade began rising. On one hand, its ups and downs had close relationship with national force. In the early of the Republic of China, the situation of Fuzhou remained turbulent and the political power changed frequently. The fire brigade developed rabidly in the area where government power was absent and reached its zenith in the late 1920s. Due to the strengthen of government control, its power had been shrinking. Since the founding of People's Republic of China, various local associations had almost vanished, but the fire brigade was still active until the completion of three major transformation of agriculture, handicraft industry and capitalism industry and commerce in the 1950s. It gained its rejuvenation in the 1980s and still has its influence nowadays with a history of more than 100 years. On the other hand, the fire brigade was transformed from the nongovernmental "She" and "jing" organization named "she" and "jing". There were 37 fire brigades in Fuzhou during the period of Republic of China whose spatial distribution was similar to that of the "She" and "jin" organization. presenting its new in the new historical era. They were located in "jin" temple. Drawing support from folk belief, fire brigade integrated all classes of people and gained widespread recognition regardless of people's difference in birth origin and occupation. That is the key to its long term existence.

Besides the analysis of the history of the development of local society, this paper reviews the temporal and spatial distribution of fire brigade all over China before the founding of the PRC and presented them with chart and analyze the data. Fire brigade had its origin during the late Ming and early Qing periods. There were lots of fire brigade in Jiangnan and Zhili Province and were extended to inland area and coastal wings with the expansion of market network during the reigns of Tongzhi and Guangxu (1862-1908). It became very popular during the Republic of China and disappeared rapidly after the Founding of PRC. Compared with Beijing and Shanghai, although fire brigade in Fuzhou started late, it had so many functions and lasted for such a long time that is very rare all over the country. That is related to the frequence, conflagration, fire-fear local character and the special structure of local power.

This paper argues that fire is a threat to the safety of city and fire brigade not only reflects the reconstruction of social relationships in city, but also represents the decline and growth of forces between government and citizens. Both of the forces stay in a dynamic balance through support and conflict between them. Most of the fire brigade were transformed from traditional organization as a result of self-adjustment of social organizations. Taking the fire brigade as a point of penetration to see greatness from triviality, the study discusses the operation mechanism of Fuzhou city since the Ming and Qing dynasties from micro and macro perspectives so as to enhance the understanding of disaster and social problems and provide reference for today's social management.

Keywords: natural disasters; Fuzhou fire brigade; nongovernmental organization; modern times

目 录
Contents

图表目录

表格目录

图片目录

绪　论

2006年，当笔者在图书馆翻阅近代福州地方报刊时，"救火会"字眼频频跃入眼帘，或报道其义举，或叙说其逸事。后拜访多位当地老人，言及该会时，他们多称赞不已，对会中人物印象深刻。为何新中国成立前的民间组织，至今仍有影响，令人困惑。时至21世纪，福州深巷里弄，仍有大片木屋毗连区，[①] 隐患重重。仅在2010年，福州全市共发生火灾862起，"纸裱之城"的阴影仍未褪去。在日常生活中，人们对火颇多禁忌，衍生出各种习俗，如倒写"火"字等。在城市改造过程中，古庙多在平静中消失。然而2011年拆迁火神庙时，却引起轩然大波，专家联名上书、居民集体护卫、报纸接连报道，持续达数月之久。火与福州关系如此密切，救火会、火灾、信仰、各种纷纭繁复的现象背后，似乎隐含着某种内在的联系。

第一节　选题缘由及意义

近年来，我国灾害研究不断深入，许多学者对水旱、台风、地震等灾害加以细致研究，佳作频现。如火灾方面，邹怡、谢湜分别以清代杭州火政为题，从官民合力、城市管理等角度论述，颇有见地。王肇磊统计清代

---

① 据不完全统计（2012年），仅台江区木屋毗连区有27片，共380多万平方米，生活在木屋毗连区的居民有5万多户。

武汉火灾频次，分析增多的原因。① 张祥稳分析晚清皖江城市火灾及其应对机制。② 胡启扬以民国汉口火政为题，考察近代城市消防的应对机制。③ 研究者关注火灾，主要是由于消防事业的运作情形，反映了城市中社会关系的组织和构造。④ 明代，都市社会力量发展不足，消防多由官方主持，即使在一些火灾频繁的地区，官方也借助保甲组织，增强消防力量。⑤ 明末清初，随着社会力量的增强，在天津、江南等地，水局、水社陆续出现。因此，以火灾为切入口，能较好地考察民间如何组织，应对灾害。

从研究范围来看，由于各地区域差异，因此现有灾害史研究，多以省级政区为研究尺度，着眼区域性，论证灾害与社会的关系，成果显著。随着新资料的发现、数据库技术的成熟、研究理论的进步，更小尺度的研究成为可能，在"各种关系的运作场所"，以灾害为切入口，"将各种社会关系联系到一起"，能对灾害与社会的关系有更为深刻的理解，并能将"一块历史"作为标本，视为洞察整体历史的"微型景观"，以小见大，"挖掘出这一具象问题背后所隐含的全局性的意义"。⑥

社会处于不断演变之中，费尔南·布罗代尔曾将历史时间分为"长时段"、"中时段"和"短时段"，而把它们各自对应的历史事物分别称为"结构"（structures）、"局势"（conjunctures）和"事件"（événement）。⑦ 以长时段考察，有助于透析地域社会结构的演变，把握其发展脉络。近代是中国历史上的特殊时期，被誉为"数千年未有之大变"，一方面西风东

---

① 张家玉、刘正刚：《晚清火灾及防御机制探讨：以广州为例》，《安徽史学》2005 年第 3 期，第 31~36 页；王肇磊：《略论清代武汉火灾》，《武汉大学学报》（人文科学版）2010 年第 1 期，第 97~101 页。

② 张祥稳：《晚清皖江城市火灾及其应对机制研究——以对外开埠通商后的"皖江巨镇"芜湖为例》，《清史研究》2012 年第 2 期，第 91~98 页。

③ 胡启扬：《民国时期的汉口火灾与城市消防（1927~1937）》，博士学位论文，华中师范大学，2012。

④ 邹怡：《清代城市社会公共事业的运作——以杭州城消防事业为中心》，《清史研究》2003 年第 4 期，第 19 页。

⑤ 〔日〕堀地明：《明末福州诸都市の火灾と防火行政》，《东洋学报》第 77 期，1995 年，第 69~104 页。

⑥ 叶军：《日本"中国明清史研究"新特点：地域社会论与年鉴学派》，《社会科学》2002 年第 1 期，第 73~77 页。

⑦ 参看 F. 布罗代尔《史学与社会科学》（"Histoire et sciences sociales"），《经济、社会文化年鉴》（Annales：economies，societes，civilisations）1958 年 10~12 月号。转引自张芝联《费尔南·布罗代尔的史学方法》，《历史研究》1986 年第 2 期，第 33 页。

渐，政府革新，社会层面变化剧烈，各种关系重构。另一方面，开埠之后，在港口—腹地双向互动的作用下，沿海城市发展迅速，经济日趋市场化。时代剧变，对地域社会产生怎样的冲击？民间力量如何调适，应对灾害？通过长时段考察，有助于加深对此问题的理解。①

综上所述，本书将探讨在近代化背景下，民间组织如何应对自然灾害，并在特定地域环境下，对个案加以分析，基于以下考虑，选择福州救火会为研究样本。首先，明清时期，福州商业兴盛，被视为"山海奥区，五方杂处，膏壤衍而生齿繁，东南一大都会也"。② 近代以来，作为五口通商口岸之一，福州开风气之先，出现林则徐、严复等有影响人物。以其考察近代之变，有一定的代表性。其次，明清以来福州灾害"种类之多，频率之高，突发之猛和影响之广，在全国各大城市中是十分突出的"。③ 近代以来，伴随都市化进程的加快，火灾频繁，有"纸裱福州城"之称，对地方民风、民性影响巨大。④ 再次，福州救火会较有特色。近代全国各地的救火会较多，福州救火会起步较晚，却发展迅速，网点遍布全市。且福州救火会的功能不断扩展，演化成为基层自治组织，较之"国内仅见形态的基层自治组织"⑤的苏州市民公社，有相似之处。新中国成立后，其他民间组织陆续消亡，福州救火会仍能延续，且至今仍然存在。以福州救火会为个案分析，有助于了解民间组织如何应对灾害，对当今社会管理的创新有所启示。

第二节　相关研究回顾

作为以消防事务为纽带而形成的社会关系网络，福州救火会不仅是消

---

① 目前有数部灾害史著作以明清以来为题，主要以省级政区为尺度，较少论述社会变迁和救灾机制转型。
② （明）王应山纂修、福建省地方志编纂委员会整理《闽大记》卷10《风俗考·福州》，中国社会科学出版社，2005，第187页。
③ 陈绛：《序》，王振忠：《近600年来自然灾害与福州社会》，福建人民出版社，1996。
④ 详见王振忠《近600年来自然灾害与福州社会》，福建人民出版社，1996。
⑤ 李明、汤可可：《社会结构变迁视野下的苏州市民公社考论》，《上海师范大学学报》（哲学社会科学版）2009年第3期，第80页。章开沅认为："苏州市民公社这样的自治社会团体是苏州商会的首创，虽然此后有其他地方也组建了类似的组织，但苏州商会的自治社会团体组织却是最完备的。"（参见《苏州日报》2012年11月5日，第A2版）

防组织，而且涉及诸多社会事务。因此本书将从三个方面回顾前人成果。

一 福州城市史研究

20 世纪 20 年代，顾颉刚指导学生赴榕，收集歌谣谚语，调查民间信仰、风土人情等，[①] 对疍民较为关注。[②] 林耀华运用人类学方法，调查城郊义序乡，被视为中国社区研究开山之作。[③] 日本历史地理学家野上英一旅居福州十余年，编写《福州考》，对风土人情阐释颇详。郑丽生、徐天胎、萨伯森亦熟谙乡土掌故，著述丰富。总体而言，民国学者注重实地调查，严谨扎实，许多成果至今仍弥足珍贵。

新中国成立之后，受大环境影响，成果较少，[④] 直至 80 年代，才渐渐复苏，形成若干研究阵地。以朱维干为代表的福建师大学者，利用本土资源，取得显著成就。如林庆元有关福州船政局研究、程镇芳有关福州茶叶贸易研究[⑤]、林金水有关福州对外交流史研究[⑥]、黄国盛有关闽海关研究，[⑦] 均在全国产生不同程度的影响。最近十年，一批博士研究生、硕士研究生以福州为研究方向。如林立强利用教会材料，以传教士卢公明为个案，探讨闽都文化之西传。[⑧] 张久学利用近代地方报刊，梳理 1948 年 "6·18" 水灾概况，分析社会各界如何应对。此外，还有若干篇论文涉及福州商会、民营企业、城市地理等。客观而言，此阶段成果虽多，能 "青出于蓝而胜于蓝者" 较少。

厦门大学亦关注福州史研究，早在 1947 年，傅衣凌对福州琉球馆所在地进行深入调查，题写《福州琉球馆通商史迹调查记》，指出对外贸

---

① 其具体成果有：魏应骐编《福州歌谣甲集》，国立中山大学语言历史研究所民俗学会丛书，1928；叶树坤《福州旧历新年风俗之调查》，《燕京学报》1928 年第 1 期，第 159~170 页；林观得《福州经济地理述略》，《地学杂志》（张蔚西先生纪念号）第 2 期，1933，第 158 页。

② 刘松青：《福州疍户调查记》，《北京大学国学月刊》第 17~24 期，1937 年，第 121~134 页；吴高梓：《福州疍民调查》，《社会学界》第 4 卷，1930，第 141~157 页。

③ 林耀华：《义序的宗族研究》，生活·读书·新知三联书店，2000。

④ 徐吾行：《福州钱庄史略》，1959 年定稿本，抄本，福建师范大学图书馆藏。

⑤ 程镇芳：《五口通商前后福建茶叶贸易商路论略》，《福建师范大学学报》（哲学社会科学版）1991 年第 2 期，第 92 页。

⑥ 林金水主编《福建对外文化交流史》，福建教育出版社，1997。

⑦ 黄国盛：《鸦片战争前的东南四省海关》，福建人民出版社，2003。

⑧ 林立强：《晚清闽都文化之西传：以传教士汉学家卢公明为个案》，海洋出版社，2010。

易对城市发展的影响，不仅为后学者指明方向，还留下极为珍贵的资料。80年代，傅衣凌题写《清末福州郊区人口的职业变化》，精辟分析开埠之后，福州职业结构与城乡关系的变化，给笔者极大启发。① 林汀水从多个角度，深入分析福州历史地理，考证秦汉闽中地名、侯官县历史沿革、福州市区水陆变迁、闽江上游植被破坏与下游自然灾害等，考据严谨、论证周密，令后学者受益颇多。② 郑振满、戴一峰对福州族群构成及分布、闽江上下游经济联系均有精深研究。前辈学者除致力研究外，注重培养学生，传承学术薪火。最近十年，多位博士生以福州为选题对象，如林星对近代福州城市发展的动力、路径、特点进行多方位详尽的论述。③ 罗桂林对近代市政与福州城市转型的动力机制加以分析，探讨现代化进程中国家与社会关系的可能走向。④ 路子靖阐释清末民初福州地方权势的转移。⑤ 水海刚对近代闽江流域上下游间的经济联系进行再考察，并侧重分析福州外部市场。⑥ 以上诸文视角新颖，史料丰富，多有创新。

复旦大学王振忠先生于1996年出版《近600年来自然灾害与福州社会》，该书选取了灾害与社会的关系为切入点，所有记述、立论、分析，都建立在坚实的史料基础上，史料来源丰富，方志、档案、文集、笔记、报刊、谚语、传说、神话无所不包，且文笔清新，可读性强。最近数年，王振忠先生又利用琉球官话课本、哈佛大学燕京图书馆所藏"榕腔"文献等域外文献，分析明清福州社会生活史，⑦ 给本书写作带来了极大启发。

---

① 傅衣凌：《清末福州郊区人口的职业变化》，《休休室治史文稿补编》，中华书局，2008，第234页。

② 《福州市区水陆变迁初探》，林汀水：《历史地理论文选》，香港：香港人民出版社，2005。

③ 林星：《福建城市现代化研究（1843~1949）》，博士学位论文，厦门大学，2004。

④ 罗桂林：《现代城市的建构——1927~1937年福州的市政管理与公共事业》，博士学位论文，厦门大学，2006。

⑤ 路子靖：《清末民初地方社会势力与政治变迁——以福州为中心》，博士学位论文，厦门大学，2006。

⑥ 水海刚：《近代闽江流域经济与社会研究（1861~1937）》，博士学位论文，厦门大学，2006。

⑦ 王振忠：《方言、宗教文化与晚清地方社会——以美国哈佛大学燕京图书馆所藏"榕腔"文献为中心》，《社会科学》2009年第6期，第124~136页；王振忠：《清代琉球人眼中福州城市的社会生活——以现存的琉球官话课本为中心》，《中华文史论丛》2009年第4期，第46~116页。

数位复旦大学研究生也将福州作为研究方向，如郭秀清分析近代茶叶贸易对福州及其闽江流域腹地社会变迁的影响。① 姜修宪从环境、制度、政府的视角来理解福州开埠后的贸易进程。②

除上述科研机构外，闽江学院薛菁编著《闽都文化述论》，福州海关池贤仁、陈家环编著《近代福州及闽东地区社会经济概况 1865～1931》，引用文献丰富，为后学者提供诸多便利。此外，郑力鹏从地理学角度研究福州城的产生、发展及演变的历史。③ 俞海洋、吴巍、吴麒分别分析近代福州建筑演化、城市规划过程。④ 李清从都市文化学角度探讨近代福州港衰落原因。⑤ 他们视角新颖，虽多使用二手资料，其文仍有借鉴价值。

海外方面。1865 年，美国传教士卢公明来到福州，后将其十余年所见所闻，著成《中国人的社会生活》，在西方汉学界产生影响。1995 年，堀地明指出由于城市居民的社会关系尚不足以灭火，明末福州消防体系由火军与保甲相结合。⑥ 陈怡行侧重从城市建筑特点，分析福州火灾频繁原因，利用《福建省城防禁火患事宜》等史料，论述城市消防体系，认为明代福州火神信仰流行，是火患频发之下集体心态的展现。⑦ 加拿大学者 Joyce A. Madancy 阐释 1906～1916 年福州士绅在禁毒运动中，如何与官府互动，成立去毒社，塑造公共空间。⑧

---

① 郭秀清：《"福州通商意在武夷山茶"——晚清五口通商以来福州茶叶贸易兴衰与社会变迁》，硕士学位论文，复旦大学，2003。

② 姜修宪：《环境·制度·政府——晚清福州开埠与闽江流域经济变迁（1844～1911）》，博士学位论文，复旦大学，2006。

③ 郑力鹏：《福州城市发展史研究》，博士学位论文，华南理工大学，1991。

④ 俞海洋：《中国近代建筑的一面镜子——福州近代建筑研究》，硕士学位论文，东南大学，2005；吴麒：《开埠后福州商业街区及建筑研究》，硕士学位论文，华侨大学，2007；吴巍：《福州近代开埠城市规划历史研究 1844～1949》，硕士学位论文，武汉理工大学，2008。

⑤ 李清：《闽都神话：一个美梦的幻灭——近代茶叶贸易兴衰中的福州》，硕士学位论文，上海师范大学，2010。

⑥ 〔日〕堀地明：《明末福州诸都市の火灾と防火行政》，《东洋学报》第 77 期，1995 年，第 69～104 页。

⑦ 陈怡行：《近世以来福州的城市火灾、火政和火神信仰》，未刊论文，第十二届明史国际学术研讨会，2007。

⑧ 收录：〔加〕卜正民、若林正《鸦片政权：中国、英国和日本，1839～1952》，弘侠译，黄山书社，2009。

除上述专题研究外，许多论著涉及福州城市史，[①] 数量之多，难以枚举。从现有成果来看，开埠后的变局堪称热点。此时福州开风气之先，遽兴遽衰，特色鲜明。因此学者或探讨贸易兴衰，或分析生态恶化，或考察中西交流，研究不断深入，亮点频出。其他时段，研究者关注略少，却用力颇深，几乎穷尽福建省数大图书馆的馆藏近代期刊，令后学者难以找到新材料。所幸近年来，随着社会环境宽松、数据库技术成熟，继续挖掘史料成为可能。如福州市档案馆收藏大量民国市政档案，以往查阅须层层审批，手续烦琐，现已逐步向研究者开放。又如《申报》关于福州报道较多，以往须逐页翻阅，耗时数月，仅能完成数册，多数未被使用。近年来，借助数据库，可全文检索，并能与扫描原版勘对，极为便捷。

借助此类史料，能在前人研究的基础上，从底层视角，分析近代福州城市的变迁。城市"是一种按共同体方式生活的有机体。不管它在经验上是如何产生的，按其存在形式，必须把它作为一个整体来看待。城市由具体的合作社和家庭组成，在同它们的关系上，城市处于必要的依附之中"。[②] 对城市民间组织的考察，有助于理解人地关系。然而所选样本须具有代表性，如清末民初福州去毒社，在全国有一定知名度，但存续时间较短，参与者以士绅为主，且功能单一，难以反映全局。福州救火会名气稍逊，持续时间长达百余年，整合社会各阶层参与，演化为基层自治组织，将其置于城市脉络中考察，应能较好地把握城市特性。

二 基层自治组织研究

近代城市基层自治组织较为罕见，仅苏州市民公社较为人知，以致有学者以"国内仅见形态"来形容。[③] 早在20世纪80年代，章开沅等学者

---

① 如王尔敏《五口通商变局》，广西师范大学出版社，2006；李国祁《中国现代化的区域研究：闽浙台地区，1860~1916》，台北：中研院近代史研究所，1982；仲伟民《茶叶与鸦片：十九世纪经济全球化中的中国》，生活·读书·新知三联书店，2010。

② 〔德〕斐迪南·滕尼斯：《共同体与社会》，林荣远译，商务印书馆，1999，第7、91、328、340页。

③ 李明、汤可可：《社会结构变迁视野下的苏州市民公社考论》，《上海师范大学学报》（哲学社会科学版）2009年第3期，第80页。

即着手整理文献，梳理其源流，分析社会影响及意义。① 在此基础上，李明发表多篇论文，或分析市民公社解体缘由，② 或剖析衍变过程，③ 或在社会结构变迁视野下分析，认为其在中国由传统走向现代过程中扮演重要角色。④ 一些法学学者亦关注市民公社，2007 年，郑芸出版专著，以苏州市民公社为个案，运用现代化理论，分析早期市民社会。⑤ 该书偏重理论，对史实阐释略有不足，新史料运用不多。除苏州市民公社外，研究者还关注其他类型的城镇自治组织，如 1905 年上海总工程局成立，将城厢分成七个区，选派区长办理各项事宜，后改称自治公所，辛亥后，改称市政厅，开展兴学、修路等一系列行动，持续三年之久。⑥ 东三省保卫公所成立于 1907 年，在奉天省城设立总所、各城设立分所，从事禁止赌博、偷窃，调查户口等诸多事宜。广东成立粤商自治会、地方公议会等。据不完全统计，清末各地见于记载的商人自治团体即有近 50 个。绝大多数因资料缺乏，无法详细进行比较和说明。⑦ 此类自治团体未依托街区运行，与苏州市民公社有显著不同。

最近数年，彭南生以民国上海马路商界联合会为对象，在《近代史研究》等学术期刊发表十余篇重要论文，指出其是"一个以中、小商人为主体的，以商业街区为基本活动范围的新型地域性商人团体"。⑧ 以自愿性、平等性为基础的组织形态，最大限度地动员了街区内商人的积极参与。⑨

---

① 参见章开沅、叶万忠《苏州市民公社与辛亥革命（1908～1912）》，《辛亥革命史丛刊》第 4 辑，1982，第 38～49 页；朱英《辛亥革命时期新式商人社团研究》，华中师范大学出版社，2011，第 165～178 页。

② 李明：《苏州市民公社解体的缘由——清末民初苏州民间社团组织个案研究》，《学术月刊》2001 年第 2 期，第 86～91 页。

③ 李明：《苏州市民公社的衍变及现代意义》，《史林》2003 年第 1 期，第 30～37 页。

④ 李明、汤可可：《社会结构变迁视野下的苏州市民公社考论》，《上海师范大学学报》（哲学社会科学版）2009 年第 3 期，第 80～88 页。

⑤ 郑芸：《现代化视野中的早期市民社会——苏州市民公社个案》，社会科学文献出版社，2007。

⑥ 朱英：《辛亥革命时期新式商人社团研究》，华中师范大学出版社，2011，第 165～178 页。

⑦ 朱英：《辛亥革命时期新式商人社团研究》，华中师范大学出版社，2011，第 187 页。

⑧ 彭南生：《民初上海马路商界联合会简论》，《浙江学刊》2005 年第 6 期，第 90 页。

⑨ 彭南生：《20 世纪 20 年代上海马路商界联合会的组织生态》，《华中师范大学学报》（人文社会科学版）2010 年第 6 期，第 48～55 页。

他们自主决策、自我管理、自筹经费，[①]关注街区内的公共事务和街区外的公益事业，成为商人与外界抗争的桥梁，并调解各种工商纠纷。[②]彭文鞭辟入里，对笔者裨益甚多。

三　救火会研究

早在 20 世纪 80 年代，罗威廉考察汉口水龙局制度和运行，认为其培育公共精神，反映公共领域的形成。[③]90 年代，日本学者小浜正子利用征信录等材料，梳理上海救火会的源流及功能，论述传统与现代的连续性，以此考察近代国家与社会互动关系，被视为以小见大的典范。[④]此后，多位研究生在论文中涉及救火会，2006 年，罗桂林利用《警政月刊》等资料，探讨 1927~1937 年，福州救火会在现代城市构建中的作用。[⑤]与此同时，笔者利用《华报》等福建师范大学图书馆收藏的报刊资料，[⑥]梳理近代福州救火会功能及源流，如何与政府互动，认为其具有"准政府组织机关性质"。[⑦]由于所用材料不同，两文观点有所差异。2008 年，彭志军分析南昌救火会性质的演变，[⑧]后又探讨苏州官民共同应对火灾，认为两者结合方能相得益彰。[⑨]2012 年，胡启扬在论述民国汉口火灾和城市消防时，分析了汉口救火会的组织架构、设备经费管理以及社会参与。此外，赵耀双阐述近代天津水会的沿革、人员构成及规章，认为其除消防外，还具有

① 彭南生：《论民初上海马路商界联合会的街区自治性》，《理论月刊》（人文社会科学版）2009 年第 3 期，第 5 页。
② 彭南生：《20 世纪 20 年代的上海南京路商界联合会》，《近代史研究》2009 年第 3 期，第 95~114 页。
③〔美〕罗威廉：《汉口：一个中国城市的商业与社会》，鲁西奇译，中国人民大学出版社，2005。
④〔日〕小浜正子：《近代上海的公共性与国家》，葛涛译，上海古籍出版社，2003。
⑤ 罗桂林：《现代城市的建构——1927~1937 年福州的市政管理与公共事业》，博士学位论文，厦门大学，2006。
⑥《慈善救济与社会转型》，硕士学位论文，福建师范大学，2007，后将此部分抽出发表。论文初稿写于 2006 年，后于 2009 年拜读罗桂林论文。
⑦《近代民间公益社团——福州救火会》，《社团管理研究》2008 年第 10 期，第 61 页。
⑧ 彭志军：《民国时期南昌消防事业研究》，硕士学位论文，南昌大学，2008。
⑨ 彭志军：《官民之间：苏州民办消防事业研究（1914~1954 年）》，博士学位论文，上海师范大学，2012。

维护治安功能，与保甲属于同个系统。① 白纯分析抗战之后南京救火会如何恢复，认为"在政府对社会的控制力未达到一定程度，由民间力量来帮助政府缓解压力，不失为一种较好的策略"。② 现有的研究成果，多利用征信录、档案、近代报刊等原始史料，从官民互动角度探讨救火会对城市消防的重要作用。

为此，本书在前人和时贤的基础和启发下，拟将救火会置于福州区域社会整体历史变迁的过程中考察，围绕下列问题展开论述。从地域环境来看，福州火灾频繁的因素有哪些，地方权力构成如何，民间怎样应对灾害。开埠对福州社会产生怎样的冲击，晚清自治运动如何促进救火会的产生。从发展脉络来看，救火会兴起和发展与国家权力兴衰是否关联，与传统社境组织是否交替嬗变。从内部视角来看，救火会是否奉行志愿与平等原则，自主管理、自筹经费。从外部视角来看，救火会有哪些功能，怎样为民请愿，参与集体性事件，与各种地方势力交织，奠定砥柱地位。与此同时，本书视野不囿于福州，力图以近代商贸网络作为论述空间，关注榕沪两地互动，探讨救火会如何实现垮地域传播，并通过区域比较，寻求彼此共性，凸显地方特性。总之本书以救火会为切入点，在国家与社会视野下，通过灾害—救灾团体—地域社会这一分析思路，力图以小见大，实现宏观与微观的结合，获得新的感知。

第三节　关于本书

一　资料说明

当苏州市民公社档案被发现时，引起广泛关注，华中师范大学组织力量，开展文献整理工作。《历史研究》《光明日报》先后做了报道，美国胡佛档案馆愿意用缩微胶卷形式，以全部布斯文件交换。2011 年，苏州市民公社档案入选第三批"中国档案文献遗产名录"，成为国家级的珍贵档案。

---

① 赵耀双：《天津近代民间消防组织——水会》，《民俗研究》2003 年第 3 期，第 129 页。
② 白纯：《抗战后的南京救火会》，《民国档案》2007 年第 1 期，第 110 页。

福州救火会与其相似，迄今关注者不多，笔者经数年搜寻，大致摸清其文献分布状况。根据编纂者的不同，福州救火会史料可分为原始档案、会务文书、报刊记载等三种类型。

原始档案为救火会与政府往来文书。以福州市档案馆藏量最丰，如救火会章程、会员登记表、市府指令、火联会呈函等，有近百份，内容涉及赈灾、抗疫、治安、消防等诸多方面，时间多集中于40年代，此批档案尚无人使用，成为本书的核心史料。福建省档案馆亦有少量留存，有十余份，时间多集中于20世纪二三十年代，较为珍贵，尤其是馆藏《创始历略书》，追溯福州救火会联合会的历史及功绩，记载翔实，装裱精美，堪称精品。总体来看，抗战之前，官方原始档案留存极少，主要是由于福州两度沦陷，政府机关仓皇撤退，大量文件被毁。幸运的是，二三十年代，福州市警察局曾编制《警政月刊》，刊载命令、公告等，涉及救火会颇多。该月刊现存国家图书馆，共有56期。此外，福建省政府曾经编纂《福建省政府公报》《福建省建设月刊》等刊物，有少量相关史料，如琼水救火会请求拨发拆墙石料，以便自筹经费修路等。

会务文书为救火会管理会务的资料。救火会将收支状况定期编成征信录，从中可了解其社区构成、火警出勤、人员财产等细致信息，现福建省图书馆尚存数册。除此之外，1908年，闽南救火会曾刊印《英领事混争天宁寺纪实》，分发各商埠，介绍该会成立的经过，并附录交涉文书，今仅国家图书馆和上海图书馆有藏。救火会领导徐建禧等人，新中国成立后曾写过相关文章，刊载于《福建文史资料》，虽事隔多年，存在偏差，但毕竟是当事人回忆，有参考价值。

报刊记载，救火会在近代福州影响较大，受到媒体关注。如《闽省会报》《华报》《福建时报》等本地报纸均有相关报道，尤其是创办于30年代的《华报》，更揭露许多鲜为人知的内幕，而《申报》《大公报》《东方杂志》等外埠报刊，亦有少量记载，如1929年，《申报》连载数期，详细报道救火会领导市民反抗市政统捐。此外，一些调查录、旅行记、文集、方志中对救火会也有提及。所涉及的期刊达数十种之多。

除文献资料外，笔者还进行实地调查，收集口述资料，如福州万安义务消防队，前身为竹林救火会，队员祖父辈均是老救火会会员，队长自称从小在救火会长大，走访此类消防队，参与他们的活动，除切实感受其与社区的关系外，还能了解许多无法见诸书面的信息，如群众对新中国成立后被枪毙的龙潭会长的真实评价、火会与寺庙的关系等。当然，在调查过程中，受访者亦有"扬长避短"之思维，须结合文献加以甄别。

此外，本书以救火会作为切入点，主要是探讨明清以来，自然灾害与民间组织嬗变、基层自治三者之间的关系，所以除上述有关救火会史料外，还将利用其他相关文献，如近代报刊、旧海关史料、文集与方志、外人游记、民间文献等，在参考文献已列明，在此不再赘述。总之，取料广泛，既是本书的特点，也是难点。

二 概念界定

福州。指省会福州城，其府治原在闽县和侯官县，以城中央宣政大街和南门大街为界，宋初曾增设怀安县，后于明万历年间撤并。此后三百年，人们以闽县和侯县为福州府代称，1913 年废府，并两县为闽侯县。1927 年，福州成立市政筹备处，试图设市，直到 1945 年，方才正式设立。

南台。指南门外至台江两岸的地区。宋代以来，逐渐发展起来，商业日渐繁荣，标志"城"与"市"分离。雍正十年，设置福防同知府，专门管理该区事务。①

明清以来。指从明清到当今，虽然救火会在民国较为活跃，为能追本溯源，分析近代之变，所以将时间上限延伸至明清，以进行长时段分析，由于救火会新中国成立后仍有活动，因此将时间下限延续至当今。由于时间跨越数百年，本书选择以民国时期为论述重点。

民间组织。又称非政府组织，它是以满足某种需求为目的，由民众自主参与的社会组织。在古代，我国民间组织主要有以血缘为纽带的宗族、以业缘为纽带的行会、以神缘为纽带的社境、以地缘为纽带的会馆，以及以生产、生活为目的的水会、钱会等。近代以来，一方面，伴随社会变迁，许多传统民间组织嬗变为现代社团，如会馆转化为同乡会、行会转化为公会。另一方面，新式民间组织大量出现，如商会、教育会、公民会等。本书的民间组织特指民间的救灾组织。

---

① 福建省地方志编纂委员会编《福建省志·城乡建设志》，方志出版社，1999，第 17 页。

救火会。清朝建立后，民间救火组织陆续出现，名目繁多，有"水龙局""水局""水会"等称呼。至清代中期，方志中已有"救火会"名目，近代之后，救火会记载增多，水局等记载减少，但存在互用的情况，如光绪版《天津府志》即将救火会与水会互用，既称"同善水会"，又称"同善救火会"，没有详细区分。至民国时期，救火会已成普遍称呼，而水局或消失、或改称救火。就本质而言，救火会与水局并无较大区别，均是民间消防组织，其运作有较多相似之处，名称差异，主要是由于晚清推行地方自治，民间社团须制定章程，以"救火会"名目备案，因此许多水局只好按规定办事，获得官府认可。

三 本书的结构

根据上述思路，本书将从以下方面考察福州救火会，全书共分以下八部分。

绪论。阐述问题的缘起，梳理前人的研究成果，分析需要探讨的问题，说明选择福州救火会为个案的缘由。同时界定相关概念，阐明史料来源以及本书的主题框架。

第一章：五口通商与福州社会变迁。开埠之前，福州灾害频发与文风兴盛并存，一方面祭祀瘟神五帝的社境盛行，成为基层主要的组织形态。另一方面福州士绅数量众多，主持赈灾、浚湖、修渠等公共事务，以致"政务惟士绅把持"。开埠之后，福州社会变化显著，商贸繁荣、火油普遍使用，火灾频繁发生。与此同时，地方权力渐趋多元，外人势力渗入、商人力量兴起，士绅地位虽受到冲击，但仍有相当的影响力。官府亦调整基层管理体系，推行联甲制、设立保甲局，效果不佳，导致社会问题丛生，火灾逐渐失控。

第二章："纸裱之城"救火会兴起及发展。福州救火会一方面与国家力量紧密相连，经历兴衰沉浮，延续时间长达百余年。另一方面，救火会多由社境组织嬗变而来，空间分布与传统社境相似，是社境在新的历史时期的表现形式，虽然以"会"为名，实质为"社"，会所设于境庙之中。

第三章：福州救火会的自主性组织运作。救火会会员均为志愿加入，年龄偏大，以商人为主，并无党派、地域隔阂。它成功整合各阶层人士，并根据能力高低，各司其职，构建金字塔形权力结构，内部关系和谐平等，实现良性运转。经费主要来源于捐资、抽租，政府拨款几可不计，开支以日常支出为主。在救火联合会的协调下，各会虽偶有争斗，但关系总体良好。

第四章：福州救火会与都市自治。除承担消防外，福州救火会功能颇多，有类于基层自治组织。它作为市民代表，屡次发起集体运动，与官府、巨商、日军博弈，争取合法权益。并与商会、学生社团、善堂善社、警所保甲等基层力量频繁互动，奠定在近代福州的重要地位。

第五章：闽南救火会与清末变革下的地方社会——以天安寺事件为分析中心。以1909年天安寺事件为例，探讨1908年《结社集会律》颁布后，闽南救火会如何成立，怎样发动群众，与英国领事馆博弈，使地方性事件升级为全国性爱国浪潮，取得对外交涉的胜利。在福州救火会发展史上，闽南救火会具有承前启后的特殊地位，有必要深入探讨。

第六章：福州救火会的地域特性——与京沪等地救火会之比较。救火会并非福州所特有，它遍布大江南北、数以千计。本书通过收集有关史料，梳理各地救火会发展状况，总结其时空分布规律，对北京、天津、上海三地救火会加以分析，并与福州救火会进行比较，以能从宏观视角，凸显彼此共性与个性。

结论。通过对上述诸章的论述，从灾害与地域社会、民间组织与基层自治、民间组织与政府关系等方面加以总结。最后的结论是，社会是个有机体，具有自我调适的功能，常根据抗灾需求，衍生相应的组织形态。近代以来，伴随着都市火灾频繁，救火会兴起，功能不断拓展，逐渐演化成为社区自治组织，其典型代表为福州救火会与苏州市民公社。基于发展的需要，官府与民间组织，彼此扶持、相互倚赖，处于"共生状态"。然而又互有冲突，呈此消彼长态势，双方关系处于动态演变之中。

第一章
五口通商与福州社会变迁

福州救火会缘何于近代产生，并迅速壮大，成为社会的中流砥柱？为分析此问题，有必要从宏观上考察区域社会，分析其发展脉络，探讨其在近代如何进行转型，产生哪些新的因素，以更好地了解救火会产生的背景及地域特征。

第一节　开埠之前福州的地域环境

地域环境，常包含地理环境和人文环境两部分，涵盖方面颇广，因本书主题需要，侧重论述河流地形、社会组织、权力结构等要素。

一　灾难重重的滨海之城

1. 人烟日益密集

福州为闽省省会，介于 25°15′N～26°39′N，118°08′E～120°31′E，毗连闽江，滔滔江水，横贯市区，汇入东海。四周群山环绕，东有鼓山，西有旗山，南有五虎山，北有莲花峰，地势自西向东倾斜，海拔多在 600～1000 米，为典型的河口盆地。福州盆地是由地质构造作用和海侵作用而逐渐形成的冲积平原。1800 年前，福州仍浸没于汪洋之中，群山隐约出现，故《山海经》云："闽中山在海中。"直至汉代，随着海水东去和闽江口向东延伸，福州平原始逐渐出露为陆地，但周围仍多沼泽、水湾。①

沧海为田，随之而来的是大规模的移民开发。秦汉时期，土著居民以冶山为城，建立闽越国，后遭剿灭，汉武帝"诏军吏皆将其民徙处江淮间，东越地遂虚"。② 魏晋之际，北方动荡不安，士族南下，福州人口增多，唐元和年间，已是"廛闬阗阗，货贸实繁，人无流庸之"。③ 借此为基，王审知统一福建，创设闽国。北宋时期，福州发展迅速，太平兴国五年（980）福州户数为 94475 户，④ 至崇宁元年（1102），已增至 211552户，⑤ 成为全国经济重镇。

人烟辐辏，加之"环山派江"盆地地形，深受强副热带高压控制系统的影响，使热量集聚在"盆底"而不易散发。为抵御酷暑侵袭，早在唐代，福州即密植榕树，有榕城之美誉。⑥ 1065 年，太守张伯玉下令"编户植榕"，以致"绿荫满城，暑不张盖"，颇受赞誉。

植树绿化，固然能降暑降温，却因湖泊埋塞削弱其成效。唐宋之际，福州河网密布，湖泊众多，以东湖、西湖、南湖最为著名，由于不断筑堤围垦，至南宋时，东湖、南湖已先后湮灭，西湖亦不断萎缩，淳熙十年（1183），郡守赵汝愚以西湖久埋，奏请开浚。然而人口膨胀，人地矛盾突出，加之湖利可观，西湖为豪强窥觎，"或粪草堆积而湮为园圃，或砌堤岸而截为池塘"。⑦ 官府屡浚屡淤，收效甚微，至 19世纪中期，湖面由原先方圆 20 余里，缩小至 7 里，以致"地隘无以容水"。

湖泊、河汊颇能吸收热量，被视为天然的气温调节器，若淤塞日深，不仅使"溪潮壅滞，舟楫不通"，⑧ 更加剧热岛效应，使福州城气温不断上

---

① 《福州市区水陆变迁初探》，林汀水：《历史地理论文选》，香港：香港人民出版社，2005，第 51 页。
② （汉）司马迁：《史记》卷 114，《东越列传》，中华书局，1999，第 2276 页。
③ 《唐元和八年球场山亭记》，出土残碑，今置于福州市博物馆展览室。
④ （宋）乐史：《太平寰宇记》卷 100，中华书局，1999，第 3 页。
⑤ （元）脱脱：《宋史》卷 89，志第 42，《地理五》，中华书局，1999，第 1485 页。
⑥ 参见王振忠《近 600 年来自然灾害与福州社会》，福建人民出版社，1996，第 223 页。
⑦ 何振岱纂《西湖志》卷 2，《水利志二》，海风出版社，2001，第 1 页。
⑧ 《筹议挑复省会内外河湖善后事宜》，《台湾文献史料丛刊》第 7 辑，《福建省例》（25）"修造例"，台北，大通书局，1987。

升，酷热难当。时谚云："四节皆是夏，一雨便成秋。"① 如此高温干燥的地理环境，极易诱发火患。

2. 商业贸易兴盛

城市扩张、生齿繁庶，需要消耗大量的资源，然而狭小的盆底地形，使福州难以大规模开垦生产，只能与外界进行贸易，始能维系运转。福州地处闽江下游，得以尽享山海之利，上流物资顺江而下，再通过海路运输，或运达京津，或对外贸易，借此地利，福州成为区域经济中转枢纽，商业日盛。

早在唐代，福州的海外贸易已初具规模，两宋时期，商业更盛，远藩巨舶，通过内河港汊，直达城下安泰港，一派"海船千艘浪，潮田万顷秋"的繁荣气象，距城十余里的南台，则"寺楼钟鼓催昏晓，墟落云烟自古今"，② 尚未被开发。元明时期，由于内河港汊不断淤塞，船舶多在南台停靠，福州经济中心南移，呈现哑铃式的发展特点（见图1-1）。城内为督抚衙门所在，官府云集，军队众多，士绅贵族多聚群而居，以三坊七巷为著。城外南台则逐渐成为商业区，"晓起鱼虾腥满市，帆樯无数泊南台"，③ 日渐繁荣。城西十里的洪塘，当闽江上下游之交通，为"各处市镇关隘所在"，④ 商业亦兴盛。

随着人口膨胀，清代福州对贸易依赖更甚，"终岁民食，常仰资于上游各郡。至于商贾负贩百货，则皆来自海洋"。⑤ 其贸易范围不断扩大，"始犹入淮浙，继乃入交广，今相率之吕宋、日本矣。春去夏返，岁以为常"。⑥ 成为东亚贸易体系的重要一环。受此刺激，造船业发展更速，周边森林破坏严重。城东三十里的鼓山，被视为省会藩篱，名胜所在，原本绿树葱荫，"树木虬松、巨樟，不下万株"，然奸民因"山多樟木大料，为海艘（杠）根所必需，价值甚贵"，于是雇用工匠搭蓁砍锯，"遂至朴郁葱古

① （正德）《福州府志》卷1，《地理志》，海风出版社，2001，第14页。
② 陆游：《度浮桥至南台》，邹志方选注《陆游诗词选》，中华书局，2005，第8页。
③ 郑丽生：《郑丽生文史丛稿》（上），福建省文史馆整理，海风出版社，2009，第469页。
④ （清）海外散人：《榕城纪闻》，中国社会科学院历史研究所清史研究室编《清史资料》第1辑，中华书局，1985，第21页。
⑤ （清）徐景熹修、鲁曾煜等纂《福州府志》，福建省图书馆特藏部刻本，"序"，第5页。
⑥ （明）喻政主修《福州府志》卷5，《山川下》，海风出版社，2001，第743页。

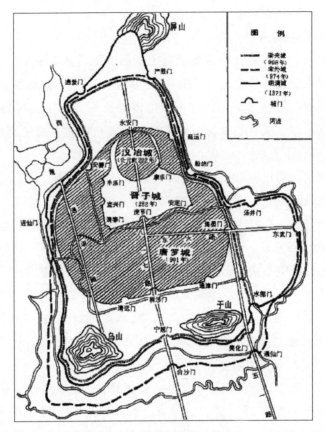

图 1-1　福州古代城垣变迁

资料来源：转引自福州市地方志编纂委员会编《福州市志》第 2 辑，方志出版社，1998，第 6 页。

木，数月之间，尽成童山"。① 木材砍伐殆尽，使生态严重破坏。

　　为求购木材，商人溯流北上，前往"山势巍峨，林木蓊郁"的延、邵、建等府，购山伐树，扎成木筏，顺流而下，南台成为"木植凑集总所"。② 与此同时，江南等地因为城镇化，燃料奇缺，急需木材。③ 南台木

---

① 《重建白云廨院碑》，《续修鼓山志稿》，白化文主编《中国佛寺志丛刊》第 99 册，广陵书社，2005，第 31 页。

② （清）宋景关纂《乍浦备志》，《中国地方志集成·乡镇志专辑》（20），江苏古籍出版社，1992，第 184 页。

③ 李伯重：《明清江南工农业生产中的燃料问题》，《中国社会经济史研究》1984 年第 4 期，第 34~49 页。

材除部分供应本地外，多数通过海运，直销苏浙，密切福州与江南经济联系。由于此种缘故，福州木商多为浙商，"二口木植，全借浙江船只载运"。① 异地经商，难免势单力薄，且木排在运输过程中，常撞毁堤坝、冲垮桥梁，引发纠纷，为保护自身权益，木商除仿照其他行业，组成木帮，以联络乡谊，并兴建"安澜会馆"，颇有抱团精神。

3. 灾害接连不断

上游森林的砍伐，导致蓄水和固土功能丧失，土壤流失严重，闽江含沙量剧增，并在下游沉淀堆积，形成沙洲，至明代中期，帮洲、苍霞洲业已形成，并被围垦利用，河道更为淤塞，泄洪能力严重下降。每当上游洪水倾泻而下，福州遂遭受灭顶之灾。隆庆元年（1567）五月大水，"会城中平地水深数尺，郭外则丈余矣。一望弥漫，浮尸败椽，蔽江塞野，五昼夜不绝，故老相传以为两百年未睹也"。② 此后数百年，类似水灾不绝，多发生于春夏之交，恰值关帝诞辰（农历五月十三），故民间将水灾与之附会，有"关老爷磨刀水"之谚。

洪水过后，灾区淤泥堆积，尸体相枕，极易滋生病菌，使疫灾与洪灾交织。顺治五年（1648）春，"疫大起。城外虽未乏食，死大过半，与城中等"。③ 较之会城，南台疫病更甚，除该地毗连沿江，地处低洼，易受水患外，还与日常饮水有关，"福州城内居民饮料向取资于河水，井水。在南台者，或取资江水"，④ 相较江水，井水较为洁净，会城居民得以少受疫病的侵袭。

随着城市发展，人烟稠密，福州火灾不断，引起士绅精英的关注，谢肇淛对此分析："火患独闽中最多，而建宁及吾郡尤甚，一则民居辐辏，夜作不休；二则宫室之制，一片架木所成，无复砖石，一不戒则燎原之势莫之遏也；三则官军之救援者，徒事观望，不行扑灭，而恶少无赖利于劫掠，故民宁为煨烬，不肯拆卸尔。"⑤ 福州宫室以木材为质，除上游杉木

---

① 《乾隆十九年浙江木商奉公合立碑》，今立于福州观井路清凉寺旁。
② （明）喻政主修《福州府志》卷75，《杂事志》4，海风出版社，2001，第743页。
③ （清）海外散人：《榕城纪闻》，中国社会科学院历史研究所清史研究室编《清史资料》第1辑，中华书局，1985，第6页。
④ 《福州旱灾　饮料恐慌》，《兴华》第31卷第37期，1934年，第45页。
⑤ （明）谢肇淛：《五杂组》卷4，《地部二》，上海书店出版社，2001，第72~73页。

顺江而下，便于取材外，① 还与土质较松、含泥沙高，难以烧砖，周边石材亦匮乏有关。直至新中国成立前夕，福州市区绝大多数的房屋仍是木质。②

每年夏秋季，地处亚热带的福州受副热带高压的控制，炎热干燥，火灾易发，以致民间有"秋季火帝出动"之谚语。③ 此外，福州还深受强对流空气影响，冬季盛行偏北风，夏季盛行偏南风，沿海风速在10月至次年2月，达8米/秒以上，3月略减至7米/秒左右，4月至9月在4~6米/秒之间。每年登陆的台风达到5.3个，破坏力巨大。成化十九年（1483）六月，大风"拔木发屋，公署民庐尽坏，城上敌楼颓毁一空"。④ 如此狂风，若恰遇火星，则惨烈至极。因此火灾发生后，人们常感到侥幸，"幸而适值无风，否则将有燎原之势，亦未可知也"。⑤ 特殊的地理环境，成为福州火灾频发的重要诱因。

火灾不仅使福州民众感到恐慌，也给旅居福州的异乡人留下深刻的印象。清代，福州成为接待琉球使者的主要门户，琉球使者登陆后，在琉球馆休整，再沿闽江北上，最后抵达北京。因此许多琉球人在福州游学经商。为便于琉球了解福州，他们编写了琉球官话课本，"以琉球馆为中心，生动描绘了福州城市的社会生活"。⑥ 如火灾过后，灾民的凄凉情状："吃也没得吃，穿也没得穿，住也没得住，那大男小女拢做一堆，在那露天地里，啼啼哭哭。"因为火灾多由火烛不慎诱发，所以官话课本特地告诫"把灯吹灭了睡，如今秋天的时候，那东西都是干燥的，火烛要小心。上

---

① 陈怡行认为明清福州建筑多以杉木为材，有三方面原因，第一，取材容易，造价便宜。第二，木构建筑省时省工，动作较为迅速。第三，福州自然条件多水多湿气，使得建筑多以杆栏式建筑的吊脚楼之形式构造。参见陈怡行《近世以来福州的城市火灾、火政和火神信仰》，未刊论文，第十二届明史国际学术研讨会，2007，第378页。

② 据1947年相关统计，全市屋宇共有28887座，洋屋占2.3%，为673座，墙屋14.5%，为4188座，木楼屋占52.4%，为15148座，木屋占30%，为8664座，茅屋占0.7%，为214座。《市警察局暨各分局关于本市消防工作概况、防火宣传、检查的训令、布告、公函》，1948年10月，福州市档案馆馆藏民国档案：902-6-468。

③ 王振忠：《近600年来自然灾害与福州社会》，福建人民出版社，1996，第14页。

④ （明）喻政主修《福州府志》（下），卷75，《杂事志四》，海风出版社，2001，第737页。

⑤ 《福州制局失火》，《申报》1874年12月7日，第2页。

⑥ 王振忠：《清代琉球人眼中福州城市的社会生活——以现存的琉球官话课本为中心》，《中华文史论丛》2009年第4期，第41页。

床的时节，就把火吹灭睡，也是放心的"。① 可见旅居者对福州火灾之惕然。

灾害具有自然与社会双重属性。所谓灾害"是指当自然界的变异，对人类社会造成不可承受的损失时，才称之为灾害……不少自然变异本身就是人类破坏性活动所引起的"。② 人口增长，商贸繁华，上游森林的砍伐，导致明清福州灾难不断。尤其是火灾更随城市规模扩张而日趋严重，至万历年间，已成严峻的社会问题。为此，巡抚庞尚鹏除持续扩编火军部队外，还着手强化城市的里甲制度，运用里甲制度与火军相互配合，协力灭火。③ 虽全力以赴，收效却不尽如人意，典籍中仍有较多火灾记载。④ 面对重重灾难，民众求助神灵，禳灾祈福，祭祀活动频繁。

二　迎神赛会与社境组织

元明时期，福州民间信仰盛行，时人指出："今日巫觋，江南为盛，而江南又以闽、广为盛，闽中富贵人家，妇人女子，其敬信崇奉，无异天神。少有疾病，即祷赛祈求无虚日，亦无遗鬼。"⑤ 每逢夏秋之交，气候转苏，病菌活跃，疫病交织，民众举行迎神出海活动，以能驱疫。"百十为群，鸣锣伐鼓。锣数十面，鼓亦如之。与执事者或摇旗，或扶舟，喊呐喧

---

① 濑户口律子：《学官话全译（琉球官话课本研究）》第 206（59）～205（60）页，转引自王振忠《清代琉球人眼中福州城市的社会生活——以现存的琉球官话课本为中心》，《中华文史论丛》2009 年第 4 期，第 100 页。
② 邹逸麟：《"灾害与社会"研究刍议——以中国为例》，《椿庐史地论稿》，天津古籍出版社，2005，第 270 页。
③ 参见陈怡行《近世以来福州的城市火灾、火政和火神信仰》，未刊论文，第十二届明史国际学术研讨会，2007，第 383 页。
④ 注：福州空间布局蕴含厌火制厄的风水观念。福州城北为坎位，主水，地方官绅遂在屏山之巅修镇海楼，以避风防水。福州城南为离位，主火，地方官绅亦于上修火神庙，以免遭火厄。在传统文化视野中，北斗玄武主水，且七星排列似勺子，可以压制火灾。早在南宋，福州官员即"砌十石盂于谯楼北，注水以厌南离"，后逐渐演化为七星井。福州城内还散布"八斗、十六斛"，其功能与七星井相似，"皆取压制南离，消弭火患"。镇海楼旁还设置七口水缸，亦按七星布局，以取得形胜厌火的成效。与此相对应，清康熙二十年（1681）总督姚启圣在城内双门楼前设三只石狮子，"以压制南面五虎山"，克制火灾。
⑤ （明）谢肇淛：《五杂俎》卷 6，《人部二》，上海书店出版社，2001，第 128 页。

阗，震心动魄。……一乡甫毕，一乡又起，甚而三四乡，六七乡同日行者。自二月至八月，市镇乡村日成鬼国。"① 场面盛大。

伴随巫风炽涨，庙宇遍布城厢。"三山丛林，一时俱兴，无论其著且大者，即委巷之内，十室之中，所有精蓝祇舍，亦必充拓而更新之，适遇年岁丰稔，疫祲不生，则人益以为乐善好施之报，皆惧忻鼓舞而不能自己，故曩患有僧施而无寺，今患有寺而无僧矣。"② 在各庙宇中，以祭祀瘟神五帝居多，共达二十余所，或名某涧、或名某庵，有"九庵十八涧"之称，成为主要的公共空间。从地域分布来看，"南台神庙之盛，过于会城"。③ 这是两区的功能差异所致。作为商埠之地，南台五方辐辏，居民建庙立祠，祭祀原籍神灵，以能寄托乡思，集群会众，且商海诡谲，贫富皆在转瞬之间，商人较诸其余群体，更渴望得到神灵的庇佑。作为城外之城，南台风气开放，画舫鱼列，为冶游胜地。"新虹落影卧中流，又见湖西出画舟。五日台江歌舞地，有人将去比苏州。"④ 如此环境，凸显官府控制之松，民众信仰自由。而反观会城，作为衙门所在，社会控制较严，信仰受到约束，且民众流动较少，环境安定，故神庙数量，略逊南台。

为举行迎神赛会，社区民众或出力、或捐资，承担相应的义务和责任，频繁互动，形成以"共同信仰和祭祀为特征的地方乡里组织"，即社境。福州社境最早出现于元代，分布于藤山一带。⑤ 这与官方政策推动有关。从至元七年（1270）始，元政府在城镇和农村，推行社制，由北及南，使"一直作为地缘性的祭祀组织的社，被升级为纯粹地缘性的基层行政组织"。⑥ 至晚清时期，福州城内及市郊各地均被纳入"境"的系统。境的分布稠疏不定，有时一巷一境，有时数巷一境，亦有一巷数境。"境"并不是固定的，其数目呈递增趋势。

① 海外散人：《榕城纪闻》，中国社会科学院历史研究所清史研究室编《清史资料》第 1 辑，中华书局，1985，第 2 页。
② 《福州坚正境修造真如寺疏文》，（明）罗明祖撰《罗纹山先生全集》，江苏广陵古籍刻印社，1998，第 793 页。
③ （清）吴玉龙：《南台上元夜竹枝词》，林家钟：《明清福州竹枝词》，内部打印本，1995。
④ 王式枝：《福州竹枝词》，转引自郑丽生《福州竹枝词》，福建师范大学古籍库藏本。
⑤ 王振忠：《近 600 年来自然灾害与福州社会》，福建人民出版社，1996，第 190 页。
⑥ 赵世瑜：《狂欢与日常——明清以来的庙会与民间社会》，生活·读书·新知三联书店，2002，第 234 页。

祭祀活动以庙为中心，"社"与"庙"是构成"境"的必要条件，有庙无社或有社无庙，都不称其为"一境"。① 通常情况是一境一庙。根据祭祀圈不同，境庙有等级之分。黄向春指出："福州阳岐历史上分为七境，每境拥有自己的社庙组织，并每年定期举行绕境仪式，七境同时又以上岐尚书庙为中心，共同参与迎尚书仪式，从而把七境有机联系起来，维持阳岐的社区认同与族群边界。"② 藤山十境祠亦是如此，该庙由"十境民众醵金落成之"，③ 故成为区域中心庙。相较于十境祠，泰山庙、城隍庙等级更高，其巡游范围遍及全城。神庙通过巡游方式"强化社区内部的关系和明确社区的等级关系"，④ 构成地方的神权结构。

境庙由民间自行管理，设有负责组织神事的专门机构，俗称"大堂"，领导为"总理"，均由"乡间绅士充之"，而具体办事人员，多是"乡中好事者"，或是神棍，大堂成员"通过一年一度的选举产生，任期一年"。⑤ 每年五月前后，筹备迎神活动，谓之"开堂"，同时向所辖区域内之商店或住户募集捐款。⑥ 若筹款不足，总理和各位理事须自行垫补，因此只有富户方能充任此职。

每逢疫病流行，境社活动趋于频繁。嘉庆己卯年（1819），"省垣自去冬迄今，孩子以痘疹致死者，不下六七千人"。为能保护婴儿，人们请"刘氏夫人""潘氏夫人"巡境。随着疫情加重，又请"南台霞浦街临水陈氏夫人"⑦、"岱岳山神"巡行全城，并举办大型清醮，兴建"主疹潘氏夫人庙宇"，向本乡民众题捐。据林宾日记载，为迎接刘氏夫人，"本境合

① 郑振满：《神庙祭典与社区发展模式——莆田江口平原的例证》，《史林》1995 年第 1 期，第 33~47 页。
② 黄向春：《地方社会中的族群话语与仪式传统——以闽东下游的"水部尚书"信仰为中心分析》，《历史人类学学刊》第 3 卷第 1 期，中山大学历史人类学研究中心，2005，第 114~115 页。
③ 《藤山志》卷 2，《名胜·古迹志》，《中国地方志集成·乡镇志专辑》（26），上海书店出版社，1992，第 5 页。
④ 赵世瑜：《狂欢与日常：明清以来的庙会与民间社会》，生活·读书·新知三联书店，2002，第 31 页。
⑤ 〔美〕卢公明：《中国人的社会生活——一个美国传教士的晚清福州见闻录》，陈泽平译，福建人民出版社，2009，第 367 页。
⑥ 《鸢飞鱼越斋随笔》，郑丽生：《福州岁时风俗类征》卷 6，《六月》，福建师范大学图书馆古籍库藏本。
⑦ 陈氏夫人指陈靖姑，是流行闽东与福州的女神，专司保疹护胎之职，手下有 36 位宫婆，刘氏夫人、潘氏夫人名列其中。

舍人题捐式文",起盖庙宇时"乡里题捐,去番三元",此后,又有"疹妈庙首事叶庄二姓交缘"。值得注意的是,一些题捐具有固定捐性质,如四月初二条记载:"本乡交清醮份一千二百文,五年一次,照旧例捐。"① 显示祭祀网络较为稳定。

除组织神事外,境庙亦是地方议事中心。邱捷指出,清代广州居民常集庙议事,讨论"本街区的公益事务、解决各种民事纠纷、处理被获案犯、向官府提出街区的要求或申诉"。② 福州与此相似,境庙管事机构凭其影响力,制定社区公约,策划龙舟赛、舞龙灯等乡里活动,③ 俨若自治机关。若涉及数境利益,则在区域中心庙议决,如十锦祠,"乡人于此议事焉"。④ 若事关全城,市民便聚集城隍庙商议,如明代中叶,市民为反对税收,以城隍庙为据点,对抗官府。

境庙祭祀神灵来源各异,均称境主王。清代琉球官话课本《官话问答便语》中有一段对话:"今日太保庙做戏。为什么做戏?土地、大王生日庆贺的。那土地、大王是什么神明?各地方皆有土地所管,各境社皆有大王所司——这是里域的土主,譬如阴间地方官是也。"⑤ 虽是阴间官长,其排场较之阳间县令,却毫不逊色,境庙"置胥役,收投词状,批驳文书,一如官府"。而五帝亦是"一日具三膳,更衣,晏、寝,皆仿生人礼"。官场等级森严的礼仪,亦被活学套用,"各社土神,参谒有期,一出则仪仗车舆,印绶笺简,彼此参拜,有中军递帖到门走轿之异"。⑥ 各大王所辖之境,"疆界划然,不相侵犯"。⑦ 他境之民不敢贸然闯入。

---

① 福建文史馆编《林宾日日记》,江苏古籍出版社,2000,第 199 页。

② 邱捷:《清末广州居民的集庙议事》,《近代史研究》2003 年第 2 期,第 187 页。

③ 福州"夺锦标"地名,附近的泰山庙是当年赛龙舟时民众议事和集合点。当时每年龙舟比赛都从泰山庙下水。延续至今,2012 年 2 月 28 日,笔者在金汤境汤涧殿,正好看到该庙门口张贴龙舟赛开支情况,并用大理石碑雕刻《兹将 2007 年汤涧殿制造新龙舟众弟子信徒赞助金额名单》。

④ (清)朱锦星修、郑祖庚纂《闽县乡土志·侯官县乡土志》,海风出版社,2001,第176 页。

⑤ 濑户口律子:《官话问答便语全译(琉球官话课本研究)》,第 276(23)页,转引自王振忠《清代琉球人眼中福州城市的社会生活——以现存的琉球官话课本为中心》,《中华文史论丛》2009 年第 4 期,第 84 页。

⑥ (清)海外散人:《榕城纪闻》,中国社会科学院历史研究所清史研究室编《清史资料》第 1 辑,中华书局,1985,第 2 页。

⑦ 《鸢飞鱼越斋随笔》,转引自郑丽生《福州岁时风俗类征》卷 6,《六月》,福建师范大学图书馆古籍库藏本。

社境属于民间基层组织，与此同时，官方亦推行保甲制，在福建的情况大体为"户十有总，总十为甲，甲十为保，均立之长"。保长、甲长轮流担任，因易于招怨，人"多畏避承充"。嘉庆十九年（1814），闽浙总督汪志尹上书朝廷："拟将缉拿人犯、催征钱粮二事不派牌甲保长，专责成以编查户口、稽察匪类。"① 却被否决。随着王朝衰落，保甲日渐松弛，"官习为故事，民奉为虚文"，以致官员清查民数时，发现"城乡内外并无门牌可以稽考，县存保甲名册亦非实在数目"，② 形同虚设。较之人间官员，民众对境主王更为信赖，诚心祈祷，以求庇佑，社境成为地域认同的标志。从表面上看，官府是阳间统治者，管理大小事务，都图保甲在文册中清晰罗列，民众在契约诉讼文书中，亦常列明自己属于何保何甲。但在日常生活中，人们笃信境大王，以社境为帜，划群归类，自我管理。"庙宇祭祀举办神明庆典、绕境、捐款、选炉主头家。又于庙中讨论公共事务，其实就像是一种地方行政系统，其有效性却远远超过官方的乡约保甲系统。"③ 20世纪20年代，旅榕日人野上英一将境社与行政区划在辖区上加以比较。"大体上是沿着户、社、境、庵之行。若把此来与行政区域之户、乡村、区、县、省相比照，则乡村为境，区为庵。"④ 可见，在明清时期，基层管理由两套体系构成，分别代表国家力量和民间力量，共同维系乡土秩序。

三　士绅与公共事务

尽管巫风炽烈，福州亦文风昌盛，有"海滨邹鲁"之称。早在南宋，城内读书风气蔚然，呈现"路逢十客九青衿，巷南巷北读书声"的盛况。从元代起，福州成为全国文化重镇。据何炳棣研究，在明代科举排行榜上，福州以六百五十四名进士总数，位居全国第六。及至清代，则以七百

① 《清仁宗睿皇帝圣训》（3），卷110，《靖奸宄四》，《近代中国史料丛刊三编》第95辑，台北，文海出版社，2005，第1817页。
② 《议定编查保甲章程》，《台湾文献史料丛刊》第7辑，《福建省例》，"户口例"，第十三案，台北，大通书局，1978，第410页。
③ 郑振满：《明清福建的乡族自治传统》，2012年7月23日，台北中研院，讲演稿。
④ 〔日〕野上英一：《福州考》，昭和十二年，徐吾行译，福建师范大学图书馆古籍库手抄汉译本，第164页。

五十名进士总数，跃居第三，仅次于杭州府与苏州府。[①]

科举成就显著，士绅数量增多，[②] 他们迁入城中，常设立祠堂，添置族产，抚恤族众。林宾日出任鳌峰书院山长后，鉴于"吾宗自迁省治以来，未立支祠"，于是"舍己宅为祠，买田数亩以供时祭，下及子孙读书膏油之助，章程悉具"。其子林则徐出仕后，资助家族颇力，"天性孝友，自奉俭而资助宗党，岁必数千金"。[③] 凭借地位与功绩，士绅在族中威望颇高，如林宾日"里社岁时之事，至老犹扶杖亲之。乡党有哄争者，得府君数言立解，人谓有陈仲弓、王彦方之风"，[④] 故为族众倚重。

除主持族中事务，士绅还积极投入修桥、造路、浚湖、赈灾等公共事务，以获得社会认可，成为真正的地方权威。[⑤] 康熙朝的萨葛斋，救济遭受火灾的邻居，每年冬季分发棉衣给受冻者，"受者莫不感泣"。萨龙光"又尝增置鳌峰书院书舍、整修洪山桥、建东街文昌祠、兴鼓山涌泉寺，乙卯之赈饥、丁丑之浚河，皆赖倡输以集事"。[⑥] 通过此类公益活动，萨氏虽人丁较少，却能被视为福州巨族。而官府亦与士绅共同管理地方事务，乾隆年间，福康安倡议修浚西湖。"令福州府知府成宁、署邵武府同知李浚原总其事，俾各辟属员及乡绅士之能者，凡若干人，分段督约，官颁其条教，而绅士佐之，以给工值丝粟，不假手书役。"[⑦] 以免经费遭贪墨。

福州士绅还兴建善堂，以共同的文化资本，构建关系网络，界定身份。这从敬节堂的设置可见一斑。道光五年（1825）闽浙总督赵慎畛町畛设该堂，并捐资一千两，得到"刑部尚书陈若霖，布政使林则徐、梁章钜、

---

① 何炳棣：《科举和社会流动的地域差异》，王振忠译、陈绛校，《历史地理》第 11 辑，上海人民出版社，1993，第 299~316 页。

② 许多学者均从不同角度定义士绅，分歧主要体现在两个方面：第一，现职官员是否属于士绅；第二，包括生员在内的士人是否属于士绅。早期研究者定义较为狭窄，20 世纪 80 年代之后，国内相关研究，比较认同张仲礼、瞿同祖的定义，呈现把含义宽泛化的趋势，即士绅包括官员和士人。（参见李世众《晚清士绅与地方政治——以温州为中心的考察》，上海人民出版社，2006，第 9~16 页）本书亦取此定义。

③ 《林文忠公则徐》，《忠义见闻录》卷 1，福建省图书馆特藏部抄本，第 6 页。

④ 《先考形状》，林则徐全集编辑委员会编《林则徐全集》第 5 册，海峡文艺出版社，2002，第 451 页。

⑤ 参见张静《基层政权——乡村制度诸问题》，上海人民出版社，2007。

⑥ 《萨露萧农部》，（清）梁恭辰：《北东园笔录初编》卷 5，中华书局，1985。

⑦ 郭柏苍：《闽省水利故》，福建师范大学古籍库刻本，第 16 页。

巡道申万、廖鸿藻，刑部员外郎郭仁图"等榕籍官宦的全力支持。时任无锡知县叶申霭"在吴闻之，即邮五百金为乡人倡，即归，引为己事，续捐三百五十缗，又垫二千缗"。① 敬节堂设立后，林则徐亲自拟定堂章，规定由士绅组成董事会，聘请司事，管理堂务，"或有呈官之事，本由司事会同绅董具呈"。② 该堂常年救助"清族嫠妇"数百名，维系长达百年。敬节堂虽为赵氏首倡，但真正策划者，应是陈若霖等人，他们在异地为官，若贸然首倡，有干涉地方政务之嫌，而督抚出面，不仅名正言顺，还使善堂获得合法性，故赵慎畛倡议发布后，响应者并非本省官员，而是散布各地的榕籍官员。他们以乡情为纽带，互通声气，联系密切。③ 值得注意的是，该堂捐赠名单并无商人，救济对象亦为"先尽城内士族人家核实散给"，④ 可见其维护身份之意味。

除参与地方事务外，士绅时常干涉政务，时人张集馨即曾评论："福州省会，素称人文，惟绅士把持政务。"⑤ 他们或递交呈状、干涉命案，或充作公亲调处、武断乡曲，或充任族长、包办钱粮事务，为此，官府特颁布《禁革生员公呈保结干预官事等款》，⑥ 企图约束绅权，却无济于事。如林宾日记载："近日吾闽绅衿多投递公词，林光天等为李藩台身故，向钦差大人车前投递，已数月矣。又有（何）淑元等为保留徐太守女澜，向督院衙门投递，已批驳。李德树等为制台开河抽税店租，向王太守投递，只隔三四日事。"⑦ 甚至连督抚等大员亦须屈从绅意，林则徐寓乡期间，与"三五热诚绅士在簪堂商乡事与外患"，前往"塘门察看炮台如何改修，沿海内江如何设防，洪江上游及省垣西北湖如何收水利、防水害，常丰及义仓积谷若何整理"，⑧ 并阻止英人入驻神光寺，在调解过程中，闽浙总督刘

① 《叶次嶑先生传》，（清）高澍然：《抑快轩文集》，江苏广陵古籍刻印社，1998，第868页。
② 《敬节堂章程并叙》，林则徐全集编辑委员会编《林则徐全集》第5册，海峡文艺出版社，2002，第506页。
③ 福州三坊七巷（含衣锦坊）为著名精英居住区，显宦巨族多在此聚居，互通婚姻。
④ 《敬节堂章程并叙》，林则徐全集编辑委员会编《林则徐全集》第5册，海峡文艺出版社，2002，第506页。
⑤ 张集馨：《道咸宦海见闻录》，"庚申六十一岁（咸丰十年）"，中华书局，1981，第274页。
⑥ 《禁革生员公呈保结干预官事等款》，《台湾文献史料丛刊》第7辑，《福建省例》"刑政例"（下），台北，大通书局，1987，第983页。
⑦ 杨国桢：《林则徐传》，人民出版社，1995，第590页。
⑧ 刘孟纯编《林文忠公乡闻录》，福建省图书馆特藏部抄本。

韵珂、布政使徐继畬"有违数绅之意",① 遂遭闽籍京官集体弹劾,仕途折戟。士绅干政,凸显其势力之大,以致在与官吏共治地方过程中,表现强势,虽然在当地并无政治身份,但凭借政坛人脉,仍可对地方官员施加影响。

宋汉理认为,历史学家通常使用五条标准来估计地方精英在该地区"渗透"的深度:一、精英的智力活动地位,特别是其革新的或对抗的活动的地位;二、地方精英在私人的地方民兵组织中的作用,以及民兵征募原则的性质;三、地方精英在正式组织的地方福利机构的结构中的作用;四、地方精英个人的主动性在水利和土地管理中的重要性;五、地方精英干预地方政府的"率直程度"。② 以此衡量,清代福州士绅在地方上渗透极深,此种现象,除其自身强大外,还与地方政府作为有关。

清代中期之后,闽省官场大案迭出,以"吏治废弛,下属习为懈怠"③闻名,统治力削弱,加之"由于财政改革与财政危机的日益加深,福建地方政府的行政职能也日趋萎缩,因而逐渐把各种地方公务移交给乡族集团,促成了基层社会自治化倾向",④ 以致难以杜绝某些恶习。如清廷严禁械斗,而"闽中械斗之风素炽",⑤ 地方官府却不加干预。光绪十一年(1885),游勇数十人劫狱,团练兵"闻扰攘声,误以为械斗",想出队镇压,哨官以"民间闲事不必过问",⑥ 使案犯逃脱。对于迎神赛会,官员屡欲禁止,却无济于事。种种乱象,实因"社会控制体系失调,亦即官僚体制与基层社会自治化的内在矛盾"。⑦

从总体来看,明清时期,福州民众于郊区聚族而居,一乡之地,或为

---

① (清)林宾日:《林宾日日记》,江苏古籍出版社,2000,第128页。
② 〔荷兰〕宋汉理:《清代福州的大族:人口、地方行政与社会等级的初步分析》,叶显恩主编《清代区域社会经济研究》上册,中华书局,1992,第440页。
③ (清)昭梿:《啸亭杂录》卷3,《壮烈战迹》,中华书局,1980。
④ 郑振满:《乡族与国家——多元视野中的闽台传统社会》,生活·读书·新知三联书店,2009,第274页。
⑤ 《乡人械斗》,《申报》1894年5月2日,第2页。
⑥ 《游勇劫狱》,《申报》1885年6月29日,第2页。
⑦ 郑振满:《乡族与国家——多元视野中的闽台传统社会》,生活·读书·新知三联书店,2009,第310页。

单姓所据，或为数姓共处，只有少数地方多姓杂居。① 鉴于乡族组织在基层社会中的地位，保甲、都图等体系日渐废弛，官府征收钱粮等事务，常通过族长办理。发布禁谣等谕令时，以"该乡绅耆族房"② 为对象。由于聚族而居，许多境庙由家族设立，形同家庙，而家族领袖、境庙首事通常为士绅，他们凭借权势，保护族众，进而联合，族权、绅权、神权相互交织，使明清福州地方事务多由社会自我管理。③

第二节　开埠之后福州的社会变迁

1842 年，中英签订《南京条约》，福州成为"五口通商"的城市之一，各国商人、传教士接踵而来，对外交流频繁、中西文化碰撞，使社会形态发生显著变化。

一　都市化进程加快与灾害频发

1. 都市化进程加快

福州开埠，与英人试图开展茶叶贸易有很大关系。然而种种原因之下，开埠之后，外贸不尽如人意。④ 武夷茶叶仍主要通过"内河过岭行

---

① 参见《闽、侯分都与姓名来源》，著作年代未详，疑著于清末，福州市博物馆名誉馆长黄启权先生惠赐手抄本。另郑振满教授根据《侯官乡土志》统计，清末侯官县 649 个村落中，单姓村与主姓村占 74%，杂姓村仅占 26%。（参见郑振满《明清福建家族组织与社会变迁》，中国人民大学出版社，2009，第 116 页）闽县地形较为平坦，巨族比例更高。

② 《福建传廉访禁谣示》，《教会新报》第 159 期，1871 年，第 143 页。

③ 福州地方高度自治，与地方的文化传统有密切关系。闽北是宋明理学的重要发源地，朱熹长于斯、学于斯、逝于斯，在此生活了六十多年，培养大批弟子门生，其中福州人颇多，如其女婿黄勉斋。理学对士绅阶层的形成、民间宗教的普及和宗族文化的社会统合等方面发挥了重要作用。随着福州科举兴盛，理学观念向社会底层渗透。根据荷兰学者宋汉理研究，福州巨族与科举存在正相关关系，人口较多的八个大族中，六个为大姓，前五位的大族进士人数较多。（荷兰）宋汉理：《清代福州的大族：人口、地方行政与社会等级的初步分析》，叶显恩主编《清代区域社会经济研究》，中华书局，1992，第 440 页。

④ 1844 年 7 月，福州正式对外开埠，但刘韵珂等地方大员暗中刁难，阻碍通商事务，以致开埠十余年，福州贸易额仅为 37 万元，1856、1857 年竟无一艘"番舶"光顾，旅居外商更是屈指可数。

走"，输送到广州、江南，再转包外销。至19世纪60年代，受太平天国运动的影响，传统茶路被切断，在闽浙总督王懿德支持下，旗昌洋行开辟新茶路，大宗红茶循闽江直运福州，出口欧美，仅在1880年，福州输出的茶叶即达80万担，年增长率为2.5%。[①] 福州一跃成为国际茶叶贸易的中心之一。[②]

19世纪80年代，福州茶市萎靡不振，木材贸易兴起，根据海关贸易报表统计，清末福州木材输出量逐年上升，每年木材输出总值为350万~400万海关两。[③] 木材取代茶叶，为地方财政支柱，"内地各处多资利用，则福防厅之商税又全藉木料以充数也"。[④] 除输出农副产品外，福州亦进口诸多商品，以洋米、洋布、鸦片、煤油为大宗，其中煤油虽属新式事物，却因价廉物美，迅速普及。1894年，进口量为3266140加仑，较之上年，骤增113%，其增速之快，令时人感慨"同治十三年以前，火油尚属仅见之物，不料二十年之间，竟如此盛行，岂非出人意外哉"。[⑤]

对外贸易兴盛，推动福州的都市化进程，南台成为"福州精华之区，阛闤宏通，商贾辐辏，花天酒地，富丽繁华"，[⑥] 云集美孚、太古、三井等70余家洋行，24所各类会馆，200个各式商帮，店铺数以万计。地处闽江中流的中洲岛，船舶云集，极为繁盛（见图1-2）。1905年，福州商务总会在上杭街设立，标志着南台成为商业中心，城与市彻底分离。与此同时，人口集聚效应明显，至光绪中叶，福州人口已达到65万人。[⑦]

---

① 参见姜修宪《制度变迁与中国近代茶叶对外贸易——基于福州港的个案考察》，《中国社会经济史研究》2008年第2期，第69页。
② 程镇芳：《五口通商前后福建茶叶贸易商路论》，《福建师范大学学报》（哲学社会科学版）1991年第2期，第92页。
③ 参见戴一峰《论近代福建木材业——近代福建林业史研究之二》，《中国社会经济史研究》1991年第2期，第59页。
④ 德福：《闽政领要》，《各属物产》，复旦大学图书馆古籍部刻本，第47页。
⑤ 《光绪二十年厦门华洋贸易情形论略》，中国第二历史档案馆、中国海关总署办公厅编《中国旧海关史料（1859~1948）》第22册，京华出版社，2001，第182页。
⑥ 《福州近景》，《申报》1881年5月11日，第2页。
⑦ 海关总税务司署：《通商各关华洋贸易总册》，光绪二十一年，福州口。

图 1-2　19 世纪 70 年代的福州中洲岛
资料来源：福州市档案馆藏照片，授权使用。

贸易兴盛，使福州成为区域经济中心，对外贸易频繁。"福建之方面，人口一千四百余万，货物皆出于闽江，人口之大部皆居于沿江，福州扼闽省之咽喉。"① 英国人施美夫记载颇详："福州人从相邻的江西省进口瓷器，也从遥远的陕西省进口皮毛。帆船从山东、天津及其他沿海地方运来蔬菜和药品。从宁波进口棉布，琉球群岛来的进贡船只也运来鱼干、燕窝、酒、海参，以及日本铸造的金锭，年价值在 1 万大洋左右。本省西北部乡村提供日常家用物品，如茶叶、茶油、大米、竹笋、香木和牛皮。本省南部各地，尤其是厦门和晋江附近，从陆路运来藤条、辣椒、布匹、毛料、海参、燕窝、檀香以及其他香木、食糖和水银。水银等是南部富有冒险精神的人从其他国家进口到南部港口，然后从陆路运到省城，牟取暴利。作为交换，福州出口毛竹、茶叶、原木材、柑橘以及烧香拜佛用的锡箔纸。"②

① 陈沂：《中国铁路史》，《正谊杂志》第 1 卷第 8 号，1915 年，第 14 页。
② 〔英〕施美夫：《五口通商城市游记》，温时幸译，北京图书馆出版社，2007，第 289 页。

与此同时，上海亦迅速崛起，取代广州，成为全国的外贸中心，榕沪两地埠际贸易往来频繁（见图1-3）。以木业为例，输送航线"原本运销浙东一带，道光末年，始达乍浦，洪杨革命之后，乃达沪江"。① 航运一次仅需30~40天。一些财力雄厚的沪商，在福州设立"庄号"，采购木材。而由闽江上游商人组成的建汀帮，"沿黄埔江岸，自城东亘于城南，设木厂及木行，经营贸易，林木商之大者，其数凡三十家"。② 除木业外，闽商还涉足其他行业，实力雄厚，时人谓之"上海福州帮商业亚于广帮，广福杂货，各省各县通用之"。③ 埠际贸易密切两地经济联系，促进人员互动与文化交流。

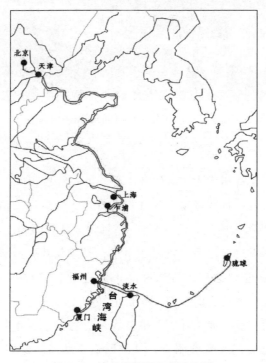

图1-3　清代我国沿海部分区域

---

① 吴尚文：《福州庄客制度》，《木业界》第3期，1940年，第23页。
② 东亚同文会、两江总督署译《中国经济全书》第2辑，"一编商贾，第五章"，第54~55页，转引自戴一峰《论近代福建木材业——近代福建林业史研究之二》，《中国社会经济史研究》1991年第2期，第62页。
③ 林传甲纂《大中华福建地理志》（1919年7月15日），福建省图书馆特藏部铅印本，第316页。

2. 灾害频率增加

开埠之后，茶木贸易兴盛，闽江上游延平、建宁、邵武等处"山上草木铲伐净尽，以致高原雨水不能收蓄，而开垦茶地沙土冲落河内者日多，重者填塞河底，轻者随波下流，水不能由地中行，一雨便涨"。[①] 加上城市人烟稠密，河道、湖泊严重淤塞，泄洪能力下降，致使福州水患频繁，时人谓其"起于道光二十四年"，[②] "迨光绪二三年大水后，几于无岁不有水灾"。[③] 而且以往"其时皆在五月，从未闻之入秋尚有大水也"。然而，1886年10月，洪水突然袭来，"城内只三分地方无水，西南低洼处，水深者丈余，浅者数尺，屋倒墙崩，不知凡几，压溺致命实繁有徒"。[④]

水灾除造成惨重损失外，亦转移集镇空间。原本繁华的洪塘镇，"在昔日栋宇云连，不下千余户，且多杂姓，农者、商者、方市阔袖，而业儒者，靡所不有，乃一繁盛之都也"，与南台并驾齐驱。迨至晚清，该镇日趋没落，人丁不及百户，荒凉异常，商船主要停泊南台，再通过闽江出海，开展埠际贸易（图1-4）。洪塘之所以衰败，主要是由于水患。该镇恰处分江之口，居民多侵占浦道，加之"地系沙洲，易于崩裂"，[⑤] 每当上游洪水倾泻而下，"港道既于泷道，亦梗积两港，横流无支可泄，下流慢溢"，[⑥] 受患尤巨。1886年大水，"省垣西关接洪山，适当其冲，涨高二丈余，异样危急，吼声如雷，闻之令人丧胆"，从水势来看，城内"较光绪三年，差减尺余。城外西关以往，较前更大二尺"。[⑦] 因此两遭水患后，居民迁徙一空，"或村庄化为泽国，或人口仅留数家，嗣经新开港道，以灭南港洪流后，为祸始少"。[⑧] 但已难以恢复往日的盛况。

水灾频频发生，疫灾接踵而来，以鼠疫最为严重。1894年，香港暴发鼠疫，福州各国领事鉴于"通商海口，万艘云集"，恐受传染，紧急召开会议，函请通商局道宪"凡船只由香港到闽，无论人和货物，皆泊诸海

---

① 《春水暴涨》，《申报》1878年3月8日，第2页。
② 《福州大水》，《申报》1886年8月27日，第3页。
③ 《闽省大水》，《申报》1888年7月7日，第1页。
④ 《福州大水》，《申报》1886年8月27日，第2页。
⑤ 何敏先编《走遍林森县》（闽侯乡土特辑），福建省图书馆特藏部铅印本，第6页。
⑥ 《闽省水利策》，福建师范大学图书馆古籍库刻本，第22页。
⑦ 《福州大水》，《申报》1886年8月27日，第3页。
⑧ 《闽省水利策》，福建师范大学图书馆古籍部藏本，第22页。

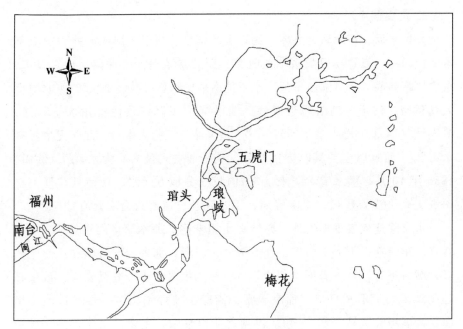

图 1-4　19 世纪闽江海口

上，待西医士验无疫气，方准进口，果有疫，须淀侯八日，再行进口"。①
防范虽严，却无济于事，次年 4 月，省垣西门街某甲"家偶见死鼠，感触
其气，当即染疫而亡。某日通商局丁役，亦扫出死鼠数十头"。有"好事
者"吸取去年广东鼠疫教训，贴出告白："各家如遇死鼠，即当收埋，勿
任抛掷街面，致人传染。一时见者大惊小怪，无不思先事防维云。"② 然而
无济于事，至 7 月间，鼠疫暴发，"安民巷某姓家，一日连毙七命，他处
有一家，连毙四五命，六七命者，时有所闻"。八月疫情方息。由于毫无
经验，群医束手无策，"用热、用凉、用攻、用补，俱不可救，百人之中，
竟不能活一"。③ 故死伤惊人，"城内外死亡者以三四万计，村乡染疫尤
多"。④ 此后数年，鼠疫均有发生，官绅祈求降雨，以作应对。1901 年，
《鼠疫汇编》从广州传入福州，士绅捐资付梓，普及治疗方法。

---

① 《福州禁疫》，《益闻录》1894 年，第 291 页。
② 《闽中患疫》，《申报》1895 年 4 月 29 日，第 3 页。
③ 《闽中时疫》，《申报》1895 年 7 月 26 日，第 3 页。
④ 《闽疫未清》，《申报》1895 年 11 月 2 日，第 3 页。

随着城市发展，火灾日趋加剧。从表 1-1 可见，开埠之前，福州的火灾频次较为稳定，基本在 0.15 次/年上下起伏，同治年间火灾频次未有较大变化，从光绪年间骤然增加，达到 3.18 次/年，远远超过前期，至宣统年间又略有下降。这可能由于数据来源不一，从而影响统计结果，但差异不致如此之大。开埠之前的史料记载主要来源于方志和奏章，清廷对火灾重视，将其作为考核地方官员的重要指标，福州作为省会，若发生大型火灾，督抚大员须及时上报，从而留下相关记载。乾隆九年（1744），福建巡抚向朝廷奏报福州火灾，结果遭到痛斥："向来外省令文武官弁督率兵役竭力抢护，不使蔓延。朕御极而来，又曾再三谆谕，务期凛遵。……马尔泰、周学健不能训饬防范于平日，又不能督率属员抢救于临时，甚属疏忽，着传旨申饬，嗣后毋得仍前怠视。"[1] 开埠之后，除《申报》等近代报刊报道外，时任福建巡抚丁汝昌亦指出："省城内外，每年火灾必有二三次，每次或千余间，或数百间不等。"[2] 与统计结果 3.18 次/年相似，因此数据应该具有可信度。

表 1-1　清代福州火灾及频次

年号/在位年数	发生次数（年次）	发生频率（次/年）
顺治/18	3	0.17
康熙/61	8	0.13
雍正/13	2	0.15
乾隆/60	2	0.03
嘉庆/25	2	0.08
道光/30	5	0.17
咸丰/11	1	0.09
同治/13	2	0.15
光绪/34	108	3.18
宣统/3	7	2.33

资料来源：《清实录》、（乾隆）《福州府志》、（道光）《福建通志》、林枫《榕城考古略》、郭柏苍《乌石山志》、郭柏苍《竹间十日话》、《申报》、《大公报》、（光绪）《闽县乡土志》、（光绪）《侯官乡土志》。

---

[1] 《高宗实录》卷 231，《乾隆九年十二月辛未》。
[2] 《闽省被灾赈恤情形疏》，丁日昌：《丁禹生政书·抚闽奏稿》卷 1，丁日昌学术讨论会编，1987。

福州火灾数量陡然上升，以致时人感叹"噫，何闽省火患之多耶!"[①]这与经济发展有关。同治年间，福州名义开埠，实际上处于封闭状态，因此火灾频率变化不大。此后，茶叶贸易兴盛，福州成为重要商埠，对外交流频繁、城市规模扩大、人口急剧增加、房屋鳞次栉比，势必导致火灾增加（图1-5）。与此同时，火油的普遍使用[②]、吸食纸烟风气的形成、娱乐方式的转变，加剧火灾发生。火灾与经济的内在关联，还体现在其时空分布上，在光绪之前，火灾多发生在城内，25起火灾中城外仅有2起。城内火灾多发生在行政衙门、火器库、城楼、樵楼等场所。而光绪朝的108起火灾中，城内仅有27起，其余均发生在城外，其中南台为54起。时空地点的转化，凸显南台的经济地位。

图1-5 1876年福州火灾

资料来源：哈佛大学图书馆收藏。

---

① 《火警汇登》，《申报》1889年11月3日，第2页。

② 福州每年所用火油为数颇巨，计1881年进口火油共有二万零六百箱，并无一箱另运出口者，可见福人用火由来之众。参见《禁用火油》，《申报》1882年12月28日，第1页。

随着火情严峻，福州出现以趁火打劫为业的歹徒，俗称"火鹞"。他们"平日游手好闲，不事生业，黑夜潜藏僻处，将引火器物抛掷居民房屋，及至延烧，则假充救火之营兵衙役，或捏称失火之家亲戚，乘机抢窃财物。甚或将附近居民，以拆卸炎衔为词，敲门入室，混行搬抢"。① 然后再按股分赃，以南台最多，其数量之多，危害之大，令官府难以管控。光绪十五年（1889）十二月，城外发生火灾，"约毁居民数十家，传说俱系歹徒放火"，后被抓获的黄金保供认不讳，被判"枭首示众"，在押赴刑场的路上，该犯"坐囚车而绝无畏惧之色，是真桀悍性成，憨不畏法者也"，时人希望"经此次从重治罪，纵火之风庶几稍息乎"。② 仅过数月，纵火之风又起，甚至清军驻所也成为袭击目标。"咸谓盗思趁火肆劫"，"故数日之间火警频仍，居民颇切防虞云"。在利益驱使下，火鹞无惧律法，流毒甚广，被视为闽中恶习。

为防止火灾，地方官府出台诸多法令，干预民众的日常生活。同治十年（1871），福州三皇庙山陕会馆因上演夜戏而引发火灾，福建地方官员认为夜戏"不特易滋事端，抑且动虞火患"，遂发布告示，"不准演唱夜戏"。③ 预防火情成为人们日常生活中的重要事务。在南台等火灾频繁的区域，水斛、消防池林立，多为民众集资兴建，至今仍有大量留存。如在仓山区亭下路矗立一清代水斛，其落款为天安铺公置。每逢火灾过后，官绅常修建耸立如马鞍的高墙，预防火灾重演。福州许多街巷还设有专门的火道，"中空而旁甃以墙"，与马鞍墙功能相似，均能有效防止火势的蔓延。

火灾问题凸显，对地方民风习性影响深刻，衍生相关习俗。评话是近世福州民众的主要娱乐方式，其业内有不成文规定："东家盖房、乔迁、安灶等，书中不能说有'火烧屑'之类失火情节。"禁忌作为特殊的文化方式，以非常方式界定人与自然的关系，民众以此纾解心中的恐惧，避厄化险。火灾对民众生命财产威胁甚大，因此评书先生回避此类

① 周宪文：《福建省例》，台北，大通书局，1984，第888页。
② 《纵火枭首》，《申报》光绪十一年（1885）二月二十七日，第2版。
③ 〔美〕卢公明（Justus Doolittle）：《英华萃林韵府》（*Vocabulary and Hand-Book of the Chinese Language，Romanized in the Mandarin Dialect*）第2卷，Rozario, Marcal and Company, 1872，第518页。

图1-6 19世纪中叶福州南门附近繁荣景象
资料来源：福州市档案馆馆藏照片，授权使用。

内容，以免有诅咒之嫌。除此之外，在日常生活中，亦有与火灾相关的禁忌，如火灾发生时，街坊邻居须紧闭大门，不让外面的人闯进，甚至火熄后，门还是关着。亦与防止"火鹘"闯进有关。① 每逢火帝诞辰日，南台各商帮均聚集庙中，举行大型庙会，并轮流值年祭祀。② 商帮赞助火神庙，反映火灾威胁下其焦虑不安的心理。为"酬谢火帝"，民间举行"谢冬"仪式，成为福州独有的风俗。每到冬至之日，各铺户俱糊纸屋、抬旱棚，铺张陈设，并请道士从宁山祖殿出发，沿途念经，所经之处，各家将所糊之纸屋焚毁，火光四射，俨如火场。焚烧后，各家主人，称呼"今夜火烧厝，从此毛大灾"，以求吉利。③ "厝"在福州方言中意指房子，"毛"意指没有，即今晚把房子（纸屋）烧了，从此没有大灾。根据民俗学研究，在祭祀活动中，以相似的人或物代替当事人和物，可驱邪避祸。请道士、烧纸屋，即是为了能免遭火患，秋冬季正是"火帝出动"、火灾

① 〔日〕野上英一：《福州考》，昭和十二年，徐吾行译，福建师范大学图书馆古籍库手抄汉译本，第151页。
② 此系2012年1月，笔者实地调查时，福州火神庙首事阮道铭道长（73岁）告知，并说参与商帮有36个，36应是概数，泛指南台商帮。
③ 参见《民俗志怪》（61）《谢冬》，《华报》1932年12月24日，第3版。

高发之时，所以选择在冬至日酬谢。此外，"纸裱福州城"谚语亦广为流传，纸裱指福州如同纸糊，一烧就着。[①] 谚语是地域文化心理的体现，凸显火灾形势之严峻。

二　地方权力结构的多元化

开埠之后，商品经济发展，对外交流增多，传统的社会形态变革，地方权力结构亦逐渐改变，这表现在以下方面。

1. 商人阶层的崛起

开埠之后，福州商人颇为活跃，他们组成商帮，既与官府交涉，又与洋商竞争。1869年，在福州茶叶公会策动下，华籍茶商联合抵制洋商，提高收购价格。[②] 每当局势紧张，大商帮常招募兵勇，协助治安。如马尾海战前夕，南台广帮、泉帮各雇勇数十名，守卫番船浦、南台等地，闽浙总督何璟颁发谕令："倘有土匪乘机窃发，除派兵勇拿办外，各洋行仍须督率伙伴若干人，合力堵御，以期靖患。"[③] 随着木材贸易兴盛，木帮实力凸显，雇用哨丁、排夫等巡逻，一旦发现窃贼，"振臂一呼，追骑云集"。[④] 在南台颇有影响。

此时，福州商人罢市事件增多。康乾时期，全国罢市时有发生，多集中于江南地区，福州仅见一起，为雍正四年五月，南台饥民阻止米商运粮出境，引发城内外小商店铺罢市。[⑤] 近代之后，福州民众动辄罢市，或保障经济利益、或免遭旗人欺凌、或维护信仰自由等，而地方官多抚谕了事。1874年，福州"城内其民居，向有佛会，近来官宪禁止，而民甚不服，誓欲罢市作难，官以兵戎临之，而民有纠众抵抗，观其势，似将欲叛

---

① 笔者曾翻阅明清时期福州方志、文集、笔记等文献资料，并未发现此谚语，而在1928年民国期刊上已有记载，推测应为晚清时代出现。

② 姜修宪认为茶叶公会之类组织的源头可追溯到19世纪50年代，其依据为1853年闽浙总督王懿德在奏定闽茶海运章程中即已规划出了类似广州公行制度中的茶行制度。参见姜修宪《环境·制度·政府——晚清福州开埠与闽江流域经济变迁（1844—1911）》，博士学位论文，复旦大学，2006，第6章第2节。

③ 《闽事续闻》，《申报》1884年8月16日，第3页。

④ 《闽垣纪事》，《申报》1894年5月20日，第2页。

⑤ 参见《雍正朝汉文朱批奏折汇编》第9册，江苏古籍出版社，1989，第657~661页。

乱，官恐激成大变，赶紧收兵，事始得寝"。① 罢市反映"商民群体意识的增长和社会主体意识的提高"。②

较之开埠之前，商人影响扩大，一方面积极参与地方事务。1875年，南台火灾，受灾之人，"露宿号寒，枵腹忍饿"，有同和、玉记两店主，捐赀施粥半月，以纾眉急。至清末，商人已成为慈善事业的重要力量，如瓷器商人王锦铨开设商号十余所，以善行著称，"其于里社善举，如赒嫠恤孤、施医给槥、放生惜字之类，为之数十年，未尝少懈"。③ 他们与士绅交游密切，如王锦铨后欠债自杀，陈宝琛为其作传。另一方面，成为地方财政的重要来源。此时，商业税占地方财政比重上升，厘金与关税，取代田赋和盐课，成为赋税收入的主要来源。④ 木业不仅为各类善堂提供资金，更关系地方稳定。1893年，因筹设护卫队请求未能获批，木商暂停运木出口，时人对此颇为忧虑，"不特厘局海关收数不无短绌，即省会粮食亦必逐渐加昂，关系诚非浅鲜也"。⑤ 凸显木业地位的重要。

商人阶层兴起，不仅是经济发展的结果，还与政治局势有关。咸丰以前，"闽省地瘠民蛮，筮仕者视此，拜为畏途，文武候补官员，寥寥无己，故稍有才具者，无不兼差兼缺，再有当道招呼，则得意易如反掌"，同治以后，"劳绩捐纳，两途太滥，而闽省之宦游人亦多，年盛一年，遂形拥挤，以致候补者，苦海茫茫，欲登无岸"。⑥ 捐纳者多为富商，⑦ 如福州总商会创始人张秋舫即有以下头衔："诰受资政大夫，赏花翎顶戴，户部郎中加五级，特请二品，封典荣封三代。"⑧ 政治身份的获得，使商人成为绅

---

① 《福建消息》，《申报》1874年12月5日，第4页。
② 桑兵：《论清末城镇社会结构的变化与商民时常罢市》，《近代史研究》1990年第5期，第60页。
③ 《王君锦铨家传》，《沧趣楼诗文集》（下），上海古籍出版社，2006，第448页。
④ 徐晓望：《福建通史》（近代卷），福建人民出版社，2006，第164页。
⑤ 《暂停运木》，《申报》1893年1月31日，第2页。
⑥ 《闽垣杂闻》，《申报》1882年8月15日，第2页。
⑦ 根据伍跃教授研究，捐纳与科举同样是社会流动的重要工具，并且在相当程度上支持着科举，并具有长期有效性和防止下滑性。庶民可以借此获得出身和官僚的铨选资格，官僚可以用它尽快升迁或防止地位下滑，官民还可以用它来光宗耀祖。参见范金民《伍跃：〈中国的捐纳制度与社会〉》，《历史研究》2011年第5期，第178页。
⑧ 《张氏族谱》，福建省工商业联合合编《福建省工商史料》第3辑，1988，第21页。

商，社会地位有所提升。

2. 外国势力的渗入

地处海滨要道，福州成为教会入华的桥头堡。1624 年，传教士艾儒略在福州创办三山堂，吸引教徒数百人，并向闽东等地传播。康熙年间，福建区宗牧颜珰无视中国风俗，激怒康熙帝，爆发礼仪之争，以致禁教长达百余年。[1] 开埠后，福州教会势力复苏。至宣统年间，市区共有信徒数千人，教堂几十座。除传教外，教会还涉足其他社会事业，他们关心时弊、出版报纸、创办学校、建立医院、拯救溺婴、收治麻风、革新风俗、传播新知，推动近代福建社会的变革。

官员对传教人员较为忌惮，时人谓之"中国官吏畏外如虎狼，待民如犬马，凡遇关涉外人之案，辄扬外人而抑平民，加之衙役藉端而鱼肉，罗汉乘隙而扰害，甚至倾家倒产，无所聊生"。许多无告之人民，"始则求援于教会，继则归化于外人"。[2] 甚至连富商亦难幸免，如张秋舫因其弟弟私运禁物，害怕受到株连，不惜"万金购英国籍"。教徒"一入教中，即成化外，官且无可奈何，乡党亲戚更无忌惮"。[3] 这必然损害士绅利益，冲击其权威。如上述罗汉即为"士林中之不肖者，武断乡曲，勒索钱财"，加上受到中西文化隔阂、民族情感等其他因素影响，福州士绅与教会冲突不断，共发生八起，分别为 19 世纪 50 年代一起、60 年代六起、70 年代一起，此后三十年，再无教案，[4] 即便在义和团运动期间，旅榕山东人煽动反教，周边教案迭起，福州却平静如常。近代福州教案的变化趋势，反映地方权力结构的嬗变和西方文化理念的传播，说明教会与地方社会日渐融合。

除传教士外，其他行业的外国人亦陆续来到福州，共有英、法、美等17 个国家设立领事馆，集中分布于烟台山，在此周围，海关、洋行、医院等机构云集，成为著名的洋人聚居区。南台洋官、洋商虽多，却较少干涉

[1] 此时闽东一带，仍有一定数量的信徒，但只能秘密活动。参见张先清《官府、宗族与天主教：17~19 世纪福安乡村教会的历史叙事》，中华书局，2009。
[2] 《闽警》，福建省图书馆特藏部铅印本，第 6 页。
[3] 王明伦选编《反洋教书文揭帖选》，齐鲁书社，1984，第 353 页。
[4] 根据台湾学者统计，从咸丰十年（1860）到光绪二十五年（1899）40 年间，中国共发生教案 811 件。陈银琨：《清季民教冲突的量化分析（1869~1899 年）》，台北，台湾商务印书馆，1991，第 13 页。

地方事务，一些人员还参与赈灾。1877 年，福州洪灾，各西人"共捐洋银二千六百十八元"，并派遣"华人数十名，至彼灾家给予牌一面，示明于西史六月二十一日持牌来受赈，是日到者竟有六千人之多"。① 总督何璟特派专人致谢。步入 20 世纪，日本人在福州人数增多，或收集情报，或开办学校、报馆，或开店设栈。由于日货泛滥，加之台籍浪人多从事不法活动，与市民矛盾渐深。

3. 绅权依旧强大

孔飞力指出，太平天国运动之后，中国社会结构有一个较大变化，那就是绅权扩张所带来的基层权力结构的演变，以及国家、士绅与地方行政关系的调整，并认为持续的地方军事化开启了近代地方军阀泛滥之源头，标志着王朝的衰落和旧秩序的崩溃。② 然而福州情况有所不同，开埠之后，士绅却较少干涉政务。非常时刻，亦设有团练，但事后多予以解散。1882 年，法军入驻马江，福州设团练局，主持者为林寿图，后总督"以目下军需奇绌，札令于十五日遣散"。③ 1894 年，甲午战争，福州团练恢复，由臬司会同府厅县遴选团总十人，招募勇丁，以防止日人入侵。④ 时势稳定后，又予解散，地方未因此而军事化。在民众中，士绅威信下降，街头上出现揭帖，公示士绅秽事，极尽嘲讽能事。"文昌宫议事不休，笑蛙群兮聚讼，作赋召龙头学士，泮宫莫采芹香，谈经尽猴耳名师。"⑤ 此种情形缘由，一方面是商人、外人等新兴势力冲击士绅地位，另一方面，此时榕籍官员官至督抚者极少，其势力有所衰退。

尽管威望削弱，士绅影响依旧，在公共事务上，官员仍须得到其支持。1885 年初，由于"联甲因经费不敷，停止有日"，⑥ 侯官县令邀请士绅数十人在关帝庙商议，移暑方散。与此同时，士绅兴建育婴善堂，主持内河清淤、西湖开浚等工程，筹款修补道路、桥梁，并制定乡约，

---

① 《福州邮语》，《申报》1877 年 7 月 6 日，第 2 页。
② 参见〔美〕孔飞力《中华帝国晚期的叛乱及其敌人——1796～1864 年的军事化与社会结构》，谢亮生等译，中国社会科学出版社，1990。
③ 《闽事志闻》，《申报》1885 年 11 月 26 日，第 3 页。
④ 《闽省团防》，《申报》1894 年 8 月 24 日，第 2 页。
⑤ （清）佚名撰《榕垣时事赋》，福建省图书馆古籍部抄本。
⑥ 《榕垣纪实》，《申报》1885 年 2 月 2 日，第 2 页。

禁止赌博、开设烟馆，违犯者或禀官处理，或自行处罚。西关外某乡，禁赌十数年，某甲与"二三戚好共赌牙牌"，乡董闻之后，"刹时间，即邀集各董，传甲至庙重责一百二十下"。① 许多不法之徒，企图讨好士绅，免受处罚。② 一些巨绅仍是地方核心人物。如陈宝琛归田后，专注慈善事业，协助官府赈灾，"好善之名，益著于乡间"。③ 官府中人亦借助其影响，申述不平。1896 年，标兵数百人，因粮饷被削，诉求无门，于是到陈宝琛家中，求为代达，陈立即亲赴督辕，面陈一切，可见威望之高。

较之开埠之前，福州士绅仍是赈灾主力，并冲破地域限制，与上海等地互动，参与义赈。丁戊奇荒发生后，福州普安善堂致函上海协助晋赈公所，索取捐册，"劝募晋赈，并拟专人至台湾各处集有捐款"，由南台裕昌洋行莫梅峰先生转汇协赈公所。④ 数年后，福州水灾，士绅们通过救灾网络，向江南等地求援，筹集款项，并身体力行，实施赈灾。筹赈局董到城内外被水之区，"凡有孤寡贫民，挨家施赈，每名给钱一千，约有三千余家"。⑤ 福州士绅赈灾呈现区域化的特点，得益于埠际贸易兴盛，使人员、信息流动通畅，沪榕两地善堂得以互动。而商业机构则在其中扮演重要的角色，在赈灾过程中，裕昌洋行、丝业会馆、招商局负责转手经费，木行因在沪榕贸易中的特殊地位，常成为义赈洽谈场所。⑥

总之，开埠之后，随着社会经济的变化，新兴阶层日渐崛起，士绅虽有削弱，仍在地方占主导地位，这体现在赈灾参与上，商人虽有行善，却难与士绅相比。1900 年水灾，陈宝琛督办筹赈局，举行平粜，"非得富户源源接济，万难持久"，而家拥重金的柯广文却屡次拒绝捐资。直到数百名贫民拥至其家，柯广文才"潜到局中"，答应捐千金，"始得脱身而归，

① 《赌博宜惩》，《申报》1894 年 3 月 26 日，第 2 页。
② 《闽事汇登》，《申报》1891 年 7 月 14 日，第 9 页。
③ 《惠及一乡》，《申报》1893 年 3 月 5 日，第 2 页。
④ 《助赈纪闻》，《申报》1879 年 7 月 24 日，第 2 页。
⑤ 《闽事杂记》，《申报》1890 年 8 月 2 日，第 9 页。
⑥ 参见《助赈踊跃》，《申报》1879 年 8 月 13 日，第 3 页。

然已异常狼狈矣"。① 柯广文应是位富商,② 其消极态度可见一斑,而且他在危急时刻,求救的对象不是官府而是筹赈局,显示士绅在基层的影响力。

三 基层管理体系的调适及衰败

面对近代剧变,福建地方政府对基层管理体系加以调适,推行联甲制与联董制,设置保甲局,以增强社会控制能力。

1. 联甲制与联董制

太平天国运动期间,闽浙总督在浙南、闽北推行联甲制,阻止农民军南下。福州因火灾频繁,故巡抚倡设联甲制,要求"以五家为一联、十家为一甲,公举干首两人"。各联首将木扒、铁锯收存家中,若有火警,率领各户救援。联甲制以铺为单位,下含数境,如巷口铺有和、合两境,木梯、绳索、铁钩等大件物品,平日存储境内公局,每年四月一日,各户将所存水桶、火根送局检验,并交钱50文给值年援首"过油书号,以杜销磨",如果抗交,援首可向联董禀报,送官查办。援首将所收费用,"列单以清出人",并将"议章应发,俾众咸知",过限不清者,则罚钱充当神诞费用,若钱未能收齐,"唯该首是问",如果人不敷出,由公局动用"公项"弥补。除筹募资金外,每逢冬令,援首指挥庙丁鸣锣,提醒防火。福首则负责捉拿火鹨。援首从联首产生,每年谢冬之日,各联首齐集公局,在神前擎签,选中援首者,一年之内,可免"办理别项福首事务"。③ 充当援首、联首者通常为铺户,这可能是由于福首办理神事活动,只有财力殷实者方能担任。由此可见,联甲虽是新形式的保甲组织,其依托基础仍是社境。

---

① 《南台秋月》,《申报》1900年10月22日,第3页。
② 柯的身份虽然在文中没有明确交代,但可以从数点推断其富商身份,其一,陈宝琛对其不甚熟悉,通过调查得知他拥有巨金后,方邀请其参加捐资会议。其二,若是士林中人,不至于屡次拒绝劝募,甘冒丧失交际圈危险。其三,名不见经传却拥有数十万金,以致巨绅相求,仅有富商方能如此。
③ 《福州巷口铺防虞议章》,《万国公报》第426期,1877年,第358页。

表 1-2　福州巷口铺防联首、援首、福首名单

各甲联首	陈元记　杨光利　林瑞和　吴协盛　林合顺　李安记　傅元茂　林合成 李天和　吉有时　林新兴　卓合和　何隆泰　黄河澄　柯德全　郑华兴 杨庆泉　泉发号　朱合顺　陈文彬
值年援首	朱合顺、天和号、天生号、泰兴号
舍人福首	元茂号、安记号、协记号、合成号、成兴号、裕源号、刘高同、美准号

资料来源：《福州巷口铺防虞议章》，《万国公报》第 426 期，1877 年，第 359 页。

联甲能有效调动民间力量，因此局势紧张时，亦成为维护社会治安的工具。马尾海战期间，福州城郊内外"联甲周密，奸宄肃清，各处夜禁綦严，虽缙绅之家，亦不敢犯执金吾号令"。① 虽然成效显著，却耗资巨大，令民间不堪重负。1884 年，南大街四社各铺户"以生意凋零，联甲经费浩大"为词，向官府请停房租。被县令诘问后，各铺户又在通贤境社集会，商量对策。② 此外，联甲过度发展，对官府统治有所威胁。1884 年，长乐县有湖勇误叩他人家门，该乡"恃办联甲，将某送县，立请究办"，并不服判决，"众口同声，竟将衙署拆毁"，以致县令"到省禀见藩司，叩请撤任，另委干员接署"。③ 由于上述弊端，联甲并不是一个常设组织，只有在特殊时期方才实行。

联甲为非常之举，但联董却是常设职位。④ 按照规定，每铺选出联董二人，出任者多是地方绅士，故有"绅董"之称。其权力颇大，可包揽铺内事务，并获得官府的认可。他们虽非公务人员，却受保甲总局监管。如安乐铺联董多达九人，"缘该铺为窝娼聚赌之渊薮，该董等以其可以勒抽陋规，利之所在，纷纷求补"，为此，绅士林芳特向保甲局控告，请求查办裁汰。⑤ 可见两者存在任命关系。由于身份特殊，联董常"恃此为护符"，横行不法，如安乐铺某董，"竟置房屋与龟奴为藏骄之所，如有人寻衅，伊使出面保护"。弊端重重，至 20 世纪初，联董鲜见于史料，除甲

① 《闽事纪略》，《申报》1884 年 9 月 11 日，第 2 页。
② 《榕垣纪略》，《申报》1884 年 10 月 27 日，第 3 页。
③ 《闽海丛话》，《申报》1884 年 9 月 19 日，第 2 页。
④ 联董制应是左宗棠任闽浙总督时创设的制度，因该条史料有"宪创联董，原为地方起见"等语，为平定太平军，地方上联保联甲，建立团练总局，选出联董数名，战乱平息后，联甲体系虽然废除，绅士仍有保留。
⑤ 《三山花信》，《申报》1892 年 4 月 11 日，第 3 页。

首、绅董外，地保依然存在，但身份不高，只是办理基层杂事，扮演官府"眼线"的角色。

2. 保甲局的创设

咸丰元年（1851），朝廷鉴于福建"地瘠人多，盗贼横行"，加之漳泉小刀会作乱，颁发特旨，要求"力行保甲。以消奸宄而安善良"。如果视为具闻，"即着指名严参惩办"，① 然因积弊已久，官员虽有心振兴，却无力作为。太平天国运动平息后，社会动荡，匪徒横行，基层秩序亟待恢复。与此同时，捐纳之风大开，仕途日益拥挤，仅在光绪元年，福州就有候补官员1200余名，他们"大抵冷宦，终年门庭罗雀，得缺既无可望，旅食日渐艰难，于是百计钻营，求委差使"，② 大吏"碍于情面，不得已为之添设各局"，保甲局由此产生。它属于官方行政机构，局内设有总办、提调、委员等职位，支取俸薪，并享有品级，常被尊称为"司马"、"少尹"，但实际地位不能与"同知"、"知县"相比，属于"国家不甚爱惜之官"，提升空间狭窄。除官员外，保甲局下设勇丁、差役等办事人员，名额不等。

保甲总局设于城内，南台设有分局，城区要害之处及城外繁荣地段，均各设委员，其职责广泛，如维护治安、协调冲突、处罚犯人、清理街道等，甚至过问马桶摆放，以致时人感慨："嘻嘻！溺桶也，而亦为司马所管辖耶？宜乎事无大小，随意留心也。"③ 由于火灾频繁，消防成为保甲局的工作重点。1890年，省会保甲局"置办太平水缸数百只，安设大街两旁，及督署附近地方，令保甲差勇满注清水，又派员弁开东西坝，雇工引水入城内各河，以备火灾。又谕各铺修造栅栏，于九月初一夜为始，二炮以后，开闭各栅，禁止夜行。又示谕云，天久不雨，亢旱已极，风高物燥，各宜谨守"。④ 措施可谓严密。此外，保甲局还对内部加以整顿。光绪二十一年（1895），委员梁廷元"因闽中火患迭见，局中额设水火兵五十名，皆系老弱，不足以收实效"，于是"尽行革退，新招土木匠之辈，以

---

① 《清文宗显皇帝圣训》（二），卷90，《靖奸宄》，《近代中国史料丛刊三编》第95辑，台北，文海出版社，2005，第1091页。
② 《论局员擅作威福》，《申报》1899年12月29日，第1页。
③ 《闽小记》，《申报》1892年11月4日，第2页。
④ 《闽垣近事》，《益闻录》第12册，1890年，第555页。

承是役，并将水龙火具，捐廉修造一新"，① 被视为干吏。每年冬令，天干物燥，常有不法之徒纵火抢劫，为此，从 10 月 1 日起，② 保甲局即筹办冬防，在坊巷入口建造木栅，委派专人开启，并增派人手巡逻，一遇火警及突发事件，立即召集附近巡捕救援。③ 迄至晚清，保甲局逐渐取代军队，成为福州的消防主力。

保甲局设立，可视为官府行政体系向基层延伸，本应有助于城市事务管理，然而随着财政危机加剧，衙门人手不足，官员难以约束书吏、保甲委员、差役等下属。闽侯两县胥差，时常推诿公务，以"刁狡"著称。如果官员稍为严厉，"每于出署之候，或制白旗，遍插道左，或烧冥衣，向之咒诅"。官员"以铜符既缺"，不与计较，以致威信丧失，当侯官县令离任时，胥差"咸鹄列，恭送无一人"。④ 由于缺乏监督和约束机制，胥差多横行不法，他们或违犯禁令、开设烟馆，借此渔利，或庇护地棍、暗通消息、分享赃款，或滥用职权、坑害民众。此类丑闻，时常见诸报端。总之，晚清福建地方官府未能加强社会管理，反而破坏传统礼俗精英的自治模式，加剧社会无序化。

与此同时，作为社会缓冲机制的官办慈善事业渐趋衰败，育婴堂、守节堂、普济堂官方拨款断绝，而商贩捐款多被拖欠，以致"育婴、贫孩既留复弃者，不知凡几"，直至数百名寡妇，冲入官署，"拦舆牵衣，抓其顶帽，毁其宅门，厉声詈骂"，官员始下条照给。⑤ 而东西麻风病院更是管理混乱，丐首率领院民上街乞讨，滋扰民众，并划分势力范围，"向有此疆彼界之分，不得越鸿沟"。⑥ 养济院院民也沦为讨债工具。⑦ 问题不断，官办慈善机构已难以发挥作用，维护社会稳定。

3. 社会问题丛生

社会变迁剧烈，而官府能力不断弱化，社会管理与缓冲机制日渐衰

---

① 《闽南火警》，《申报》1895 年 7 月 30 日，第 2 页。
② 注：此处冬防设栅日期为 10 月 1 日，与上处引文 9 月 1 日不同，主要是后者是应对火灾的非常举措，所以时间提前。
③ 《闽中保甲新章》，《申报》1903 年 1 月 25 日，第 2 页。
④ 《闽垣尘话》，《申报》1888 年 6 月 29 日，第 2 页。
⑤ 《都转悭吝召侮》，《申报》1909 年 6 月 27 日，第 2 张第 4 版。
⑥ 《闽垣纪事》，《申报》1891 年 8 月 13 日，第 2 页。
⑦ 《八闽谈屑》，《申报》1895 年 4 月 9 日，第 2 页。

落，各种问题层出不穷，表现在以下方面。

（1）罢市成风。罢市既是商人群体形成的标志，又是官府管理失效的体现。晚清福州罢市频频，以致"积习相沿，牢不可破"。① 导火索各有不同，或为不满官府举措、或为抗议恶棍暴行、或因行业纠纷，此类矛盾原本可以协商解决，然而官员多漠然待之，处置缓慢，民众只好以此非常手段，引起重视。如瑞头甲乙二人发生口角冲突，乙纠合无赖十数人，猛至甲店中打毁物件，"邻右铺户俱代不平，相率闭门罢市"，② 直到保甲局委员率兵前来弹压，缉拿凶犯，各铺户才十分欣悦。官员之所以采取断然措施，主要基于避免事态激化考虑，因此罢市的确收到"挟制官长"的目的，它是特殊时期的民意诉求方式，难以用"闽俗之悍"③ 形容。

（2）地棍横行。开埠之后，福州地棍数量激增，"俗呼为仙股，或曰野仔"，桀骜难驯之气，较之"天津之混混、上海之流氓、温台之青皮、淮扬之桑儿，有过之无不及也"。④ 数量之多，"甲于他处"。⑤ 他们聚众成帮，有三十六天罡、七十二煞神名目，⑥ 参与者主要为游民、裁勇⑦、恶少，为首者通常膂力过人，有的团体多达千人。他们或借神事活动，"向各店户勒派书捐"，若有不从，"叫号詈骂"，⑧ 危害闾阎。或设立私卡，抽取厘金，欺诈商人。或暗中纵火，于"黑夜潜藏僻处，将引火器物抛掷居民房屋，及至延烧，则假充救火之营兵衙役，或捏称失火之家亲戚，乘机抢窃财物。甚或将附近居民，以拆卸火衖为词，敲门入室，混行搬抢"。⑨ 官署亦遭其毒手，"某日，南台闽安关，被附近棍徒纵火抢劫"。⑩ 地方官员深知地棍之害，极欲整治，却由于"在官人役与地棍虽不同类，实则狼

① 《八闽丛谈》，《申报》1895 年 7 月 17 日，第 2 页。
② 《八闽丛谈》，《申报》1895 年 7 月 17 日，第 2 页。
③ 《毁拆公馆》，《申报》1882 年 8 月 14 日，第 2 页。
④ 《告示照录》，《闽省会报》第 170 卷，1888 年 7 月 8 日，第 1257 页。
⑤ 《八闽清话》，《申报》1888 年 11 月 13 日，第 2 页。
⑥ 《福州余话》，《申报》1892 年 1 月 10 日，第 2 页。
⑦ 裁勇：指裁掉的湘军。左宗棠督闽时，湘军进驻福州，后有部分被裁，却不愿归乡。
⑧ 《闽中纪事》，《申报》1888 年 12 月 1 日，第 2 页。
⑨ 《福建省例》，《刑政例（上）》，福建师范大学古籍部收藏。
⑩ 《榕垣剩语》，《申报》1894 年 9 月 28 日，第 3 页。

狈相倚，由来已久"，以致"当堂饬差拘捕"，却"迟延数日，未获一名"。① 地棍横行，是19世纪80年代后出现的社会现象，随着经济的商品化，社会流动性的增强，传统的社会组织难以再约束民众，所以在商业繁华的南台，地棍数量最多。

（3）火灾失控。开埠之初，督抚大员积极应对火灾，光绪二年（1876），福州城外火灾，焚去房屋六百余椽，"督抚以及所属之文武官员靡不督饬施救，旋得扑灭"。② 灾后，官员采取系列措施，如清理井渠、拓展街道、修建高墙，以防患于未然。光绪中期，火灾加剧，官府颁布谕令，禁用火油，"不但街上不准挑，即店家亦一律禁止"。③ 并将违犯者"查获数人，枷号示众"，④ 收效显著，一年后，报纸谓之："福州自大宪禁用火油以来，火灾遂少。"⑤ 保甲局设立，强化火政，各衙门亦设立火兵，除以备消防外，"兼护库储监狱"。⑥ 随着统治力下降，政府救火区域不断萎缩。城外南台等地失火，城内官员在门楼上观望，召集火夫待命，见火势极大方才出城。如此作为，却被视为"关心民瘼，可谓至矣"。至光绪末年，除城内与南台外国人居住区外，官府对其余区域火灾漠然。⑦ 黄花岗起义后，福建地方官员"已抱定不救火主义"。1911年6月，城内火灾，文武百官站在总督府门前，禁止行人往来，不许城内警察和消防队救火，后在城外南台救火会帮助下，始得扑灭。此场火灾"竟延烧至百七十六家，由一时烧至四时许始止，十数年来，未有如是蔓延之火患也"。⑧ 频繁的革命起义，使清朝统治者难以应对，只好舍弃救火职责。

总之，开埠之后，面对社会剧变，官府对基层管理体系加以调适，推行联甲制，建立保甲局，统治体系向基层延伸，火政成为工作的重点。然

---

① 《闽申纪事》，《申报》1892年10月25日，第1页。
② 《详记福州火灾》，《申报》1876年8月3日，第2页。
③ 《禁用火油》，《申报》1882年12月28日，第1页。
④ 《福州近信》，《申报》1883年11月20日，第2页。
⑤ 《福州火灾》，《申报》1884年5月31日，第2页。
⑥ "筹备巡警案"，《福建咨议局第一届议案摘要》，桑兵主编《民国文献资料丛编·辛亥革命稀见文献汇编》（39），国家图书馆出版社，2001，第331页。
⑦ 《时报》1907年8月9日，转引自李采芹主编《中国火灾大典》，上海科学技术出版社，1997，第2771页。
⑧ 《大公报》1911年6月24日，转引自李采芹主编《中国火灾大典》，上海科学技术出版社，1997，第2872页。

而由于财政危机加剧，官员无力监督吏员，控制能力不断弱化。官办慈善机构亦弊端重重，难以发挥缓冲之效。社会管理体制与调节机制运作失灵，导致各种问题层出不穷，以地棍横行、罢市成风、火灾失控最为严重，社会处于无序状态，需要民间力量自我组织，参与社会管理，弥补政府力量的不足。

结　语

近代开埠，对福州社会冲击强烈。首先，经济被纳入世界体系，日益商品化、区域化。郊区人口的职业构成，由传统的男耕女织日益转向多样化和工商化，市场网络的形成，使省城与郊区关系日益紧密。[1] 其次，都市化进程加快。一方面城市人口猛增，生态环境恶化，灾害频率增加，尤以火灾为最；另一方面城市功能分区明显，形成城台分野格局，老城区作为政治中心，变迁速度稍缓，南台作为商业中心，社会力量活跃。再次，埠际贸易活跃，不仅密切沪榕两地的经济联系，更通过贸易纽带，使福州参与到江南义赈等活动，新观念借此传入。最后，传统社会权力结构亦有所变化，商人阶层崛起、群体意识苏醒，商帮地位凸显，掌控地方的经济命脉。除此之外，西方势力不断渗入，广纳教徒、开办学校，与当地社会融合，推动移风易俗。

西风东渐来势虽猛，近代福州社会仍保留较多的传统因素。首先，在信仰上，笃神之风依旧。灾害发生后，人们仍祈求神灵庇佑，迎神赛会不断，以致抗战时期，有记者认为"福州民众迷信之深，是现代都市社会中仅有的病象……仍滞留在神权阶段"。[2] 其次，社境仍然是重要的地方组织，如联甲制，其形式虽新，仍依托社境运行。每当涉及社区利益，人们仍习惯集庙议事，甚至连新兴商帮也以街庙为主要集会地点。每逢神诞，商人多到庙里烧香朝拜、祈祷财运，在其支持下，火帝庙香火鼎盛。最后，虽受到新兴势力的冲击，士绅仍有重要影响力，他们主持赈灾、修浚

---

[1] 傅衣凌：《清末福州郊区人口的职业变化》，《休休室治史文稿补编》，中华书局，2008，第 234 页。
[2] 冷生：《滞留在神权阶段的福州》，《中国青年》第 9 期，1937 年，第 207 页。

湖泊、兴修善堂，与官员密切配合，维系地方稳定。

社会在转型过程中，日趋异质化，管理机制亟须革新。晚清福建地方政府未能审时度势，虽推行联甲制、设立保甲局，主导思维仍是以传统的保甲体系，束缚民间的力量。与此同时，捐纳之风大开、地方财政紧张，基层吏员日益劣质化，致使官府社会控制能力弱化，各种问题层出不穷，罢市不断、地棍横行，尤以火灾失控最为严峻。官府无力作为，加剧地方自治化倾向。

第二章

"纸裱之城" 救火会兴起及发展

在社会变迁过程中，"一旦制度整合的速度滞后于结构分化的速度，就会造成社会结构的紧张与失衡"。[①] 民间组织则能弥补制度的缺陷，替代政府职能，缓解压力，救火会正是在此背景下产生。本章将考察福州救火会的发展脉络，分析国家力量与其发展的关系、新旧民间势力如何交替嬗变。

第一节　国家权力与福州救火会兴衰

消防作为公领域，"系国家权力与民间社会力量相互渗透、彼此依存、共同起作用的领域"。[②] 晚清福州基层管理体系衰败，火灾失控，民间救火会遂由此产生，其兴衰更替，与国家权力密切联系，兹分为八个时期论述。

一　萌芽时期

19 世纪 80 年代，[③] 南台木帮设立彬社救火会。该帮原有"金舟皇船一

---

① 李汉林：《社会变迁过程中的结构紧张》，《中国社会科学》2010 年第 3 期，第 2 页。
② 马敏：《官商之间——社会剧变中的近代绅商》，天津人民出版社，1995，第 224 页。
③ 木帮救火会成立时间存在两种说法，救火联合会会长徐建禧认为是"前清道光年间"。（参见徐建禧《福州的救火会》，《福建文史资料》第 16 辑，1987，第 94 页）副会长陈鸿铿认为约在 19 世纪 80 年代。（参见陈鸿铿《福州救火团体的组织和活动》，《福建文史资料》第 16 辑，1987，第 100 页）而在 20 世纪 40 年代民国档案中也记载不一，目前所见最早史料为 1896 年黄乃裳所撰《论闽省宜设水会》，从该文论述来看，木帮彬社设立应不是很久远，所以笔者认为陈鸿铿说法较为确切。

款，抽有厘金"，后来"厘在而船废"，于是将"闲款设为援局"，雇用"土木之匠八十人"，一旦发生火灾，众匠云集施救。年终，每人"得肉二十斤，得钱八千文"，"一次不到，则扣其钱肉一半，两次不到则全扣，三次不到则扣名"，赏罚分明，所以社丁奋勇争先，灭火成效显著。后来制度又做完善，社长派遣八人，专抬木杠巨绳，"见有停棺木于室者，立时出之"，被认为"颇有功德"。①

救火会最早由木帮创立，并非偶然，木帮财力雄厚，能够雇用近百人的专业队伍，并获得官府支持，配备巡丁，自行处理帮内事务。加之大量木材囤积，稍有不慎，即诱发火灾，损失惨重，需要重点防护。此外，木帮与上海互动频繁。木商来往于榕沪之间，熟悉两地民情，而上海也处于崛起期，火灾连连，西人率先在租界创办救火会，福州木商可能效仿此举，创立彬社。

木帮首创救火会，受到时人赞誉。黄乃裳在《福报》发表《论闽省宜设水会》，② 宣传彬社经验，倡导推行。"若果诸帮协心同力，各储闲款，各照章程，则南台又多应援之局，即城内传照行之，有何不可。"③ 该文发表于1896年，恰值戊戌变法前夕，黄作为维新干将，有相当号召力，然而响应该文者寥寥，这与官方政策有关。清廷建立后，禁令民间结社，直至晚清，此令仍受到重视。1893年，琢玉业行首在某庙议事，被某甲以"棍徒拜盟"诬告，保甲局督办"因案情重大"，亲自审问该行首，"并缴簿一本，所载姓名，均系行伙，确认无拜盟情事，方才退堂"。④ 如此高压下，其他商帮若贸然组织救火会，可能会惹祸上身，故不敢稍越雷池。直至1905年，福州"城内只有官设之消防队，与城外木帮彬社之应援队，以城台人烟稠密，火警频闻，每不足以敷救援"。⑤

二 崛起时期

1907年，林雨时等人创办闽南救火会，会址设立在仓山天宁寺，核心

---

① 《论闽省宜设水会》，《福报》1896年8月18日。
② 黄乃裳为福州人，积极参与康有为、梁启超等人的变法维新。变法失败后，他名列通缉名单第11位，于是南渡南洋，开辟"新福州"，追随孙中山，成为一名民主革命志士。
③ 《论闽省宜设水会》，《福报》1896年8月18日。
④ 《闽中杂录》，《申报》1893年1月15日，第1页。
⑤ 福州私立光复中学编辑委员会编《福建辛亥光复史料》，卢美松主编《福建辛亥革命史料选集》，海风出版社，2011，1940，第23页。

成员多是革命党人，为桥南公益社的附属机构，社长郑祖荫，曾与黄乃裳共同创办《福报》。① 闽南救火会的建立，可视为进步人士推动社会变革的再次努力。与之前不同，此次倡导大获成功，救火会网点增多，影响扩大。1907 年，《时报》首次对此报道，② 达道大火，"被火烧一千八百余家"，"幸得商家所组织之救火会，如木帮救火会、纸帮救火会极力施救，始得扑灭，不然，附近数千家之木屋恐亦难保"。③ 此后救火会发展更速，至 1911 年，"福州各公益团及各商帮设立救火会，计有十七队之多，监督火兵约有千百余人，其扑灭火器及水龙与官办大不相同，故凡地方有火警，赴救甚捷，至多延烧至数家，或一二家而已"。④

为何相隔十年，进步人士倡导成效如此不同？除了官方火政衰败外，还与社会变革有关。首先，士绅群体构成变化。1905 年，清廷废除科举，斩断传统社会流动途径，许多官宦型士绅旅居京沪等地，与故乡联系减弱，如巨绅陈宝琛，已离开福州，定居北京 20 余年。与此同时，总商会与商事研究所成立，密切商人群体意识，商绅阶层日益崛起，受过新式教育的知识分子，亦逐渐成为社会中坚，商绅、学绅取代旧绅，成为地方公益事业主力，并造成施善重心的转移，恤节、惜字等儒家教化型善举日趋没落，而禁烟、救火等具有时代意义的新善举则备受瞩目，客观上催生新式公益机构。其次，官方政策变动。随着统治危机加剧，晚清统治有所松动，政府推行地方自治，允许结社集会，民间力量得以冲破束缚，商会、农会等社团不断出现，救火会迅速崛起。

由于公益团体多为革命党人创办，虽然行善颇力，如闽南救火会会长刘元栋"遇警则立率多人驰援，必扑灭而后己，人咸德之"，⑤ 暗中却策划反清活动，引起地方官员警惕。1910 年，闽、侯两县颁布谕告，借口城镇乡自治会已经成立，"凡从前各社会本应一律解散，以免权限不清"。桥亭

---

① 闽南救火会将在下文设专章探讨。
② 《申报》创刊于 1872 年 4 月 30 日，当年 8 月 28 日有《西妇为火油烧死》的福州火灾报道，此后 36 年，相关报道达百条之多。
③ 《时报》1907 年 8 月 9 日，转引自李采芹主编《中国火灾大典》，上海科学技术出版社，1997，第 2771 页。
④ 《大公报》1911 年 6 月 24 日，转引自李采芹主编《中国火灾大典》，上海科学技术出版社，1997，第 2872 页。
⑤ 吴适、林家洼：《黄花岗纪事》，卢美松主编《福建辛亥革命史料选集》，海风出版社，2011，第 372 页。

图 2-1 清末民初福州鼓泰救火会

公益社、布帮救火会等十三个社团群起抗议，引用《结社集会律》，证明自身的合法性。总督松寿呈请咨议院后，被迫答复"解散各团体之令应作无效"。① 受此鼓舞，救火会更为倾向革命。福州起义期间，城台各救火会共同行动，各会援丁志愿报名，组成一个大队，粉碎旗人焚城的企图。

三 联合阶段

1912 年，福州救火会已有 13 个，② 除最早创办的木帮、纸帮、油帮、布帮等 4 个行业性救火会外，其余双杭、鼓泰、万寿、闽南、藤山、龙潭、醴泉、琼水、榕北均为社区性救火会。与此同时，官府成立消防队。"城区设一队，派队长一员，巡长二员，巡警四十名。南台设一分队，巡长二名，巡警二十四名。城台各设教练员一员，随时训练。"③ 力量如此薄弱，

① 福州私立光复中学编辑委员会编《福建辛亥光复史料》，卢美松主编《福建辛亥革命史料选集》，海风出版社，2011，第 33 页。
② 《本会组织概况、组织法、名单》，1950 年，福建省档案馆馆藏档案：88-4-19。此处数字与前《申报》所记"17 队"不符，虽出自救火会正式文件，但属于后人回忆，未如时人记叙准确，暂且引用。
③ 《警务杂志》第 3 期，1912 年，第 12 页。

形同虚设，加之政潮不断，更加剧火灾发生。1913 年，北方军人吸烟不慎，诱发火灾，湖南兵趁火打劫，城中混乱一片，幸好"城内各处救火会奔赴救援，颇资得力"，① 火灾得以扑灭。因此救火会数目仍有增长，并涉及消防之外业务。1916 年，为庆祝闽省起义五周年，福州社会各界预备庆祝，布帮救火会"拟联合各救火团举行提灯会，并往致祭烈士祠，绕途省议会、省长公署，向国旗行鞠躬礼"。②

布帮组织提灯会，反映各会有联合的趋向，这与以下因素有关：时局动荡，各会只有团结，才能群策群力，发挥影响，加上在救火过程中，各会不论远近，蜂拥而上，造成火场紊乱。因此整合资源，成立统一组织，为发展必然。1919 年，在布商业首领王纲等人的倡导下，各救火会集议，决定援照上海救火会之援例，组织"福州救火联合会"，并经省会警察所批准立案，暂时设在三山会馆办公，由各救火会举选代表为联合会职员，并由联合会派定人员，维持火场秩序。首任会长为王纲。

救火联合会成立，除制定规章、划定区域、处理冲突外，还兴建诸多设施，统筹全市火政。1921 年冬，王纲等人劝募资金，建筑钟楼，五年后，大庙山钟楼落成，设置班长一人，望警三人，日夜瞭望，遇有火警，则鸣炮、撞钟、报警。如属于台区者，先放警炮一响，继鸣警钟一百响，后按区别鸣钟表示，如三区（小桥区）三响，四区（台江区）四响，五区（仓山区）五响，属于城区者，先鸣钟一百响后，按区别鸣钟表示，如一区（鼓楼区）一响，二区（大根区）二响，继放警炮一响，各救火会闻警后，鸣锣召集临警员、援丁，携带设备，驰往火场。救火联合会的成立，"对于统一火政，服务社会，补助政府办理消防，颇着成效"。③

四 发展阶段

火联会推动消防发展，此时业务以救火为主，社会影响有限，这反映在 1923 年国耻日的大游行，参加者合计二百三十五队，达三万多人，队伍顺序为："戚南塘参将神像、次则女校、又次学校社团、商帮，以到之先

① 《闽垣风声鹤唳中之火警》，《申报》1913 年 11 月 24 日，第 3 张第 6 版。
② 《准备欢祝省庆》，《申报》1916 年 11 月 11 日，第 2 张第 7 版。
③ 福州救火联合会：《创始历略报告书》，1945 年 10 月，福建省档案馆馆藏民国档案：2-8-104。

后为序，最后为乡社。"① 如果救火会成为重要的民间社团，必然在文中提及，未见记载，可见地位不高。

20 世纪 20 年代，福建局势紊乱，各路军阀混战，政权更替频繁，政令仅行于周围数县，征税困难，省府财政紧张，无法支付公职人员薪水，以致"教育界以索薪罢课，已成司空见惯"，② 财政厅长或匿居上海，不敢赴任，或被迫辞职，一年数换。无奈之下，省府只好向商人借款度日，并滥征苛税，导致官民矛盾激化，罢市不断。与此同时，学生成为新兴的社会力量，通过五四运动与之后五一五事件，③ 沉重打击以黄瞻鸿为首的商绅势力，传统绅治模式渐告终结。凭借影响，学生时常游行抗议，干涉政事。1924 年，数十名学生，聚集省府，要求省长萨镇冰辞职，萨动用武力，方平息事态。内乱不止，外患连连，福州亦迭受战争的威胁，1924年，张毅火烧南港，数万民众受灾。

社会动荡不安，官府无力作为，为救火会发展提供契机，功能不断延伸，作用日渐凸显，成为社会砥柱，其标志为 1923 年协助征夫事件。该年，粤军在福州征夫，"其始所拿者，为劳动者，继则，并文人、身短褂者而不免，所拿之地方，为井北汤各乡及城台稍僻之地，继则南大街之商店伙友而不免。甚则破门而入，倾筐倒箧而去，而学生、教员、报馆记者、行政司法各机关人员亦时以被拿"，以致民众不敢出门，全城陷入恐慌，地方政府颁文禁止，然而"禁者自禁，拿者自拿，不知成何政治，成何世界"。④ 社会各界呼吁，亦无济于事。值此非常之机，救火联合会挺身而出，"组织义务输送队，以为救济"，平息征夫风潮，地方得以安谧。为此，时任福建省长林森题赠"见义勇为"匾额，令商家深受鼓舞。

征夫事件使救火会赢得群众信赖，获得官员青睐，声誉鹊起，市民踊跃入会，地方精英亦积极倡设新会，形成风气，如冯泛高救火会创立后，上渡乡民亦随之效仿，救火会的数目不断增多，在短短 7 年内，新增 21会。至 1931 年，全市共设立 37 会，会员 3000 余人。

---

① 《福州各界国耻日之大游行》，《申报》1923 年 5 月 15 日，第 3 张第 10 版。
② 《闽垣又演罢教风潮》，《申报》1923 年 4 月 14 日，第 3 张第 10 版。
③ 五一五事件：五四运动爆发后，福州深受影响，学生走上街头，宣传抗日爱国，禁止日货，时任商会会长的黄瞻鸿却拒绝交出日货，并倚仗省督李厚基势力，派人殴打学生，以致形成风潮，全国舆论哗然。
④ 《福州军队拿夫剧潮之经过》，《风潮》1923 年 1 月 28 日，第 7 版。

五 停滞阶段

20 世纪 30 年代，随着局势稳定，福建省府统治增强，开展市政建设，提升官办消防力量。1934 年，福州警察局"经呈准动用节余"，派消防队队长陈同文"赴沪购置来伦牌救火帮浦机及震旦牌救火帮浦机、道奇牌引导车暨防火各要件"。① 二年后，福州消防队共有新式消防车 4 辆、编制长官 5 人、长警 68 人、夫 4 名。力量仍显薄弱，但改善显著，初具规模。

官办消防事业不断进步，救火会却处于停滞状态，十年间未增加一会，会员人数也只有零星增长。这除因官方力量增强外，还与下列因素有关。（1）救火联合会的规定。20 年代，救火会急剧扩张，新会不断出现，辖区愈分愈细，抽租越来越少，为争夺租金，各会纠纷不断。为此，1929 年 3 月，救火联合会召开代表大会，通过决议："凡新立救火会，须经分组地点之外，业经审查，与定章符合者，得准其设立。"② 该规定在一定程度上阻止新会成立，但在执行中，略有变通，如银湘救火会筹建时，该区已有数家火会。"火联会本不赞成，幸得乡民萧干忠，沥陈办理慈善事业，不能限于何时何地，说得王会长哑口无言，巴不得立马赞成。"③（2）国家干涉。南京国民政府成立后，先后颁布《修正人民团体组织方案》等系列文件，对民间社团严格约束，规定"如欲成立社会团体，须有 50 人或 30 人以上之联署，向当地国民党党部申请，经国民党党部认为合法，方可组织，并须受国民党之指挥"。④ 救火会亦不例外，尽管此类章程执行力度有限，⑤ 新设救火会仍须经过审批，手续烦琐，较为不易。（3）经济凋敝。福州商业发展与闽江上游区域关系密切。闽北"出产木茶纸笋四项，均由

---

① 福建省会公安局编《福建省会公安局业务纪要》（1934 年 2 月 15 日至 1937 年 2 月 14 日），福建省图书馆特藏部铅印本，"行政篇"，第 13 页。

② 《令第二区署准救火联合会函复仓育车救火会与钟玉救火会区域抵触仰查复文》，福州市公安局：《警政月刊》第 31 期，第 64 页，1930 年 3 月。

③ 《火警刍言》，《华报》1933 年 8 月 9 日，第 2 版。

④ 《修正人民团体组织方案》，《国民政府公报》第 429 号，1930 年 3 月 27 日，第 2~4 页。

⑤ 此点可在现存档案中体现，如按照规定，救火会应归警察局监督，但直到 1933 年，救火会领导不清楚谁为主管机关，王纲向省建设厅递交《呈送各救火会修改章程，业经县党务许可，恳请准予备案由》，该文批复为："拟批，呈悉，查该联合会系属社会团体性质，应向福州市公安局呈请核办，仰即知照。民政厅暨。"然此后数年，救火会与建设厅业务往来密切，至今仍有多份公文保留，而与警察局往来公文保留较少，可见干涉较少。

福州出口，转运往国内外，而福州进口之洋货、海味、绸布苏广，大部分亦系推销闽北"。30 年代，红军在闽北建立根据地，战争频繁，贸易中断，民众购买力下降，福州商业受此影响。"遂陷于极度衰落，木茶纸笋各行栈，无利可赢，相率停业，绸布苏广各店铺，以不堪亏本，竞告倒闭，致钱庄所放出款项，有三分之一，不能收回，本息皆无着，钱庄乃一律收回票张，停止放摺，商场因银根紧涩，益形停滞，其危迫状况，大有不可终日之势。"① 商业不景气，民间财力困窘，使救火会租金收入锐减，难以再设置新会。

虽然救火会发展停滞，地方政府仍须借助其力，方能保障都市安全，所以予以重视，时常检阅、表彰，以示激励。1934 年 5 月，福建省政府主席陈诚下令在公共体育场举行各救火会总检阅，比赛喷水龙、竞走、上梯等专业技能，优胜者授予旗匾。各会"颇为振奋，面目焕然一新"。② 与此同时，救火会时常代表市民，与官府交涉，争取合法利益。1932 年，省府开征铺捐，市民罢市抗议。各铺救火会决定："各会应召集援丁，聚齐会内准备，一旦官厅勒迫商民开店，即与抵抗。"③ 官府恐事态激化，只好妥协。

六 挫折阶段

抗战爆发后，日机频频空袭福州，仅在 1939 年 4 月 25 日，就向市区投弹三十余枚。"焚毁商店民屋三十余间，死四十余人，伤百余人，损失当在百万元以上。"④ 轰炸之密，火灾之多，远非官办消防队所能应付，救火联合会遂奉令组成消防工作团，将各会援丁编入其中，分成扑灭班、巡逻班、破坏班三组，各司其职，王纲、徐建禧出任团长，领导后方消防工作。除致力火政外，各救火会还参加新生活劳动服务、领导献金救国、募缴黄河水灾赈款、防空宣传等运动，成为支援后方的重要力量。

1941 年 4 月，福州首度沦陷，救火会随同各机关内撤，9 月，榕疆克

---

① 《福州商业可望转机》，《申报》1935 年 3 月 6 日，第 2 张第 8 版。
② 福建省会公安局编《福建省会公安局业务纪要》（1934 年 2 月 15 日至 1937 年 2 月 14 日），福建省图书馆特藏部铅印本，"行政篇"，第 12 页。
③ 《福州商民罢市》，《申报》1932 年 7 月 19 日，第 2 张第 8 版。
④ 《日机三架，一日间三度袭福州》，《申报》1939 年 5 月 4 日，第 2 张第 8 版。

复，"奉令复职工作如恒"。1944 年 10 月，日军再次进攻福州，警察均开赴前线，救火会编成战地消防大队，领取枪械弹药，独力维护市区治安，后与入城日军短暂交火，撤退至闽侯镜柳乡休整。① 数月后，近百名救火会会员在何震、江秀清、徐建禧等人指挥下，② 突袭市区，终因寡不敌众，被迫撤退。后又奉令承担阻敌、袭击南港、协助护送物资等任务。虽然贡献巨大，救火会却无法享受正规军待遇，未有任何财政补贴，只能通过商会筹募经费、物资，处境艰难。

因参与抗战，救火会人员伤亡众多，仅在反攻战斗中，殉国者达 37 人，历年文卷焚毁迨尽，会所多被日军捣毁，大量设备遭掠夺，可谓损失惨重。与此同时，政府加强控制，1940 年，闽侯县政府着手整理人民团体，将安乐救火会章程呈交省政府，由刘建绪亲自审核。值此非常时期，救火会多被军事整编，时常接受政府调遣，独立性渐渐丧失。一些官员甚至企图将其改为官办，因遭到抵制而作罢。

对于救火会，福建地方政府既以抗战爱国大义为号召，又辅之以武力胁迫，双管齐下，故能控制。刘建绪曾给属下发电："林森黄县长，密查福州救火会毗连市区，各乡民众武力集中南港者，经于云酉秘田真酉电饬段示县长，妥为组训，切实运用整编就绪，且有另立名目，自成系统，骚扰闾里情事，仰即查照，务将该队等切实遍训，并入该县抗敌团，统一指挥，倘不服调遣，或有规外行动，应即依法严办，毋稍瞻徇，仍将办理情形报核为要。"③ 该电文反映官员对救火会的真实态度，不容自由发展，严定活动范围，倘若稍有抗拒，则扣上"不服调遣"的罪名，"依法严办"。

七 复员时期

抗战胜利后，为纪念牺牲的救火队员，福建省府在党部大礼堂举行追

---

① 部分未撤退救火会会员在龙潭救火会会长吴西坡组织下，重新组成火联会，吴任会长，并获得日军认可。

② 何震为第一区行政督察专员，江秀清为财政部福建货运管理处处长，徐建禧为药材商人、双杭救火会会长，福州沦陷前夕，有人担心火联会老会长王纲为敌所用，劝说徐出任火联会会长，王亦乐意退位让贤。

③ 《整编福州救火会等民众武力》，1945 年 1 月，福建省档案馆藏民国档案：1-5-2742。

悼会，并拨发抚恤专款，保障烈士遗族生活。随着地位的提升，救火联合会成为各方争夺的目标，内部斗争激烈，1946 年徐建禧被迫辞职，王调勋（时任国民党参议员，军统人员）出任理事长。

尽管高层斗争激烈，但救火会业务并未荒废，经理事成员共同努力，1948 年，救火联合会吉祥山会所建成，改变了过去租地办公局面。各会规模有所扩大，战时被毁设备陆续添修。至福州解放，全市共有 37 个救火会（锡铸帮被裁），援丁临警 4420 人。① 每逢火灾，各救火会仍奋勇向前，并配合政府部门，开展宣传防火、检查隐患、救济灾民等业务，其成绩获得官办消防队赞赏，队长安化同在消防工作概况中曾做如此评价："惟本市社会组织之救火会，素称盛誉，规模宏大、组织周密、设备完善，可谓全国冠，数年以来，经王会长之整理，相继添置帮浦机十余辆，在警民合作下，幸堪共赴事功。"② 消防队如此推崇，在于其自身力量弱小，抗战期间，消防警在保卫福州战斗中，牺牲惨重，"消防队附暂编中队长傅宪臣等 42 人均于是役阵亡"。③ 战后，警局编制缩小，消防队只有官 3 员，长警 22 人，夫 2 名。④ 所有设备均遭敌劫，并因财政紧张而无法添购，如此弱小队伍，必须借助救火会的力量，方能保障有 36 万人口的省会安全。

尽管业务上勉力维持，但救火会须时常向主管机关请示，获批后方可进行，对火联会更是如此。1946 年，徐建禧因财政困难，无力维持会务，呈文请求演戏筹资，被告知，此举一开，其他行政机关有效仿可能，不应开例。救火会发展受到束缚。即便如此，某些官员仍然歧视火会，主张"应将本市所有之公立救火会，重组健全一个本市义勇消防队，划分区域，设置分队，以本市消防队总其承，分期实施各部严格之训练，使畸形之发展，得采纳于正规，一遇火警，指挥若定，在场消防队员之一切动作，悉就听命于火场指挥员（该市消防队长、队员均为监警员），而指挥员乃了

---

① 《本会组织概况、组织法、名单》，1950 年，福建省档案馆馆藏档案：88-4-19。
② 《市警察局暨各分局关于本市消防工作概况、防火宣传、检查的训令、布告、公函》，1948 年 10 月，福州市档案馆馆藏民国档案：902-6-468。
③ 《为国牺牲，千秋铭记——西禅寺"阵亡官警纪念碑"由来》，福建省档案馆编《近代福建社会掠影》，中国档案出版社，2008，第 106 页。
④ 《市警察局暨各分局关于本市消防工作概况、防火宣传、检查的训令、布告、公函》，1948 年 10 月，福州市档案馆馆藏民国档案：902-6-468。

解全面情形，采取必要之措置，以收统一指挥之无上效能"。① 从文中"畸形之发展，得采纳于正规"，不难看出救火会在某些官员心中的真实地位。② 此文撰于 1948 年 10 月，因临近解放，未及推行。

1949 年元旦后，随着国民党溃败，许多中央机关向南方疏散，福州"像一个暴发户似的，慌忙得手足无措"，③ 以致房荒严重，购买一栋木头房子需要二十根金条。游兵溃勇四处滋事，市区抢劫成风、窃案连发，恶性事件不断。为维护社会稳定，萨镇冰出面组织"福州地方民众自卫队"，邀请徐建禧为副团总，"人力由全市三十四个救火会，各派出壮丁十名，武器由市府按实际人额拨配，经常费由商会及地方人士各负担百分之三十，银行及金业各负担百分之廿"。④ 自卫队成立后，有效遏制各类恶行。新中国成立前夕，萨镇冰与陈培琨等福州社会名流，贴出安民告示，欢迎解放军入城，城工会作为市府与解放军联络机构，设在安泰救火会办公，为平稳过渡创造良好条件。⑤

八 存续阶段

1949 年 8 月，福州解放，军管会接管政权，新的基层组织尚未建立，救火会接受政府委托，承担一系列任务。1950 年 2 月，临近春节，上游粮船来路稀少，福州粮价不断升高，居民苦不堪言。市军管会命令将大米发给全市30 多个救火会，代售粮食，按指定的成本价格，直接零售给每家每户。大的救火会拨给四五百包，小的救火会拨给二三百包。通过救火会的代售，扩大了政治影响，平稳地度过了新中国成立后的第一个春节。⑥

---

① 《市警察局暨各分局关于本市消防工作概况、防火宣传、检查的训令、布告、公函》，1948 年 10 月，福州市档案馆馆藏民国档案：902-6-468。

② 作者不详，收录于市政府文件宗，紧放其后的是《本市消防工作之概况》，安化同时任消防队队长，两份文件笔迹不同，以常理推测，该文作者地位应高于安，可能是警察局局长或市长。该卷许多手写文书在报纸上刊登，但此份没有。

③ 《疏散声中 闲话福州》，《申报》1949 年 2 月 1 日，第 2 张第 5 版。

④ 《榕积极筹组 民众自卫队》，《申报》1949 年 5 月 15 日，第 1 张第 1 版。

⑤ 城工会全名为中国共产党城市工作委员会，是党的地下组织。1948 年，上海城工会派遣大夏大学学生邓敬熙、陈志宏回到福州，建立分会，发展成员 34 人，与萨镇冰洽谈解放事宜，策反市长何震，为军管会接管做好准备。

⑥ 高振云：《解放初期福州市的粮食市场及粮食购销情况》，《台江文史资料》第 1～12 辑合订本，2006，第 79 页。

　　随着局势稳定，新政权着手建设基层组织。1950 年 6 月，福州市军管会决定废除保甲，建立居委会。全市共设居委会 50 多个，平均下辖二三千户，另有工作人员数名，由区长直接任命，多为正派热情的当地人士。带有强制性，管辖区域大、人数少，决定当时居委会的主要任务是上情下达，成为政府联系群众的桥梁。"在区公所的领导下，向市民传达政府政策、法令和各种工作决定，反映群众的意见，宣传党的政策。"① 换言之，即宣传开会。据李永忠回忆，当时他所在的双杭居委会只有三个人，早上六点起来、晚上十点方能休息，白天张贴标语，晚上召集群众开会，每天至少三场。②

　　居委会建立后，政府着手改造救火会。区公所、公安分局、警备部队三方面均派人参加，互推负责人、统一领导，并将此视为"当前之主要任务。"③ 鉴于敌特势力渗入救火会，全市数千名会员接受政审，共发现军统特务十六人、中统特务十二名等，国民党区分部委员以上十六名。部分特务头目遭到枪决。与此同时，福州各公安分局"吸收群众团体负责人，居委会、人民纠察队、防护队中的干部加入救火会，充实新的血液"，④ 弥补权力真空。市公安局还向救火联合会派驻军代表，各区公安局长亦陆续出任常委，以便于直接监督。一系列的改造措施，彻底清除传统势力的影响，使进步力量成为救火会主力，确保政府对会务的有效监督。此外，为破除以往救火会的金字塔形权力结构所造成会员身份等级的差距，政府宣布废除理监事制，召开选举大会，由全体会员以投豆子形式，选举出代表人民利益的负责人。临警员与援丁等称呼并被废除，按照实际需要，确定任务职别及名称，各司其职，从而真正体现人民当家做主原则。

　　福州市政府还按行政区（街道）重新划分各救火会的消防区域，全市五区各设消防分会，政府向各会派员督导。至 1952 年，全市救火会由 37 个调整为 32 个，成员 4481 人。此举有助于强化对救火会的管理。随着消防区域的调整，救火会的经费来源亦发生变革。"以民办公助为原则，政

---

① 此系福州市前市长彭世怿回忆，彭老现年 83 岁。
② 李永忠系福州本地居民，新中国成立后，他突然被该区领导叫去，直接任命为双杭居委会主任，一年后，因需要照顾母亲，他请求辞职，区领导告知："叫你干是信任你，必须坚持下去。"直到 1957 年，他才转入工厂工作。1980 年，他退休后，又担任河西居委会主任，并组织义务消防队，担任队长，至今仍在运行。李老现年 92 岁。
③ 《整顿民办救火会初步方案》，福州市档案馆馆藏档案：27-1-52，1950 年。
④ 《改造福州市各区救火会工作报告》，福州市档案馆馆藏档案：27-1-52，1951 年。

府每月房租征收百分之五为扶助经费，一般容许劝募，但需由市政统筹统支，并做到开支明白，请示报告，按月公布。"① 按照该条规定，救火会虽然可以劝募经费，但只是代募性质，必须交由国家统筹分配，难以实现自收自支。福州市政府还加强对救火会会员的思政教育与业务培训，以提升会员的思想觉悟与消防技能，从而能有效应对火灾。

从上述举措来看，新中国成立初期政府对救火会的改造，其目的并非取消，而是清除传统地方势力的影响，使其更好发挥效能，为社会服务。正如其所确定的整顿原则："彻底推翻其上层之建筑反动统治，争取真正热心公益人士，教育改造基层技术人员，精简组织机构，仍以民办公助性质，重新民主，建立基层救火会组织，加强技术训练及政治教育，使名副其实的成为人民的消防组织。"② 因此政府多措并举，引导救火会的健康发展，使其与时俱进，颇具时代气息。

1957 年，福州呈现新鲜气象。一方面，随着政权稳固，防空力量的增强，公安消防队伍的筹建，福州消防能力显著提升，火灾次数有所减少。另一方面，随着三大改造的完成，私营店铺转为公办，单位作为一种社会整合与控制机制，成为基层社会主要组织形式，"个人生活所必需的资源须通过单位得以分配，个人由此具有对单位的依附性"。③ 许多救火会会员进入工厂，不利于彼此联络。私有制的消灭，亦使救火会难以筹募资金，陷入困局。加之"破四旧"风潮，游神等地方仪式被禁止，救火会的信仰纽带被割裂，凝聚力下降。为此，一些救火会相续裁并，其发展有颓废之势。然而 1960 年，台江某重要仓库发生火灾，公办消防队全力以赴，终因路途遥远、力量有限，难以控制火势，导致物资焚烧殆尽。鉴于惨痛教训，翌年，政府颁布《福州市义务消防组织办法》，要求"全市各企业、事业单位及城乡人民公社基层单位，均应根据本办法，结合本单位具体情况，组织成立义务消防队"，并应指定一名行政负责人，负责领导经常性消防工作。④ 至 1962 年，全市仅各类企业救火会即有 39 个，队员 2471 人。"文革"爆发后，群众加入各类组织，参与政治运动，绝大多数救火会陷

---

① 《整顿民办救火会初步方案》，福州市档案馆馆藏档案：27-1-52，1950 年。
② 《整顿民办救火会初步方案》，福州市档案馆馆藏档案：27-1-52，1950 年。
③ 桂勇：《邻里空间：城市基层的行动、组织与互动》，上海书店出版社，2006，第 191 页。
④ 《福州市义务消防组织办法》，福州市档案馆馆藏档案：99-2-30。

入瘫痪，以致文献中相关记载寥寥。① 1978 年，政府撤销街道义务消防队，并在各居委会设立消防间，由工厂企业职工、居委会基干参与。

20 世纪 80 年代，"随着改革开放、市场体制的发展以及政企分开的行政改革，单位制度逐步瓦解"，② 加之政府放松宗教管制，民间信仰复兴。诸多良好的因素，为义务消防队复苏创造了环境。与此同时，政府鉴于火灾频繁发生，公安消防力量不足，于 1981 年 4 月颁布《福州市街道义务消防队组织办法》，鼓励群众建立义务消防队，所需经费由市财政局拨给，并将队员的表现列入所在单位劳动竞赛和评选先进的内容。③ 此后又多次出台措施，鼓励街道、企业创办义务消防队。至 1994 年底，全市有企业义务消防队 573 个，队员 2.41 万人；街道（乡镇）、居（村）委会义务消防队 635 个，队员 8500 人。直至今日，福州仍有少数义务消防队，但时过境迁，其影响力难与近代救火会比拟。

福州救火会在新中国成立后之所以得以存续，④ 主要是福州地方政府基于现实需要，对其采取逐步改造方针，以保障社会稳定运转。中华人民共和国成立后，福州作为对台前线，敌机空袭频繁，加重火情。尤其以 1955 年 "1·20" 空袭损失最为惨烈，受害灾民达 8509 户、30675 人，被炸、烧死 1888 人，重伤 90 人，财产损失难以计数。⑤ 人民政府"鉴于敌机频袭本市，投掷燃烧弹，发生火警，必须加强防空、防火工作"，下令要求"全会各救火会加紧劝导商铺住户，储存沙土清水，按户实行"。各会会员"等先为储备，以资倡导，进行挨户检查、粘贴、查讫"，发动全市临警员"出发辖区宣传、分发宣传标语、防火须知、手册等"。⑥ "1·20" 轰炸后，

① 笔者口述调查情况亦是如此，许多老会员或其子女均反映救火会于"文革"爆发后陷入瘫痪。

② 朱健刚：《国与家之间：上海邻里的市民团体与社区运动的民族志》，社会科学文献出版社，2010，第 2 页。

③ 《福州市街道义务消防队组织办法》，1981 年 4 月，福州市档案馆馆藏档案：27-6-59。

④ 救火会并非福州所特有的组织，近代全国许多城市均有设立，但绝大多数消失于新中国成立初期。如上海救火会于清末民初设立，后逐渐发展壮大，全市共设立 22 支救火队，配备各式车辆 92 辆，不仅承担华界的消防重任，更成为各地救火会效仿的对象。1950 年 4 月至 9 月，上海民办救火会陆续移交市人民政府消防处。其他各地救火会情况亦如此，或解散、或公办，基本消失。

⑤ 《福州市对一月廿二日敌机轰炸燃烧的抢救工作报告》，福州市档案馆馆藏档案：27-1-229，1955 年。

⑥ 《福州市消防组织概况及设备等项材料统计》，福州市档案馆馆藏档案：27-1-52。

福州地方政府总结教训，认为民办救火会出动迟缓、设备不足、业务不精、消息不畅是导致损失惨重的重要原因，要求扩大人民救火会和拆屋队规模，以提升其效能，有效应对敌机轰炸。可见救火会是当时防空体系的重要构成部分，颇受政府重视。除台机空袭因素外，新中国成立之后福州城市建设滞后，火灾隐患重重，敌机的频频空袭，使火情更为严峻。福州公安消防力量虽较新中国成立前有较大增强，仍显薄弱，难以应对要求。由于种种原因，街道组织自治功能未能得到较好发挥，难以承担消防重责。①

总之，在近百年岁月中，福州救火会经历由小变大、由盛趋衰的过程，在诸多历史事件中扮演关键角色，在政权更迭之际，更是居功至伟。民众通过救火会，与强权抗争，捍卫自身权益。纵观救火会的发展，与政府力量呈此消彼长、互有进退的态势。清末，政府衰微，火政乏力，救火会得以兴起。20 世纪 20 年代，军阀混战，社会动荡不安，救火会发展迅速。抗战爆发后，救火会丧失活动空间，发展有限。中华人民共和国成立后，政府将政权延伸至基层，控制社会的大小事务，救火会逐渐萎缩。可见，两者处于动态平衡之中。政府对救火会影响还体现在政策上。《南京条约》签订，福州开埠，商业繁荣，为救火会崛起奠定基础。清末，受到结社律的限制，救火会难以普及，直到禁令取消后，才迅速兴起。20 世纪 30 年代中后期，实施社团管理组织法，束缚救火会的发展。新中国成立后实行社会主义改造，消灭私有制，救火会丧失存在的基础，规模缩减。20 世纪 80 年代，伴随着改革开放，商品经济的发展，救火会再次复苏。因此，救火会并非完全独立于民间，即使在特殊的 20 世纪二三十年代，仍须获得官员的支持，方能发展。

第二节　社境组织向救火会嬗变

村庄聚落有较强的稳定性，祭祀组织更是如此，"本地的民间信仰往往成为维系乡土渊源的纽带，是抵御外部力量的象征"。② 作为近代福州

---

① 参见徐文彬《新中国对城市基层自治组织的改造——以福州救火会为考察中心》，《党史研究与教学》2015 年第 1 期，第 68~70 页。
② 赵世瑜：《狂欢与日常——明清以来的庙会与民间社会》，生活·读书·新知三联书店，2002，第 31 页。

的主要民间基层组织，救火会除受国家权力影响外，是否与传统的社境组织存在关联？因此本节拟从救火会空间分布的角度切入，探讨此问题。

一 救火会的空间分布

从空间分布来看，民国时期，全市共有救火会 37 所，分布差异显著。如表 2-1 所示，城内鼓楼、大根二区均有 7 万余人，且为省府驻地，军政机构众多，为全省政治、文化中心，但救火会仅有 8 个，且创办时间较晚，会员合计 783 人。城外小桥、台江二区，面积虽小，火会云集，多在清末就已创办。作为工商业中心的小桥区，人数 6 万多人，面积仅 290 平方公里，却有救火会 16 个，会员数超过 1723 人，较老城区两倍有余。值得注意的是仓山区，该区经济状况尚可，救火会只有 4 个，设备先进，尤其是冯泛高救火会，1929 年就添置帮浦汽龙，为全市最早。

表 2-1　20 世纪 40 年代福州各区火会分布

区名	救火会	1944 年临警、员丁总数	1947 年各会人数	汽龙数目	帮浦机	辖区面积平方公里	人数（壮丁数）
鼓楼分局	榕西救火会、芝西救火会、榕北救火会、鼓泰救火会	408	401		1	453	71761（12605）
大根区分局	榕南救火会、钟玉救火会、东井津救火会、仓育车救火会	398	382	1		370	79678（145410）
小桥区分局	斗南洗马茶亭救火会、醴泉救火会、独山救火会、达道救火会、纸帮救火会、双杭救火会、横山救火会、油帮救火会、龙潭救火会、龙台救火会、沙合中惠救火会、银湘救火会、义洲救火会、帮洲救火会、嘉崇（八铺）救火会、竹林救火会	1512	1723（缺银湘）	2		290	66060（11177）

区名	救火会	1944年临警、员丁总数	1947年各会人数	汽龙数目	帮浦机	辖区面积平方公里	人数（壮丁数）
台江分局	安乐救火会、沧洲救火会、瀛洲救火会、胜兴救火会、苍霞救火会、路通救火会、万寿救火会、琼水救火会	725	1058	1	1	420	72114（13119）
仓山区分局	闽南救火会、上渡救火会、冯泛高救火会、藤山救火会	330	563	1	1	300	57395（10695）
（闽侯县第二区）	后屿救火会	82					

资料来源：《市警察局报送消防组织及设备情形、驻卫警、乡镇户口暨社会状况、警察局所名称、自卫枪炮种类数目、稽查员人数等八种调查表及有关文件》，福州市档案馆馆藏资料：902-5-399，1947年4月。

　　除地域分布不均外，各会实力亦有差距。首先，装备悬殊。汽龙是先进的消防器械，只有少数大会拥有，"商业繁盛之区，如冯泛高、双杭、藤山、万寿、茶亭、钟玉等六会首先设置帮浦汽车，陆续筹备者有沧州、鼓泰、达道、龙合、沙台、龙潭、榕南等会"[1]。多数会只能购置腕龙、水桶、木绳等简陋设备，尤其是醴泉会，更只有拆屋队。其次，人数不等。按照火联会规定，"汽龙会设临警卅二人，腕力龙会设临警员廿二人，并各会加设实习员四人，援丁则每会六十人至八十人，设有救队者，则增设廿人，内队长四人，水上组则增设廿四人，援丁队队长，每会设十二人"[2]。实际中并非如此，如附录3所示，各会员人数悬殊，如独山会209人，龙台会仅有40人。[3]再次，影响力不同。实力较强的救火会，不仅在辖区内强势，更能影响他会，这反映在火联会领导构成上，历任理事长均来自大会，如徐建禧为双杭会会长，王调勋为藤山会会长，两会不仅规模

[1]　《省、市府关于市各救火会呈请募购，赠拨救灾设备器材等问题的指令、代电》，1946年9月，福州市档案馆馆藏档案：901-7-420，1946年12月。
[2]　福州救火联合会：《创始历略报告书》，1945年10月，福建省档案馆馆藏民国档案：2-8-104。
[3]　此处引用1949年的档案，为福州市警察局上报市政处的统计资料。在火联会编写的创始纪略书中，各会人数多数在102人（临警22人、援丁80人），基本符合火联会规定的额定人数，但数据太过于相同，且该书主要是宣传之用，可靠性存疑。

大，而且配备汽龙（见图2-2）。大会能够为火联会提供资金支持，并在灭火过程中出力甚多，所以拥有更多话语权。而一些小会，连自身会务都难以维持，如1946年醴泉会会长张光琪请求辞职，"窃弊会地窄物穷，人力财力均感困难，会务整理素难起色"。① 如此弱小，对他会影响有限，故在火联会理事会中，难有一席之地。

图2-2　福州救火会汽龙车（私人收藏照片）

救火会所处区域不同，造成实力差距。按规定，各会可向辖区内铺户征收单月租金的五成，② 作为经费的主要来源。若辖区铺户众多，则征租较多，实力雄厚。若辖区铺户稀少，则征租较少，实力较弱。置办汽龙的救火会多辖商业繁盛之区，一些救火会辖区虽大，但商业不盛，以致实力不足，如东井津救火会"所辖地方辽阔"，却难以筹办汽龙，皆因"辖内铺户大约中等之家，下等尤伙，非若上下杭、鼓泰、桥南、中亭各地筹募较易"。③

商业兴盛与否决定救火会的整体实力，并不能决定其空间分布。1937年，福州商业街区分布大致情况为"从城内宣政路（鼓楼前）直至南台台江路止，长约十里许。此条康庄大道，为福州最繁盛之地"。④ 从图2-3可见，救火会在大庙山附近分布密集，达十三会之多，未沿着"康庄大道"呈

---

① 《市政处关于本市各救火会理监事改选、就职典礼、辞职等问题的指令》，1944年1月，福州市档案馆馆藏民国档案：901-3-84。

② 福州市救火联合会：《创始历略报告书》，1945年10月，福建省档案馆馆藏民国档案：2-8-104。

③ 《省、市府关于市各救火会呈请募购、赠拨救灾设备器材等问题的指令、代电》，福州市档案馆馆藏档案：901-7-420，1946年12月。

④ 曾信光：《福州游览指南》，《圣公会报》第4~5期，1937年，第15页。

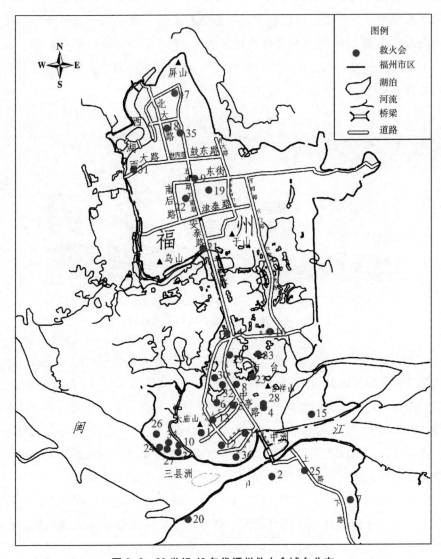

图 2-3　20 世纪 40 年代福州救火会城台分布

注：1. 嘉崇救火会　2. 闽南救火会　3. 龙潭救火会　4. 万寿救火会　5. 纸帮救火会　6. 油帮救火会　7. 藤山救火会　8. 布帮救火会　9. 立支泰救火会　10. 竹林救火会　11. 安乐救火会　12. 龙台救火会　13. 双杭救火会　14. 斗南洗马茶亭救火会　15. 瀛洲救火会　16. 路通救火会　17. 榕北救火会　18. 芝西救火会　19. 东井津救火会　20. 上渡救火会　21. 榕南救火会　22. 钟玉救火会　23. 达道救火会　24. 胜兴救火会　25. 冯泛高救火会　26. 义洲救火会　27. 帮洲救火会　28. 沧洲救火会　29. 横山救火会　30. 独山救火会　31. 榕西救火会　32. 沙合中惠救火会　33. 银湘救火会　34. 醴泉救火会　35. 仓育车救火会　36. 苍霞救火会

中轴分布，在旅社、菜馆云集的南台台江路，救火会只有一家。在同一商业街区，救火会分布如此不均，说明其空间布局不受是否商业繁华影响。

二 救火会与社境组织关联

王振忠先生在《近 600 年来自然灾害与福州社会》一书中，依据史料，绘制晚清民国时期福州城乡之社境分布图。本书依据该图，将各救火会标上，以比较两者。

（1）空间分布相似性。从图 2-4 可见，在五保七社地方，社境密集，

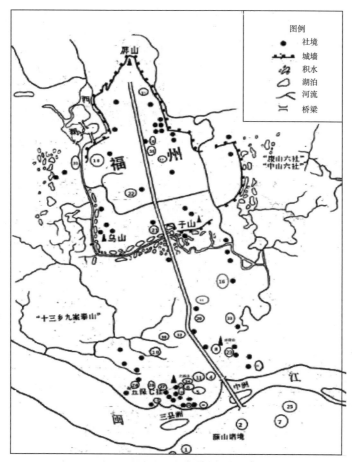

图 2-4 晚清民国时期福州城乡之社、境之空间分布
资料来源：王振忠《近 600 年来自然灾害与福州社会》，福建人民出版社，1996。为能方便对比，将救火会标注于上。

救火会较多。南门附近（乌山、于山），社境较少，救火会只有榕南一所。在仓山，云应境辖区较大，正是闽南救火会所在。可见，救火会与社境分布态势略有差异，总体一致。

（2）以寺庙为会址，境庙居多。如藤山救火会设在十锦祠，"锦"通"境"，过去正是十境议事场所，其他如竹林、路通、上渡等救火会均是如此，即便行业救火会，也多以庙宇为驻地。在 36 个救火会中，只有榕南的会所是重新修造的。通过表 2-2，可以发现救火会会所较为稳定，十四年中极少搬迁。民国之前，境庙属于公产，救火会可自行使用，民国建立后，境庙收归官有，救火会经过审批，仍可使用，如鼓泰会原设狮子楼，后因拆迁，遂于 1929 年 1 月将会址迁至附近关帝庙，并将附设商事研究所移设赵真君庙，向省政府请求"乞将赵真君庙为会址，并将隔壁通贤境为商业研究所"。获得批复，"似可准其暂行迁入办事"。[①]

表 2-2　1933 年各救火会驻地

会名	1933 年 3 月地址	会名	1933 年 3 月地址
榕西救火会	西门关帝庙	义洲救火会	义洲泰山庙
芝西救火会	府口七奶庙	帮洲救火会	帮洲三股埕
榕北救火会	北门珠妈庙	嘉崇（八铺）救火会	海防后
榕南救火会	安泰桥	竹林救火会	三保尚书庙
钟玉救火会		安乐救火会	洲边土地庙
东井津救火会	东街竹林境	沧洲救火会	后洲沧洲庵隔壁
鼓泰救火会	双门前	瀛洲救火会	鸭姆洲（广应白马王爷庙）
仓育车救火会	春育亭	胜兴救火会	苍霞洲襄城庙
斗南洗马茶亭救火会	茶亭庵	苍霞救火会	苍霞洲老泗佛庙
醴泉救火会	白马王庙	路通救火会	水部龙津境
独山救火会	洋中亭	万寿救火会	坞尾尚书庙
达道救火会		琼水救火会	水部三官堂
纸帮救火会	南禅总管庙	闽南救火会	天安寺
双杭救火会	油巷下	上渡救火会	上渡檀越境

---

① 《福建省建设厅关于鼓泰救火会请拨赵真君庙宇及通贤境为会所的训令》，1929 年 1 月，福建省档案馆馆藏民国档案：36-1-82。

续表

会名	1933 年 3 月地址	会名	1933 年 3 月地址
横山（铺前）救火会	横山庙	冯泛高救火会	塔亭（塔亭娘奶庙）
油帮救火会	龙岭顶	藤山救火会	下渡十锦祠
龙潭救火会	桥仔头拿公庙	沙合中惠救火会	一真庵
龙台救火会	大庙前	银湘救火会	
后屿救火会			

注：括号内容为笔者调查补正。
资料来源：《福建省建设厅关于帮洲救火会禁止攀龙社第四道出入口不得建筑房屋，致妨火政，经省会工务处的指令》，1934 年 4 月，福建省档案馆藏资料：36-5-410。

（3）均为神事活动的组织者。救火会参与境庙神事活动，至今仍有体现。竹林救火会原本设在三保尚书庙，每逢神事活动，会员不论忙闲，均聚在庙中。新中国成立后，该会曾宣告解散，后恢复为"万友义务消防队"，仍以三保尚书庙为活动中心，继续义务灭火。20 世纪 90 年代，尚书庙搬迁，该队迁至鳌峰洲，距庙十里之遥，每年正月十八日神诞，所有队员均前往庙中，许多步履蹒跚的老会员，也在家人搀扶下，参加神事活动。更为巧合的是，三保尚书庙的现任庙首就是队长哥哥，早年多次参与灭火。① 此外，二者功能相似还体现在组织乡里活动上，如舞龙灯、划龙舟等。

（4）参与者笃信神灵。社境作为祭祀组织，参与者笃信神灵。迄至民国，救火会虽然形式新颖，但会员思想较为传统，龙潭义葬社一位件作老人即说："我活了八九十岁，没灾少病能长寿，就是做善事，即使伤风感冒，躺在床上好像夜间有很多'人'为我捶背、捏腰、按摩……"② 义葬社是救火会的附设机构，从老人言论，可以看出，福荫福报，迷信鬼神，对他们仍深有影响。即使火联会高层领导亦不例外，吉祥山新会所落成，王调勋认为该地原是墓地，必须祭禳，特地请来戏班演戏，表演当夕，"'元帅'把鸡啮死时，鲜血满口，还有二个'天将'从舞台上下来，手执火把照遍会内所有角落"。③ 在传统观念熏陶下，许多会员坚信将获神灵

① 笔者于 2012 年 2 月 28 日采访万友消防队队长王德发，他自称从小在救火会长大，其父为龙潭义葬社义工，队员均是老救火会会员子孙。据其所言，三保尚书庙的前半部分为神殿，供奉神像，后半部分为火会会所，并告诉许多旧闻，与史料验证，虽有所出入，大致正确。
② 曾祥荣：《福州龙潭义葬社》，《台江文史资料》第 1~12 辑合订本，2006，第 169 页。
③ 陈鸿铿：《福州救火团体的组织和活动》，《福建文史资料》第 16 辑，1987，第 110 页。

庇护，救火时多能无所畏惧，奋勇向前。社区群众对此也深信不疑，每当救火会安全归来，他们常说是受到庙里菩萨的保佑。

（5）均植根社区。社境以社区民众题捐作为经费来源，而救火会以社境为单位抽租，① 如榕南救火会征收对象为：万寿福社、万寿禄社、万寿寿社、官贤福社、官贤禄社、官贤寿社、兴贤上社、兴贤大街社、兴贤首社、月城铺（社）、朱紫坊、军门前、抚院前、城边街、夏体井、侯官县前。② 会员亦须是"本区域范围内商民或住户"，③ 外若染指其中，将引发冲突。如路通救火会临警员多由"外乡人士"充任，引起"世居斯地"的商民愤怒，他们认为平日"该会劝募各款项，均视财力所及，允予捐助"，反不能参与会务，斥责该会为"非法组织"，"虽有机构存在，等同虚设"。联名呈函给市长，请求"迅饬该会，即日重新调整，健全组织"。④ 在许多场合，救火会亦以社境代表自称，如 1948 年，钟玉救火会向闽行总处申请拨发帮浦车时，即说："代表九社民众，不胜感激。"⑤

救火会与社境渊源颇深，是后者在新的历史时期的表现形式。在平日，会员积极操演，防患于未然，而每逢迎神赛会，救火会即改头换面，成为主角。所以社境密集的地方，救火会亦多，甚至在极度拥挤的情况下，仍有新会设立，如上述银湘救火会。台江路和南门附近虽然商业兴盛，但属于新辟之区，社境较少，民众不易聚集，故救火会寥寥。

三　社境组织转化为救火会缘由

社境组织转化为救火会，原因颇为复杂，除自身因素外，还与时代大气候有关。

民国时期，福州民众仍笃信神灵。1928 年，一位来榕旅行者，目睹神事活动兴盛："复初庵做普度，周三四街巷均悬灯彩，供奉各种神坛，有

---

① 《闽南救火会征信录》（1908 年）未列社境名称，募捐对象多为南台仓前一带商铺。
② 《榕南救火会庚午全年度收支征信录》，福建省图书馆馆藏铅印本。
③ 《福建省福州市安乐救火会章程》，福建省档案馆馆藏档案：6-1-911。
④ 《省、市府关于救火联合会申请励志社，呈报各救火会改选情形、理监事就任日期、职员名册及调查路通救火会非法任用临警员，令发消防讨论会议记录的训令、呈文、代电、批示》，1946 年 9 月，福州市档案馆馆藏档案：901-7-229。
⑤ 《准本市钟玉救火会函请捐助经费等由请核示由》，福建省档案馆馆藏档案：24-6-682。

道士皆讽诵经典,设神怪戏,并作音乐,居家店铺,亦有供养神佛,陈设香帛各品,或金石古玩,磁陶玉器等以为供奉,大都皆迷信神佛者,实居大多数。"① 巫风炽烈,主要是由于近代化过程中,福州受挫连连,发展缓慢,"以上海之文明,较之纽约,应差半个世纪,又以福州与上海比,亦落后五十年,此说虽不能十分精确,大体谅已相去不远"。② 人们依旧迷信神权,神事活动不断,传统社境仍获认同。

然而在西风东渐浪潮中,民间信仰被视为"迷信",接受新思想的社会精英时常抱怨神道习俗之烈,视其为现代化的阻碍,商讨破解之道,围绕着"科学"与"迷信"、老与少、新与旧、精英与平民分歧不断加大,形成界限分明的两大阵营。南京国民政府成立后,以"革命性"与"现代性"自居的国民党人,亦将"迷信"视为社会弊病,不断发起风俗改良运动,推行官方意识形态,并动用警政资源,缉拿禳灾建醮之人,征收"迷信捐",力图根治。与此同时,伴随着"国家的政权建设",政府强化统治体系,权力不断向基层延伸,对社会控制日益严密,民众难以脱离体系,必须接受人间官员的控制。

在此时代背景下,民众若依旧服从"大王"统治,公然以社境活动,则无异于对抗政府,必受严惩,因此多采取变通方式。1929 年,大根区樽山、灵圣、龙山、崇善、雄略、延远、灵峰等境民众组成东北公益社,以疹妈庙为社址,福州公安局以"该社组织团体,确系办理公益",予以立案。不久,该社援引《内政部寺庙管理条例》规定"无僧道主持者,应由该管寺县政府集合地方公共团体,组织庙产委员会管理",设立"六境庙产保管委员会",以能"一洗从前独裁之弊,又提倡破除迷信,屏去一切无稽神像,并改革迎神赛会,求签问答之恶习",呈请民政厅"保存立案"。委员均系"就住居本辖区十年以上,置有房产者及各庙董事中推举之"。③ 下设残疾所、孤儿院、施诊所、贫民工厂、消费社等公益机构。

六境民众组织公益社,以此获取合法性,摆脱"迷信"嫌疑。他们成立"保管委员会",利用政策,接管原有"社境公有庙产",并将其出租,筹措资金,推动地方公益事业发展。保管委员会俨然社区自治中心,主其

---

① 《福州旅行记》,复旦大学图书馆古籍部铅印本,1848 年,第 38 页。
② 《疏散声中闲话福州》,《申报》1949 年 2 月 1 日,第 3 张第 5 版。
③ 《六境庙产保管委员会报告》,福建省图书馆特藏部铅印本,第 1 页。

事者均是德高望重的地方精英，如常务委员施景琛，曾任北洋政府国务院秘书，以学识渊博著称。可见，在反迷信的浪潮中，传统的社境组织并没有消亡，而是借用"公益""保存古迹"等颇具时代气息的话语自我包装，以社团形式立案，获取行动合法性，因此能顺应潮流，其他社境亦群起效仿，创办各类社团，以公益社居多。

各类新设立的社团，宣称"破除迷信"，实则变更策略，继续倡导神事活动。如龙潭迎接尚书，规模颇大，被视为地方盛事，结果"为禁令所打销矣"，创办于1929年的捞葬社，借"成立六周年纪念游行"名目，变相迎尚书，不仅有"抬阁""马上"等传统游神内容，还增加"活动机音乐""自动机跳舞女"等新式器物，规模更甚往日，时人谓"直可开福州迎会之新纪元"。① 甚至连"意在破除陋习、倡导新风"的新生活运动，也成为迎神赛会的幌子。1935年福州"各神会大事迎游之时，均仿照新运标识式样，特制一灯为前导，上书新生活运动会或新生活成立会"。② 通过对政治运动的巧妙借用，各类迎神活动得以规避政策，警察等基层执法者亦借此推卸责任，放任不管。可见，在神权强大的福州，现代化运动并未能真正深入基层，只是徒具其表。

值得注意的是，各类公益社如昙花一现，20年代相关记录颇多，至30年代已不见记载，存续时间极短，这与救火会恰成交替之势。尽管尚未发现公益社直接转化为救火会的史料，但两者职能基本相同，均为社区自治中心，且地点一致，如东北公益社与路通救火会均设于珠妈庙，③ 可见公益社逐步被救火会取代。变化如此，与以下因素有关。（1）消防需求。火灾频频，成为日常生活的最大威胁，民众除祈祷神灵外，还诉诸其他方式应对，日积月累，对地方民风习性影响很大，因此消防颇得民心，能得到广泛拥护。而公益社主持的诸多善举，虽为社会所必需，但收效不甚显著，受惠人数有限，社会基础薄弱，且救火会亦可履行其职能，故能取而代之。（2）集体参与。消防须举社区之力，同心协力，方能奏效。若不同聚落民众混杂，易生隔阂，不利灭火。社境以祭祀为纽带，素有自我管理

---

① 《龙台迎尚书之变更策略》，《华报》1935年5月27日，第3版。
② 《新生活运动与尚书公回湄》，《华报》1935年2月27日，第2版。
③ 东北公益社设疹妈庙，而路通救火会设珠妈庙，珠妈是满族旗人祭祀神灵，专司防痘、防疹功能，因此为同一地点。

的传统，所形成的聚落不易瓦解。救火会以此为依托，能充分调动社会力量的参与。而公益社主要是精英主持，个人影响较大，群众参与较少，缺乏有效的协调与参与机制，因此难以持久。（3）国家管制。公益社数量虽多，然彼此间缺乏联系，势单力薄，难以应对强势官府。1931年，开辟吉祥山公路时，武圣庙在拆迁之列。施景琛等人组织"保存吉麓古迹第一届董事联合会"，企图保护武圣庙，以失败告终，文物也移到附近救火会里。施素有威望，且长期在政界任职，但在抗拆迁过程中，参与者只有三十余人，无力对抗官府。随着国家控制加强，许多公益社被迫解散。而救火会为社会所必需，且植根群众，多次掀起抗捐风潮，令官府颇为忌惮，不敢轻撄其锋。

总之，由于近代化受挫，福州社会变迁缓慢，民众乡土感情深厚，"社会群体的整合，在于他的成员们一致认可某一套自成一体的规范，具有道德上的权威"。[①] 借助民间信仰，救火会跨越籍贯与职业的差异，成功整合社会各阶层，获得广泛认同，发展迅速，影响力与日俱增。虽然冠以"会"之外衣，但本质是"社"，会所设于境庙之中，处理辖区事务，足见祭祀组织之影响，因此近代福州基层社区组织，仍以地缘为纽带，处于神权控制之中。新中国成立后，人民政府发动系列政治运动，重构地方认同，建立单位制，从根本上改变基层组织形态。

---

① 〔美〕塔尔科特·帕森斯：《社会行动的结构》，译林出版社，2008，第382页。

第三章

福州救火会的自主性组织运作

作为民间组织，救火会影响巨大，除外部环境外，还得益于内部运作，其构成如何？以何种途径筹募经费？如何组织管理？针对上述问题，本章将逐一分析，以期能从内部视角，加以考察。

第一节　志愿、平等的人员整合机制

根据章程，加入救火会的门槛不高，"在本区域范围内商民或住户，赞助常年捐及富有救火经验"且"本会会员二人以上之介绍"，经过"理事之通过"，即可成为会员。但五种人被排斥，"褫夺公权者""有反革命言论及行为者""受破产之宣告尚未复权者""吃食鸦片及其代用品者""无行为能力者"。① 由此可见，救火会侧重考察会员的品行，对经济、体格、学历、性别、职业、年龄等要求不高，多数市民均可入会，相对于三十多万城市人口，会员只有数千人，所占比例不高。那么入会的究竟是哪些人？

一　志愿参与的人员构成

以往对救火会的论述中，对会员构成语焉不详，或许是资料匮乏所

---

① 《福建省福州市安乐救火会章程》，福建省档案馆馆藏档案：6-1-911，1941 年 2 月。

致。笔者有幸找到 12 份花名册，① 兹制成表，花名册未按统一的格式制作，详略不同，有的列明会员所在店铺名称、党团证编号、家庭住址等详细信息，有的只列出姓名、年龄、街道名称，且表格多处空白，由此推断，救火联合会对会员管理并不严格，统计并不详细。

据表 3-1 所示，会员平均年龄 43.63 岁，标准差 1.4514，② 各会年龄差异极小，表明数据具有代表性。而同时期福州市区人口的平均寿命 38 岁，③ 两者相较，救火会会员平均年龄偏大，甚至有七旬老人入会，且担任领导者较少，在五份救火会理监事名单中，只发现 72 岁冯代山出任独山救火会候补理事。相对老人而言，救火会会员中最低年龄均在 18 岁以上，甚至超出甚多，如龙台救火会最年轻会员为 27 岁。

火场灭火，本应以身强体壮的年轻人为主，事实却与之相反，体力稍逊的中年人占主体，甚至有年迈老人名列其中。究其原因，与以下因素有关。(1) 思想观念差异。火会与慈善精神关系密切，中老年人受传统文化的熏陶，且多有家庭，与社区联系密切，有较强责任感，因此入会积极，而年轻人多接受新式观念，为学业、事业奔波，有较强的流动性，与社区联系相对较弱，故入会者不多。(2) 大量年轻人应征入伍。此时恰逢内战，国军四处抽丁，所征范围为"系年满二十一岁至二十三岁三个年次，

---

① 分别为《苍霞救火会会员名册》(1946 年 8 月 17 日)，福州市档案馆馆藏档案：901-7-229；《福州市纸帮救火会第廿六届会员名册》(1946 年 8 月)，福州市档案馆馆藏档案：901-7-229；《龙潭救火会会员名册》(1946 年 11 月 21 日)，福州市档案馆馆藏档案：901-7-229；《福州市龙台救火会会员册》(1946 年 9 月 9 日)，福州市档案馆馆藏档案：901-7-229；《福州市榕南救火会会员名册》(1947 年 10 月)，福州市档案馆馆藏档案：901-7-50；《安乐救火会第三十三届会员名册》(1941 年 12 月)，福建省档案馆馆藏档案：6-1-911；《钟玉救火会员姓名册》(1948 年)，福州市档案馆馆藏档案：901-7-1324；《福州市救火联合会榕西救火会会员名册》(1948 年 3 月)，福州市档案馆馆藏档案：901-7-1324；《瀛洲救火会会员名册》(1948 年)，福州市档案馆馆藏档案：901-7-1324；《福州市救火联合会独山救火会第十九届会员名册》(1948 年 5 月)，福州市档案馆馆藏档案：901-7-1324；《福州市鼓泰救火会会员姓名册》(1948 年 5 月)，福州市档案馆馆藏档案：901-7-1324；《福州斗南洗马茶亭救火会会员名册》，福州市档案馆馆藏档案：901-7-1324；《东井津救火会理监事名单》(1949 年)，福州市档案馆馆藏档案：901-7-1537。
② 标准差 (Standard Deviation)，是各数据偏离平均数的距离的平均数，它是离均差平方和平均后的方根，用 σ 表示。标准差能反映一个数据集的离散程度。
③ 刘观海主编《福州市人口志》，方志出版社，1999，第 168 页。

如三个年次不足征额时，得延伸至二十五岁为止，其余概不征集"。① 福州胡乱抓丁的现象严重，一些乡镇保甲长半夜强行拉壮丁，民怨沸腾，南京国民政府为此通令全国，予以禁止。②

从职业构成来看，商人占总人数的 93.49%，在火会中居主体地位，但种类繁多，既有殷实巨商，也有小店业主，或是店里伙计。总体而言，一般会员经济实力不强，如"5·12"火灾中，受难的十二名员丁，家境多属清寒。其他职业中，医师最多，约占 2.77%，他们多开私人诊所，与商人无本质差别。政界人士仅占 1.81%，凭借地位与声望，在火会中担任要职。

各会会员的职业构成也略有差异，以榕西会最为复杂，该会所辖区域，恰为省府驻地，公务人员入会较多，并吸引报业、电业、农业、教育、宗教等行业人员加入，虽然所涉行业颇多，商人仍占总人数的 73.42%。此与城市性质有关，作为商埠，福州市民多经商，或出卖体力，或兜售技能，按照当时标准，均属商业人员。根据统计，40 年代，福州共有 253138 人，其中经商 46256 人，占总人口的 18.27%，而务农 6354 人，占总人口的 2.51%。③ 救火会领导多为富商，常鼓励属下入会。

从籍贯构成来看，福州本地居民占 89.38%，而郊县（如林森、长乐、福清）相对较少，占 2.78%，本省其他地区人口占 5.94%，主要来自莆田、晋江等地，外省人士不到 1%，以浙江较多。各会情况亦有所不同，地处南台的安乐救火会，居民流动性较强，外地会员占 33.03%，分别来自安溪、同安、仙游等地，其中晋江人占 15.59%，包括理事长杨文晟及二位常务理事。

榕籍居民在救火会中占绝大多数，但并不排外。如救火联合会首任会长王纲，是浙江人，在福州经营绸布生意多年。蝉联三届会长的徐建禧，是莆田人，自幼随长辈迁居福州，为兴化商帮核心成员。外地商人之所以能在救火会中立足，主要是因为他们实力强劲，能够提供经费与设备。尤

① 《湖南省军管区司令部布告》长军贰字第壹号，1948 年 3 月。老照片。
② 《关于福州市及各县征兵乡镇保甲长夜半围户强拉壮丁致生反抗演成流血惨剧的训令》，大理市档案馆藏档案：11-120-121。特注：此份档案收藏于大理市档案馆，福州乱征夫现象严重，国民政府通电全国，引以为鉴。
③ 《福建省各县市人口职业状况统计表》，《民国福建各县市（区）户口统计资料（1912～1949）》，福建省档案馆，1988，第 215 页。

表 3-1　福州救火会人员构成

火会名称	会员人数	会员年龄			职业构成							籍贯构成				党团员人数
		平均年龄	最高年龄	最低年龄	商人	他业						福州	属县	外市	外省	
						政	律	教	医	旅社饭店	其他					
苍霞救火会	98	46.17	61	24												
纸帮救火会	57	44.66	61	27	57							30	4	11	2	
龙潭救火会	67	44.73	76	19	65		1					57	6	3	1	16
龙台救火会	43	42.93	61	27	40	2		1	1			34	6	2	1	24
榕南救火会	76	42.72	59	20	73				2	1		76				4
安乐救火会	109				95		3		8		3	73	5	31		
钟玉救火会	109	44.87	73	19	104		1		4			109				10
榕西救火会	79	44.35	62	19	58	6		3	6		6	79	6	2		27
瀛洲救火会	113	44.03	74	25												
独山救火会	86	46.87	72	21	82				1			85	1		1	20
鼓泰救火会	60	46.61	64	21	60							59				
斗南、洗马茶亭救火会	147	44.01	72	19	148	3	1		1							
东井律救火会	105	42.50	76	19	95	6			4			105				

其是云集上下杭的兴化商帮更是执商界之牛耳，有"无兴不成市、无福不成衙"之俗语，① 林时霖、蔡友兰等人先后出任福州商会会长。② 凭借家族产业，徐建禧在同乡中影响颇大，出任双杭救火会理事长，可谓深孚众望，得到兴化商人大力支持，任火联会理事长期间，他发动同乡筹募资金，兴建大庙山瞭望塔。火灾是本地居民的共同威胁，谁有能力、财力，即可领导救火会，所以不存在地域之争。

救火会也存在地域矛盾，但依照所居地段，而非籍贯。笔者发现一份控诉材料，落款为路通会辖区数十位商民，他们认为"本市各地救火机构设立，旨在保卫乡闾，防救火灾，故其组织应以辖内热心人士为合格，倘遇火警之时，俾易集队出援，而免燎原，立法至善"。但路通会"未照规定组织办理"，临警员多由"外乡人士"充任，出缺时"只由新加入临警员备席数桌，向其酬谢，即可补充"，并未开诚布公。"世居斯地"的他们，为保障生命财产，对"该会劝募各款项，均视财力所及，允予捐助"，反不能参与其中，意见极大，联名向市长控诉："似此非法组织，滥用外乡人士虚占临警员地位，虽有机构存在，等同虚设。"请求"迅饬该会，即日重新调整，健全组织"。③ 此处"外乡人"应指路通辖境外的人，因为章程中明确规定，会员须"本区域范围内商民或住户"，④ 所以居民才会控诉其"非法"。他们出资维系救火会的运作，地方公共事务反被外乡人把持，必生隔阂。救火会以城市社区为基础，而非以传统的同乡关系或业缘为纽带，体现了救火会的群众性。

从党派构成来看，会员中党团员（指国民党党员和三青团员）比重高达21.96%，远远超过全国平均水平。⑤ 且各会差异甚大，榕南会占5.26%，龙台会占55.81%，地处政治中心的榕西会为34.18%。抗战时期，国民党中央为追求规模，大肆扩张，发布通告，所有民众团体均应由县市

---

① 方炳桂：《福州熟语》，福建人民出版社，2002，第120页。
② 1928年，福州总商会改组，易名为闽侯县商会，林时霖任主席。1942年，福州设市，闽侯县商会改称福州市商会。翌年，推举蔡友兰为会长。
③ 《省、市府关于救火联合会申请励志社，呈报各救火会改选情形、理监事新任日期职员名册及调查路通救火会非法任用临警员，令发消防讨论会议记录的训令、呈文、代电、批示》，1946年9月，福州市档案馆馆藏档案：901-7-229。
④ 《福建省福州市安乐救火会章程》，福建省档案馆馆藏档案：6-1-911，1941年2月。
⑤ 1945年国民党员计8061744人，三青团员计1245001人，二者合计9306745人。以国统区人口3亿计算，比例仅为3.1%。

党部筹设区党部和区分部，尽量介绍民众团体会员入党。① 甚至摊派指标，强制要求。以致"战时及战后国民党基层党部在吸收党员过程中的弄虚作假，是一种全国性的普遍现象"。② 且党团组织"空""穷""弱""散"，毫无凝聚力可言，形同虚设，同一基层组织的党员彼此不相识。会员中党团员比例较高，可能是因为福州救火会地处省城，又属民众组织，党政机关为完成上级指标，向其摊派，又由于偶然性因素，各会差异较大，它对救火会并无实质影响，难以反映政治势力的渗入。

此外，救火会可能存在会员流动频繁问题。笔者找到两份榕南会会员名单，制作时间分别为 1945 年 9 月③、1947 年 10 月，时隔两年，会员变动较大，1945 年，该会有 57 人，仅有 33 人出现在 1947 年名单上（此时该会 76 人），且分布在各个年龄阶段，难以用生老病死解释。这仅是个例，其他救火会是否如此，有待更多史料验证。

二　平等和谐的内部分工

救火会人员按职位高低，可以分为理监事、临警员、援丁三种类型，呈现金字塔形权力结构，兹加以分析，以明晰权力源流。

1. 理监事

在此三类人群中，理监事是决策层，在会中居于核心，因名单仅存数份，④ 样本过少，只好以记载最为详细的安乐救火会（见表 3-2）为论述重点，同时参照其他数会。

---

① 《通告后方 18 省市党部加紧征求党员》，《中央党务公报》第 2 卷第 47 期，1940 年 11 月。
② 王奇生：《战时国民党党员与基层党组织》，《抗日战争研究》2003 年第 4 期，第 16 页。
③ 《福州市榕南救火会会员名单》（1945 年 9 月），福州市档案馆馆藏档案：901-3-304。
④ 笔者找到的只有 8 份，分别为《福州市安乐救火会第三十五届职员名册》（1946 年 11 月 22 日），福州市档案馆馆藏档案：901-7-229；《福州市芝西救火会第二十四届理监事姓名册》（1946 年 11 月），福州市档案馆馆藏档案：901-7-229；《福州市独山救火会第十届职员姓名册》（1946 年 5 月），福州市档案馆馆藏档案：901-7-229；《瀛洲救火会第二十九届理事名册》（1948 年），福州市档案馆馆藏档案：901-7-1324；《钟玉救火会第十一届理监事名册》（1948 年），福州市档案馆馆藏档案：901-7-1324；《福州市鼓泰救火会理监事姓名册》（1948 年 5 月），福州市档案馆馆藏档案：901-7-1324；《东井津救火会理监事名单》（1949 年），福州市档案馆馆藏档案：901-7-1537；《福州市路通救会第二十届理监事理事名册》（1947 年），福州市档案馆馆藏档案：901-7-503。由于篇幅所限，本书只列出安乐救火会理事会名单。

如表 3-2 所示，安乐会共有理监事 16 人，平均年龄 49.93 岁。其他各会分别为：芝西会 14 人，平均年龄 44.86 岁；独山会 14 人，平均年龄48.33 岁；瀛洲会 15 人，平均年龄 47 岁；鼓泰会 16 人，平均年龄 51.82岁；东井津 17 人，平均年龄 47.93 岁；路通会 16 人，平均年龄 47.43 岁。以上各会理监事的平均年龄均高出会员的平均年龄，显示老人凭借资历，在社会拥有更多的资源，享有较高威望，常能担任救火会的领导。

表 3-2　福州市安乐救火会第三十五届职员名册（1946 年 11 月 22 日）

职务	姓名	年龄	籍贯	党团政号	职业	简历
理事长	陈冠鸿	57	福州		律师	本会理事长
常务理事	杨廷梁	41	福州		商	1941 年任苍霞镇镇长，曾任本会理事长
常务理事	张子初	42	福州		商	1941 年任同安保保长，曾任本会理事长
理事	郑宏观	43	福州	福字 22496	商	曾任本会理事长
理事	江梅	40	福州		政	曾任上杭镇镇长
理事	林则继	57	福州		商	曾任本会理事长
理事	陈兆人	47	福州	福字 122471	商	本会理事历届
理事	邱书霖	54	福州		商	本会理事历届
理事	蒋竹山	47	福州		商	曾任本会理事长
候补理事	陈禧	48	福州		商	台江苍霞保长
候补理事	段长铨	47	福州		商	初中毕业
候补理事	郑蔚祥	50	福州		商	初中毕业
监事长	蒋鳌东	64	福州		商	曾任本会理事长
监事	林良贵	58	福州		商	曾任本会理届监事
监事	郑震生	51	福州		商	私塾七
候补监事	林兆英	50	福州		律师	

资料来源：《福州市安乐救火会第三十五届职员名册》（1946 年 11 月 22 日），福州市档案馆馆藏档案：901-7-229。

安乐救火会理事中，有许多地方政治精英，他们担任（或曾担任）保长、镇长等行政职务，属政府中人，如杨廷梁、张子初、江梅、陈禧等人。他们虽然年轻，却凭借政治地位，在火会中担任重要职务。他会情况也相似，如芝西会理监事中，有四人职业是"政"，其中包括年仅34岁的会长欧立人。

然而政界人士优势并非完全，离省府较近的东井津会，东大保保长刘宜鉴、党部黄石刚等二名公职人员只是普通会员，另四人虽在政界显赫，只充任理监事，未能成为会长，如福建省社会处潘耀章任常理，市党部书记长邵成章任常监，鼓楼区区长谢进明任理事，市参议员林时聘任候补理事，理事长为民兴汽车公司经理何幼卿。政界官员屈居商人之下，或许是财力不及，不能向救火会提供较多捐款，且政务繁忙，精力有限，难以处理会务，因此不愿或不能出任会长。

除政治精英外，理监事也有少量律师、医生等知识精英，凭借技能，他们或善于调解纠纷，或善于救死扶伤，素有声望，得以在救火会担任要职。如律师界有三人成为理监事，其中陈冠鸿出任安乐会理事长，林亭出任瀛洲会常务理事，陈玠为钟玉会常务理事。医界方面，吴友谅为独山会常务理事，徐幼洪为芝西会常务理事，陈增丰、钱炳、蔡学性三人为东井津会理事与候补理事，吴及谅为独山会常务理事。此外教师亦属精英阶层，在地方颇受尊重，资料中虽未能体现，但应在火会领导层中有一定份额。

如上所述，救火会理监事平均年龄较高，然与明代里甲制度下的"老人"并不类似，年龄不是选拔的唯一标准。政治地位、专业技能、商业机遇所衍生的地方支配力，决定会员的地位，因此出现青年殷商出任会长，六旬老人反为普通会员的情况。理监事的职业构成较为复杂，政界精英、知识精英的参与，能动员更多资源，扩大社会基础。商业精英主导会务，并能与政治精英在权力博弈中占优，显示经济实力是火会存在的根本。

2. 临警员与援丁

临警员在救火会属于中层领导，扮演管理者角色。除贯彻理监事决议外，他们在火场肩负多方面职责。一是维护火场秩序、通知各会救援、调查火因、制止纠纷。二是指挥水队进退、拆毁房屋、发放饷筹。灭火成功后，临警员督率援丁检查器械，整队而归。而日常防火，亦由临警员负责，他们身着臂章，挨户检查，张贴标语。职责类似警员，故全称为"临时警员"。

根据章程，每会临警员有22人。由于临警员在花名册中未有专门记载，难以分析其构成。从职权推断，临警员应有一定社会地位，尚不足担任理监事，如上述东井津刘宜鋆、黄石刚二人即有可能为临警员。理监事与临警员界限鲜明，理监事可以充任警务股股长，临警员不能兼任理事，如路通救火会候补理事杨荣财，即曾任临警司。

援丁在火会中处于最底层，扮演执行者角色。救火会通常分水龙队、拆屋队，个别会还设置水上队、救枢队。除拆屋队需有土木经验外，其余各队均无技术要求。援丁便是上述各队的主要人员，他们在火场中"分工负责水龙拖送、抽水、拆屋、挑水、救枢、扛竹梯、执藤牌，送茶，扛街牌用以标明本会队伍抢救所在地点，及鸣锣等专责"。① 风险巨大，常遭遇不测。《创始历略报告书》所记载的十名火场罹难会员，除二人为临警员外，其余八人均是援丁。即使在战场，援丁也是冲锋主力。1944 年反攻战斗中，13 名会员牺牲，除 2 人是临警部主任外，其余 11 人均是援丁。

援丁在救火会中占绝大多数，虽然章程规定每会 80 人，但因各会实力的差异而有所不同。1947 年，全市援丁共有 3016 人。多为底层人民，如会员罹难后，救火会常如此描述，"家景均属萧条，自应妥予抚恤"。② 时人林希春亦指出："国大代表、区民代表、镇、保、甲长等这些人担任理、监事、临警员、脱产办事员等。而劳动人民则为援丁，负责拆屋、救援等事宜。"③

临警员与援丁均为义务职，但在待遇上，略有差别。1947 年 2 月，火联会向政府呈文，请求补发麦粉、衣服等急赈物资，只将临警员列入申请名册。援丁深感不平，聚集两千多人抗议："临警员、援丁同属义务救火人员，况援丁均系劳苦工人，救济物资何重于临警，何轻于援丁，待遇不均，深表愤懑。"④ 迫使徐建禧再次呈文，恳请补发物资，以平事态。

救火会另聘请若干名人员，如火联会设置秘书 2 人、文书 1 人、征收

---

① 陈鸿铿：《福州救火团体的组织和活动》，《福建文史资料》第 16 辑，1987，第 101 页。
② 福州救火联合会：《创始历略报告书》，1945 年 10 月，福建省档案馆藏民国档案：2-8-104。
③ 林希春、林增城：《福州救火会概述》，《台江文史资料》第 1~12 辑合订本，2006，第 163 页。林希春系福州人，生于 1914 年，1955 年加入民建，后在政协部门任职。
④ 《呈据各救火会援丁金以服务消防，勤劳工作，较之临警员尤属穷苦，确合救济身份，请予转呈救济署拨赠物资，以昭平允各情，转呈核办由》，1947 年 2 月，福州市档案馆藏档案：901-7-787。

员 3 人、守望警 4 人、勤务 2 人，办理相应事务。因理监事多由社会名流兼任，较少驻会办公，秘书负责会务，理应地位较高，从月薪来看，只有一名秘书达到 3000 元，而三名征收员也达到 3000 元，并可从征租中抽取比例作为奖金，反映筹措经费成为救火会的头等大事。勤务人员的地位较低，每月只有 1000 元。其他救火会也有类似编制。此类人员领取报酬，与火会属于聘任关系，以致未被列入会员名册。

3. 救火会内部人际关系

援丁在会中地位最低，虽在救火之后，能领到些许"点心费"，然以生命为代价，未免不值，为何愿意入会，并在火场上表现积极呢？除自我保护外，良性的人际网络，是重要原因，这表现在以下方面。

其一，深受社区民众尊崇。救火是公益之事，纾解危难，颇受民众欢迎。陈妤其曾如此追忆其外公陈谦祥（时任榕西救火会临警员）："每当救火回来，外公便雄赳赳气昂昂地吹着哨子，走在队伍的最前面，大家排着队，按着排尾援丁的锣声，迈着有节奏感的步伐，朝着回家的方向前进。那架势就像战士打了一场胜仗一样，每个人都神采奕奕，满面春风，虽然他们身上还湿漉漉，跟落汤鸡似的。也有许多群众在路边围观鼓掌，或是自发跟在队伍后面走的。此时，我们家人总会在门口翘首等候，并为他们鼓掌、倒水。"[1] 对于无权无势、缺乏技能的底层群众，能享有此种荣誉，实属不易。受尚气观念影响，一些老人仍然奋斗在火场，至死方休。在笔者采访过程中，一位九旬的老人坦承，他坚持救火，是为了"做人做名声"。人有不同需要，由低到高分别为：生理需求、安全需求、社交需求、尊重需求、自我实现需求。所谓"名"即是一种尊重和自我实现的需求，缺乏政治资本的民众，以救火获得社会认同，获得心理慰藉。

其二，等级对立现象较少。救火会内部有等级高低之分，但上下矛盾并不尖锐，笔者在档案中未见到任何关于火会领导飞扬跋扈、奴役下属的不良记载。而爱惜部下事情却见几例。如上述陈谦祥，有一次发生大火，"正在卧床休养的他听到外面的火警锣声，便马上从床上蹦起来，奔赴火场前线。他知道深入大火中心很危险，本来在汽龙车上指挥的他跳下车，拉住准备去救火的几个援丁说：你们还年轻，家里老老小小还倚仗着你

---

[1] 陈妤其：《我的外公是救火老人》，《档案春秋》2010 年第 6 期，第 54~55 页。

们，我已成家多年，子女也都大了，让我去！说着，他冲进了火场。有时
救火结束后，他会邀请弟兄来家里吃饭，作为犒劳，并且交流总结救火经
验"。当家中经济困难，妻子抱怨无处借米，难以请客时，陈谦祥大怒掀
桌，说："那你让我这帮出生入死的兄弟吃什么！我保不了他们的安全，
我还不能让他们吃饱吗？连这点我都做不到，那算是兄弟吗！"① 救火是集
体行动，要求同心协力，方有效果，上级若想树立威信，不仅仅要精通技
能，更要在感情上亲近下属，通过人情、面子等本土化资源，方能建立非
正式权力，做到有令必行，而火场的共同经验，更密切彼此感情，故关系
融洽。

其三，内部福利机构的设立。多数会员家境贫寒，其病故后，家属无
依，处境更为艰难。为此，1936 年，徐建禧等人发起"临警员丁互善会"。
会员离世后，由火联会先发给家属互助金一百元，另向每名会员征收一角
归垫。从 1936 年至 1942 年春间，共发出互助金三万余元。因物价暴涨，
互助金涨至二千元，征收金额亦涨至一元。后又改发实物，发给棺木一
具、白米一石、龙头布二匹。互善会属于民间互助组织，能为会员提供风
险保障，因此收效良好，吸引众多救火会会员加入，至 1942 年 11 月底，
共达二千九百余人。

其四，对牺牲会员的抚恤。在火场上，救火会队员常遭遇不测，尤
其以 1928 年 "5·12" 火灾最为惨烈，共有 7 名临警员丁殒命，救火会
联合会立即 "具衣棺收殓"。派遣人员慰问家属，会同公安局办理善后，
举行追悼会，所需费用 "由政府补助半数，其余由各救火会摊派"，并
在西湖附近建筑公墓，安葬之日，全市各机关社团均派人送丧。除寄慰
亡者外，会长王纲还发起劝募，抚恤家属，"各给恤金伍佰元，无子嗣
者，另给螟蛉费二百元，陈连俤之母给以赡养费二百元"。② 而当时救火
会坐办全年薪水只有 "420 元"，③ 抚恤金可谓优厚，有力的措施，"使死
生均得安慰"。

---

① 陈好其：《我的外公是救火老人》，《档案春秋》2010 年第 6 期，第 54~55 页。
② 福州救火联合会：《创始历略报告书》，1945 年 10 月，福建省档案馆馆藏民国档案：2-
8-104。
③ 参见《福州榕南救火会征信录》（丁卯、戊辰、己巳、庚午年），福建省图书馆特藏部铅
印本，第 28 页。

良性的人际网络，使救火会对底层群众颇具吸引力，通过入会，他们能以灭火行动赢得尊重与认可，融入社区之中，形成独有的人际圈，释放社交需求，愉悦精神，得到精英们"家长式"的保护与关怀，更能获得经济帮助，纾解身后之忧。此类便利，使缺乏文化资本与权力资本的普通会员地位有所提升，释放助人与交往情感，渡过难关。除此之外，他们还能豁免兵役，所以对入会颇为乐衷。

对于精英们入会，新中国成立之后，某些文章多以政治化术语评价，诸如"企图压迫人民""不劳而获"等，尤其是政治精英更被妖魔化，被冠以"罪大恶极"头衔，如王调勋、陈春弗、江秀清等人。然而即便是被排挤的徐建禧，在 1956 年所写文章中，只是倾诉军特如何把持会务，没有任何关于其贪污腐化、欺压会员的指控。据陈鸿铿回忆，"反面人物"陈春弗对徐建禧所受不公，颇为不平，拍案怒骂，极具正气，不应视为"冷酷无情"的人物。

抛弃政治成见，以人文情感看待精英入会，更似明清士绅们对地方责任之承担。通过组织救火会，他们能够维护城市的秩序，应对各种灾害，不仅保障地方百姓的安全，更能保护切身的利益。在日常活动中，他们也行善颇多，如江秀清族孙至今仍感激其周济。异籍商业精英们也能通过参与救火会，消除地域之见，更好融入社区之中，树立诚信品牌，开展商业活动。政治精英入会，亦能延续个人权威，掌控更多的资源，扩大影响力。对于临警员而言，他们地位不高，但通过灭火，能提升威信，释放掌控欲。如陈谦祥虽为富商子弟，但家境没落，只是小店业主，难以在政府部门发展，但通过救火行动，树立领导人形象，指挥援丁，救乡人于水火，此种领导感、成就感，非金钱所能换取，故乐衷救火事业数十年。

第二节　非营利的资金自筹机制

民间组织的性质，体现在其经费收支上，若经费难以自筹，依赖政府拨款，则缺乏独立性，若以赢利为目的，则不能视为公益团体。为能辨析救火会的性质，拟从其经费来源、支出两方面加以分析。

一　独立自筹的经费来源

作为民间团体，福州救火会每年均详细记载经费收支，制成征信录，对外发布，以取信于民，免遭非议。迄至今日，只有数册存世，本书将利用此类资料，考察救火会经费收支。总体而言，救火会经费主要来源于四个方面：常费、私人捐赠、特别捐与抽捐、政府补助金。兹分别论述。

1. 常费

常费即向辖区内商铺住户抽租，此项是救火会的最主要收入。常费在民国之前就已实行，如1909年，闽南救火会向华通保险公司等企业和个人征收常月捐，金额从0.2元到40元不等，极不规范，不仅未按月征收，且较为随意，有的人只缴纳一个月，而许多企业缴纳八个月。① 此时各会彼此独立，所抽租金差异较大。1927年，经火联会议决，制定全市统一的征收标准："抽收各铺户全年一个月之五成租金，内以四成，作为当地各救火会救火经费，一成拨充本会经费。"但遭到商户的抵制，"几经劝导，乃于民国十八年方始征收"。②

救火会毕竟"系慈善团体"，对铺户只能"劝导"而不能强制，不能"按照官抽房铺捐如数收足"，经常有商户赖着不交，所收金额远低于预期，如火联会"民国十年至廿九年所抽租金，每年均在三千零元"，与应收金额差距甚大。面对抗租，火会常向政府求助，并获得支持，福州市府曾经多次通告商户，必须及时向火会交租，并派警员协助，但效果不佳。

救火会历年资料多毁于烽火，目前只能了解到1942~1944年的收租情况（见表3-3），该表验证各会因辖区差异而致实力悬殊，如双杭会所收租金达2900元，而钟玉会为75元，只有前者四十分之一。收租情况也不稳定。1942年，火联会为3169元，1943年为80000余元，1944年只有13300元。抗战胜利后，由于物价飞涨，收租困难，如1947年，火联会每月开销达500余万元，全年共需6000余万元，而1946年，全年抽租只有

① 《闽南救火会报告书》（1909年），福建省图书馆特藏部铅印本。
② 此处根据《创始历略报告书》记载，但按《救火会联合会章程》，火会所收纳租金为五成，两者差异，应是制度与实践的差别，或许期间曾经下调。

200 万元，不及所需零头。①

表 3-3 福州市救火联合会征收各员会租金比较

会别	租额	会别	租额
榕西救火会（鼓楼分局）		芝西救火会（鼓楼分局）	
榕北救火会（鼓楼分局）		榕南救火会（大根区分局）	30
钟玉救火会（大根区分局）	15	东井津救火会（大根区分局）	
鼓泰救火会（鼓楼分局）	140	仓育车救火会（大根区分局）	135
斗南洗马茶亭救火会（小桥区分局）	60	醴泉救火会（小桥区分局）	
独山救火会（小桥区分局）	50	达道救火会（小桥区分局）	70
纸帮救火会（小桥区分局）		双杭救火会（小桥区分局）	580
横山（铺前）救火会（小桥区分局）	15	油帮救火会（小桥区分局）	
龙潭救火会（小桥区分局）	200	龙台救火会（小桥区分局）	80
沙合中惠救火会（小桥区分局）	50	银湘救火会（小桥区分局）	
义洲救火会（小桥区分局）		帮洲救火会（小桥区分局）	
嘉崇（八铺）救火会（小桥区分局）	30	竹林救火会（小桥区分局）	60
安乐救火会（台江区分局）		沧洲救火会（台江区分局）	385(中亭附内)
瀛洲救火会（台江区分局）	60	胜兴救火会（台江区分局）	40
苍霞救火会（台江区分局）	50	路通救火会（台江区分局）	20
万寿救火会（台江区分局）	650	琼水救火会（台江区分局）	25
闽南救火会（仓山区分局）	190	上渡救火会（仓山区分局）	20
冯泛高救火会（仓山区分局）	150	藤山救火会（仓山区分局）	50
后屿救火会（闽侯县第二区）		布帮救火会（1944 年有）	
锡铸救火会（1944 年有）			

本年系民 1942 年征收各会员会租金之比较，每单位表示国币 5 元，统计征收国币 3160 元，至 1943 年共抽租金国币 8 万余元，1944 年只抽 1 万元，该两年征收细数，因 1944 年 10 月间，福州重陷时，本会文卷簿据全部遗失，无从详列，附此声明。(1945 年 10 月制)

资料来源：福州救火联合会《创始历略报告书》，1945 年 10 月，福建省档案馆藏档案：2-8-104。

2. 私人捐赠

救火会发展初期，资金主要来源于捐赠，1927 年之后，可向辖区内铺

---

① 《市府关于救火联合会请拨助大庙山瞭望楼经费的代电》，福州市档案馆藏档案：901-4-1106，1948 年 1 月。

户抽收租金，若是资金不足，所需款项"均系各理监事募集垫应"。1947年，因物价飞涨，互善会经费困难，王调勋倡议火联会常务理事捐赠，并认捐 1 万元，陈鸿铿认 9000 元，张季珊认 5000 元，其他常务理事亦都响应。一些救火会甚至完全以会员捐助为经济来源，如仓育车会"成立以来，垂二十载，端赖当地热忱志士自解腰缠支持，至今无发散一簿一函，向外捐题，即区域内店屋，亦久无抽收租金分文，以为会用"。① 为鼓励会员踊跃捐献，火会还制定相应措施："本会会员有赞助本会经费五百元以上者，得由本会呈请民政厅奖励之。一千元以上者，得由本会呈请省政府奖励之。二千元以上者，即呈请中央政府奖励外，并由本会奖送匾额一方。"② 调动会员捐赠的积极性。

理监事有"募集垫应"之责，不仅要有声望，还要有财力，才能胜任其职。地处贫瘠地段救火会的理事长常因财力不足，难以垫补资金漏洞，主动辞职，如上述醴泉会，所以商界人士凭借财力，在救火会中始终占据优势。由此看来，救火会内部形成的金字塔等级结构，并非阶级对立的结果，而是资源优化配置所致，会员依据资源禀赋不同，各司其职，发挥应有的作用。

由于地方精英多成为救火会理监事，而其余市民或财力不济，或漠然待之，所以救火会较少对外募捐，志愿性捐助较少。1947 年，钟玉会声称："年来设备均由会内人员自行捐助，从未向外募筹。"③ 出于乡梓情怀，一些旅居外地的福州人会主动提供资助，如火联会筹建吉祥山会所，香港同乡会即赠送广播机件一套，上海同乡会也有捐赠之意，后因王调勋不愿乞情而作罢。1947 年，物价飞涨，商人纷纷破产，救火会只好四处求助，档案相关记载颇多，如钟玉会会长田珍莹亲自到福建省银行总行"面述经费困难情形，请量予捐助"，④ 获捐 10 万元。

3. 特别捐与抽捐

如果遇到突发事件，所需款项不在预算之列，经理事会议决，救火会

---

① 《市府关于各救火会请求拨配救火车及消防器材的呈文、代电、指令及 1945 年度 7～11 月火灾损失情况调查表》，福州市档案馆藏档案：901-7-414，1947 年 3 月 20 日。

② 《福州救火联合会章程》，福建省档案馆馆藏档案：36-5-410，1931 年 1 月。

③ 《准本市钟玉救火会函请捐助经费等由请核示由》，福建省档案馆馆藏档案：24-6-682，1946 年 12 月。

④ 《福建省银行关于捐助多项经费给董事会的公函》，1947 年 2 月，福建省档案馆馆藏民国档案：4-6-682。

可以向会员及商铺募特别捐。它是一种临时性捐款，具有不确定性，能否成功，取决于救火会的影响力。如表 3-4 所示，安澜公帮①、信远堂煤油公司、赛记煤油公帮所缴特别捐最多，远高于其他商铺，此三家均属易燃行业，是否因此，抑或下属铺号众多，而向其征收重捐，有待更多材料验证。值得注意的是，该会所募特别捐与常月捐对象没有重合，可能是依据行业性质的差别而分别对待，如常月捐名单多为米行、钱庄等不容易发生火灾行业。而特别捐则多为铁铺、茶栈等易燃商铺。

表 3-4　1909 年闽南救火会特别捐

单位：元

商铺	金额	商铺	金额	商铺	金额	商铺	金额
安澜公帮	150	许襄侯	3	和盛饼店	3	仁记皮厂	2
春记茶行	30	许绍祺	3	宝兴茶栈	2	天益铁铺	2
说报社	5	林源有	3	宝善堂	4	信远堂煤油公司 17 家铺号	100
新华公司	3	泰隆鼎炉	2	杨贻灿	15		
赛记煤油公帮 10 家铺号	100						

资料来源：《闽南救火会征信录》，1909 年，福建省图书馆特藏库铅印本。

抽捐是根据商铺营业额而按一定比例抽取的租金。只见之于一些救火会的早期记录，火联会成立之后，即不见记载，有可能被纳入常捐之中。1909 年，闽南救火会抽捐对象只有两家，一为赛记煤油公帮，3 月至 12 月共售油 89109 连，抽捐 178218 元。二为信远堂煤油公司，3 月至 12 月共售油 79680 连，抽捐 15936 元。与前项特别捐合计，两家煤油公司共收捐537578 元，而该年火会全部收入为 1040128 元。

煤油公司愿意向救火会缴纳双重捐，且无拖欠记录，与集体心态有关。火灾频发，民众闻火色变，对周边易燃店铺敏感，多次恳请政府迁出木板厂，以免火灾，可见此类行业与社区关系之紧张。② 煤油公司更属危险至极，一旦失慎，瞬间将社区吞噬，损失惨重，此类悲剧已多次在福州上演。向火会缴纳重捐，可缓解居民的敌对情绪，避免遭遇不测。

---

① 安澜公帮由浙江商人组建，专营木材生意，有庄十余家，在仓前山设有安澜会馆。
② 注：现存档案资料中，有多宗此类民事诉状。

4. 政府补助金

早在 20 世纪 30 年代，火联会即将"政府补助金"列入会费来源，但此时每年资金缺口约为 2000 元，经过理监事补垫，尚可维持，故在史料中未见记载。抗战爆发后，业务剧增，火会经费紧张，徐建禧遂与陈鸿铿、陈公珪等人联名，向福州市临时参议会呈文，声称："所入甚微，而支出浩大，年来百物涨价，生活提高，经费不敷，诸难进行，值兹抗战期间，防空消防最关紧要，函应予以补助，俾全火政。"① 经议决，参议会转请"政府对于救火团体尽量扶植"，火联会才从市政处获得补助，但每月只有400 元，相较于每年 24 万元支出，实属杯水车薪。

抗战胜利后，消防器械多遭损坏，资金缺口不断扩大，救火会运转更为困难。恰值行闽总处发放救济物资，办理善后事宜，仓育车、榕北、茶亭等 20 家救火会乘机呈函，沥陈功绩与困难情形，恳请发放帮浦等设备，均不见下文。火联会请求向会员发放生活物资，仅临警员获批，最终拨发布料 20000 尺及少量缝衣针。1947 年 9 月，火联会再次呈函市长，声称大庙山瞭望楼"班长守望辛饷及油烛杂费，按照现时支给，数目每月计需二百余万元，本会向乏基金，经费异常困难，入不敷出，维持乏术"，请求"按月拨助国币一百二十万元"。市政府经调查"属实"，并经刘建绪（时任福建省政府主席）批准，"姑准一次拨助国币三百万元，后不援以为例支付"，极为勉强。②

5. 演戏收入

民国时期，福州民众喜欢听戏，乐团收入颇丰。救火联合会遂下设"音乐部"，除演出外，还"供给市民丧葬雇用"，扩大财源，被讥讽为"京鼓匠"，③ 遭到各界批评，只好解散。抗战胜利后，经费困窘，为避免会务停顿，徐建禧呈函给黄曾樾（时任福州市政筹备处处长），恳请"党

---

① 《市政处关于社会团体人员要求发给证明书、通行证、申请入会及闽侯律师公会规则、暨扶植救火团体决议案等的呈文、指令、公函》，1943 年 12 月至 1944 年 7 月，福州市档案馆馆藏民国档案：901-3-81。
② 《呈为本会领导全市救火会办理消防，责任綦重，经费困难，请准按月补助二百万元，以资维持由》，《市府关于救火联合会请拨助大庙山瞭望楼经费的代电》，福州市档案馆馆藏档案：901-4-1106，1947 年 7 月。
③ 《火联会兼任京鼓匠》，《华报》1931 年 5 月 12 日，第 2 版。

政机关准予每月演剧两次，将剩余款项拨作本会按月经费"，① 以维持会务。此函递交后，戏剧管理委员会以"福州经费不敷，机关甚多，若准救火会演剧，难免其他机关效尤"为由，② 予以拒绝。次年 6 月，芝西会会长欧立人向严灵峰（时任福州市市长）再次上呈："为购置汽龙，添设器械，拟定演剧筹募基金，加强消防力量，推进救火事业，祗候示遵由。"并在函内注明："拟演剧两天（日期地点另呈核备），采取劝募性质，金额为三千万元，分配辖内商户及社会热心人士，绝无摊派举动及假籍名义敛财行为，事属公益事业。"严灵峰很快回复："所请应予函准，惟演剧筹募基金，应依照统一捐募运动办法办理。"③ 同属演戏筹资，政府态度迥异，除欧立人强调"采取劝募性质""事属公益事业"外，还与其背景有关。④演剧禁令放开后，火联会乐衷此道，引起周边社区的不满。1948 年 2月省立医院（与吉祥山火联会会所毗连）向省政府控诉："近闻该救火联合会即将经常演戏，至时锣鼓喧闹，管弦嘈杂，实与学生授课及病人疗养，殊有妨害，理合呈请察核，饬令该救火联合会停止演戏。"王调勋否认此事，主要是未经批准，只好掩饰，如此看来，演戏是火联会重要收入来源。

此外，火联会曾向福建省银行贷款，并非作为融资手段。1947 年 10月，该行总经理杨永修向董事会递交《关于福州救火联合会向本行借款给董事会的公函》，其内容为："函送福州救火联合会贴现贰千伍佰万元，契

---

① 《呈为本会领导全市救火会办理消防，责任綦重，经费困难，请准按月补助二百万元，以资维持由》，《市府关于救火联合会请拨助大庙山瞭望楼经费的代电》，福州市档案馆馆藏档案：901-4-1106。《火联会兼任京鼓匠》，《华报》1931 年 5 月 12 日，第 2 版。《市政处关于各救火会理监事改选，宣誓就职，举行互选及有关经费问题的指令、呈文》，福州市档案馆馆藏档案：921-3-304，1945 年 9 月。
② 《市政处关于各救火会理监事改选，宣誓就职，举行互选及有关经费问题的指令、呈文》，福州市档案馆馆藏档案：921-3-304，1945 年 9 月。
③ 《市府关于市芝西救火会呈报募款购置救火器械等问题的指令》，1947 年 4 月，福州市档案馆馆藏民国档案：901-7-939。
④ 此时，救火会联合会会长为王调勋，王是军统福州站站长，欧立人亦属军统，与王应关系密切。王调勋莅任后，为完善火政，曾令芝西等四会购买汽龙，欧的申请正是在此背景下提出的。抗战胜利后，军统势力大涨，令许多地方大员颇为忌惮，严灵峰清楚王的背景，因此对其属下请求不会随便拒绝。

约副本请核备等由，准予备案，除报会外，相应函请查照为荷。"① 按照当时的购买力，2500 万元只能购砖 5 万余块，价值极低。② 该笔贷款属于"贴现"，即火联合以贴息方式，向银行转让手中票据，换取贷款。按规定，火联会资金须存在银行，持有票据不足为奇，为何要贴息转让？查相关材料，1947 年 9 月，福州物价指数为 4903200，10 月为 7207250，12 月为 11631976。③ 通货膨胀严重，火联会只好提前兑现票据，以减少损失。

总之，救火会基本由民间自筹经费，政府拨款几可不计，其筹资渠道有制度化的趋向。清末民初，救火会经费多由附近商铺捐赠，个人捐款占一定比重，并有特别捐这种临时性收入。至 30 年代，辖区划定后，救火会收入稳定，房捐成为主要的来源，个人捐赠比重下降，特别捐较少。抗战胜利后，商景凋敝，通货膨胀，救火会收入锐减，只好多渠道筹资，或开堂唱戏、或主动募捐，寻求以信贷方式保值，个人捐赠比例也有所提高，勉强维持会务。

二 业务为主的经费支出

如上所述，救火会收入较少，以有限经费，却能维系机体运转，是否有盈利行为，有必要加以考察。由于火联会与各火会支出差别甚大，故分别论述。

火联会日常支出主要包括四个方面：办事人员及联合会看守人员生活费、电话费、添置及修缮费用、纸张笔墨印刷费用。④ 如表 3-5 所示，人力资源成本在火会日常经费中占较大比重，约 76.15%，而其他支出多为日常办公费用。火联会仅有专职人员 12 人，以全市商铺月租收入一成，并有理监事捐款，维持基本运作，理应绰绰有余，但火联会却时常经费困

---

① 《福建省银行关于福州救火联合会向本行借款给董事会的公函》，1947 年 10 月，福建省档案馆馆藏档案：24-6-1057。
② 参见《民国 36 年（1947 年）福州、厦门市场红砖零售价格表》，《福建省物价志》，中国社会科学出版社，2009，第 757 页，表 2-23-3。
③ 《民国 36 年 1 月至 37 年 8 月（1947 年 1 月至 1948 年 8 月）福州、厦门月份零售物价指数表》，《福建省物价志》，中国社会科学出版社，2009，表 1-1-11。
④ 福州救火联合会：《创始历略报告书》，1945 年 10 月，福建省档案馆馆藏民国档案：2-8-104。

窘，甚至几近停顿，反映收租困难，理监事支持有限，虽作为全市救火会的领导机构，自身实力较弱。除日常支出外，火联会还有一些支出，如修建大庙山瞭望楼、吉祥山会所等，但此类业务性活动极少，火联会多从事行政性事务，如公文撰写、会议召开等。

表 3-5　1945 年救火联合会经费支出

单位：元

项目	月支数目	年支数目	备考
第一项薪俸			
第一目秘书	5000	60000	秘书 2 人内月支出 3000 元者 1 人，2000 元者 1 人
第二目文书	2000	24000	文书 1 人，月支出 2000 元
第三目征收员	9000	108000	征收员 3 人，月各支 3000 元
第二项工饷			
第一目守望警	6800	81600	守望警 4 人，月各支 1700 元
第二目勤务	2000	24000	勤务 2 人，月各支 1000 元
第三项办公费			
第一目电话	2900	34800	办事处警钟楼电话 2 架，每架 1450 元
第二目笔墨纸张	2000	24000	笔墨纸张月约 2000 元
第三目印刷	2000	24000	油印铅印等月约支 2000 元
第四目临时费	3000	36000	临时费月约支 3000 元
第四项杂耗			
第一目电光材料	500	6000	电光材料月约支 500 元
第二目饭食	10000	120000	秘书文书勤务 4 人，月约支 1 万元
第三目杂支	500	60000	开会茶烟等月约支 500 元
合计	45700	548400	

附记：本会支出经费，除每年收入抽收各铺户些微租金外，不敷之数，均系各救火会理监事、临警员共同捐募，应用合并声明

资料来源：福州救火联合会《创始历略报告书》，1945 年 10 月，福建省档案馆馆藏档案：2-8-104。

相较火联会，各救火会经费支出复杂，业务性支出较多。如表 3-6 所示，闽南救火会支出约为 9 项，辛束与太平饷为人力费用，计 524 元，局

费为行政费用，仅 56.107 元，救援费、修理费、添置费为业务费用，计
345.528 元。此后数十年，救火会的开支变化不大。如《创始历略报告书》
将各类费用分为 7 类：火警出勤费用、添置及修缮救火用具、汽油及汽车
司机生活费、办事人员费用、电话费、年末慰劳费用。[1]

表 3-6　1909 年闽南救火会业务支出

序号	支出项目	金额（元）	约占支出比（%）
1	辛束（驻办、局丁、帮办）	208	16.4
2	太平饷（援丁）	316	25.0
3	局费	56.107	4.4
4	救援费	212.06	16.7
5	修理费	25.62	2.1
6	添置费	107.848	8.5
7	题捐费	54.64	4.3
8	特别耗	61.136	4.8
9	交涉费	224.945	17.8
共计		1266.356	100

注：报告册共计为 1373.481 元，但 9 项相加为 1266.356 元。
资料来源：《闽南救火会征信录》，1909 年，福建省图书馆特藏库铅印本。

太平饷为支付援丁费用，在史料中，多次提及"临警、援丁均属义务
职，不领报酬"，但实际并非如此，如表 3-7 所示，闽南会援丁每月领取
太平饷，数目固定，与薪水类似。12 月，该项支出翻倍，颇有年终奖励之
意味。这与木帮彬社年终每人"得肉二十斤，得钱八千文"相似。可见，
早期援丁并非义务职，而是领取薪水的固定人员。即使到 20 世纪 30 年代，
太平饷仍然存在，但改为年饷，依据行政级别发放，队长 15 元、副队长
12 元、援丁 8 元。合计 390 元 860 文，约占总支出的 36.27%，为救火会
最主要开支项目。[2] 按当时购买力，毛巾每条约为 0.12 元，8 元可买 60 余
条，对于贫寒之家是不菲收入。

---

① 福州救火联合会：《创始历略报告书》，1945 年 10 月，福建省档案馆馆藏民国档案：2-
　8-104。
② 《福州榕南救火会征信录》（丁卯、戊辰、已巳、庚午年），福建省图书馆特藏部铅印本，
　第 11 页。

表 3-7　1909 年闽南救火会太平饷（援丁）

月　份	元	角	月份	元	角
元	25	6	七	26	6
二	25	2	八	26	6
闰	25	6	九	16	6
三	25	6	十	16	6
四	25	6	十一	16	6
五	26	6	十二	33	2
六	25	6			

共结 309 元+7 元＝316 元

资料来源：《闽南救火会报告书》（己酉年），福建省图书馆特藏部铅印本。

　　救援费用为火会的重要支出。火灾发生后，火会将根据援丁到场情况及挑水次数发放，各次火灾救援费不同，1909 年 4 月 1 日，城内失火，救援费用为 5.7 元，而 4 月 6 日，崎下失火，救援费为 17.9 元。[1] 在该报告册记载的 15 次火灾中，救援费用标准差为 8.51，显示各次火灾到场人数和救援力度差异甚大。除此之外，救援费还包括其他相关费用，如船资[2]、茶点费、医疗费、锣警费等，通常 1 元左右。至二三十年代，随着救火会组织水平的提高，会员多能赶赴火场，因此每场火灾的救援费用差异不大，如 1927 年 9 月至 1928 年 5 月，榕南会共救火 17 场，有 11 场救援费在 10~13 元，标准差为 3.48。[3] 较 20 年前显著提升，仍有部分会员未赴火场。救援费用约占榕南会 14.9%，为第二大项支出。

　　添置费为购置消防器械费用，救火会大都备有水桶、梯架、斧锯、人力龙，并定期维修，此类开支不多，如闽南会（1909 年）两项开支（添置费与修理费）占总支出 10.5%。而榕南会从 1927 年至 1928 年，基本未增添设备，直至 1930 年，才列有"置费项"，金额为 88 元，修理费为 33 元，两项合计，约占全年总支出的 6.1%。比例之低，反映救火会财力不

----

① 《闽南救火会报告书》（己酉年），福建省图书馆特藏部铅印本。
② 闽南救火会地处仓山，当台江发生大火，则须支付船资，渡江灭火。
③ 《福州榕南救火会征信录》（丁卯、戊辰、己巳、庚午年），福建省图书馆特藏部铅印本，第 12 页。

足，难以采购先进的消防器械，只能使用绳索、斧头等简陋消防器材。根据 1946 年 4 月物价，上海亨大公司太平斧每把 2.2 万元、五号帮浦救火机每部 650 万元。① 即使地处繁华的火会也无力购买，多为会长捐赠，如冯泛高火会最早添置帮浦车，为会长沈幼兰将自己的商用吉普车捐出，改装而成。汽龙添置后，维修费用、汽油费与司机薪水亦开支不菲，非富会难以承担。

交际费用为社会交往费用。为推进火政，救火会需要与各界搭建关系，如会长常设宴款待富人，密切感情，便于题捐。此外，在救火会征信录的交际费项下，常有"送杨署员堂庆一元"、"路祭林杨二座一元五百七"②、"请陈巡官临江楼用二元八百八十"及"送冯泛高成立会八百"等记载。杨署长、陈巡官均为手握实权的官员，救火会通过宴请、红白喜事等方式，构建彼此信任的网络，积累重要的社会资本。与此同时，救火会领导若逢人生大事，救火会也以"会"的名义赠送礼物，金额不多，或蚊帐被褥、或礼金数元，以扩大声势，彰显势力。交际费在总支出中所占比例较少，榕南救火会（1929 年）仅占 1.64%，尚不及救援费零头。

行政费用。该项支出包括两项，其一，行政人员薪水。救火会中设"坐办""征收员""会丁"等办事人员，人数不多，领取薪水，属有偿劳动。其二，办公费用。处理会务需要有相应的开销，如烟酒费、车马费、印刷费及租借办公桌椅、订阅报纸等。两项开支不菲，以榕南救火会（1930 年）为例，该会"坐办薪水 360 元、年敬 30；赵征收薪水五月至一月 108 元、会丁依五工食 144 元、年赏 7.2 元"，共 649.2 元。而办公费用 295.721 元（见表 3-8），两项合计 944.921 元，行政费用占总支出的47.7%。③ 而 1909 年闽南会该项开支占总支出的 20.8%。两者比较，行政费用呈激增趋势，主要是随着组织化水平的提升，救火会领导需要时常聚议，撰写公文，并雇用专职人员征收租金，导致此方面开支大增。

---

① 《市府关于警察局消防费用》，福州市档案馆藏档案：901-4-536，1946 年 5 月。
② 《福州榕南救火会征信录》（丁卯、戊辰、己巳、庚午年），福建省图书馆特藏部铅印本，第 15 页。
③ 《福州榕南救火会征信录》（丁卯、戊辰、己巳、庚午年），福建省图书馆特藏部铅印本，第 74 页。

表 3-8 1930 年榕南救火会办公费用

项目	金额
选举职员用费	40.204 元
纸张笔墨项下	32.148 元
印刷费项下	31.000 元
茶烟柴钱项	13.524 元
开会车费项下	14.012 元
电灯材料费项下	17.060 元
杂耗项下	30.707 元
联欢会贴耗项下	53.972 元
杂项开支项下	63.094 元
合计	295.721 元

资料来源:《福州榕南救火会征信录》(丁卯、戊辰、己巳、庚午年),福建省图书馆特藏部铅印本,第 12 页。

值得注意的是,救火会施善与敬神的开支较少,在《榕南救火会征信录》中只发现两条,分别为"马江施粥十二月 0.948 元"与"谢冬上座贴耗 10 元、请客贴份 21 元",在总费用中微乎其微。其他民间活动未见记载,似乎与其"功能丰富"的自治组织角色不符,这主要是由于筹资渠道的不同。神事与乡间活动,由神庙提供经费,救火会只是出力,慈善活动亦是如此,经费通常由商人赞助,开支另列,因此在《征信录》中未有体现。

比较闽南会(1909 年)与榕南会(1928 年),可见两者支出结构相似,二十年间变化较大,援丁费、行政费、救援费为主要开支,而设备费与交际费开支不多。这颇能体现福州救火会"重视群众参与"的理念,交际费用较少,说明行政效率较高,较少挥霍行为。当然,历经二十年发展,榕南会较之闽南会进步较大,除强化组织建设外,还与各界有更多的交往,扩大社会基础,成为颇具规模的实体单位,这也使救火会会议频频,行政支出大增,有机关化趋向。

资金匮乏、入不敷出始终是困扰火会的瓶颈,如 1909 年闽南会,开销多属必要,收支相抵,短欠 348.853 元,全部由会长林雨时补垫。榕南救火会在 1927~1930 年,每年透用金额分别为 319.18 元、361.82 元、608.5

元、442.45 元，① 连续 4 年亏空，只有 1930 年，收略大于支。抗战八年，"民生凋敝，商景萧条，募款不易，益以物价暴涨，汇率增高"，许多火会难以筹款，陷入困境，不仅穷会会长纷纷辞职，即便茶亭、冯泛高等实力较强的火会，也难以修复破损设备。

总之，救火会筹资渠道单一，基本依赖抽租、捐献，较少置办产业、开展多形式经营，导致收不抵支。战前，依靠商界之力，救火会尚能维持。战时，商人自顾不暇，救火会只好向政府求援，所得甚微。战后，商界衰败不堪、物价飞涨，救火会更为窘迫，只好四处乞援。

救火会为何不借鉴传统善会善堂的经验，"置产生息"，或者效仿公益机构，投资实业、广开财源？这或许是因为救火会缺乏专职经营人员。理监事多是社会名流，或家业庞大，忙于经营，或混迹政坛，身兼数职，难以关注会务。按照规章，理监事每月应开会一次，但缺席者甚多，以致王调勋上任后，向各理监事声明："要我来干，我就要实干，在座各位不能像过去那样，挂一个名，连开会都不来。今后要有会必到，有议必行。"② 各会情况也是如此，1946 年 5 月，福州市警察局下令填送地方消防组织报告表，派员奔赴各会分发，但"各救火会多无负责人常日驻会，曾经前往，屡访不语，无从接洽查询"。③ 其管理松懈可见一斑。救火会若投资实业、购置地产，管理乏人，传统慈善机构多由士绅主持，他们专任其职，故能开展多种经营。

第三节　自主管理的组织机制

一个组织的独立性，体现在能否自主管理，自主决策。行政体系良好，方能长久运行，否则将陷入瘫痪，故须对救火会组织运作加以剖析。

---

① 每年透支金额，含上年度赤字，如 1928 年实际透支额为 42.64 元，但包含上年度赤字 319.18 元，所以登记金额为 361.82 元。
② 陈鸿铿：《福州救火团体的组织和活动》，《福建文史资料》第 16 辑，1987，第 109 页。
③ 《市府、市警察局、市救火联合会关于报送本市地方组织报告表及救火会章程的训令、呈文》，1946 年 3 月，福州市档案馆馆藏档案：902-6-587。

一　救火会之组织架构

民国新旧思潮迭起，社团组织形式几经变革，福州救火联合会亦不例外。1919~1926 年，该会实行会长制，由各会选举会员，再推选正副会长各一人。1927 年改为委长制，每会举送委员一人，充当执行委员，并选举委员与常务委员。后根据国民党福建省党部命令，改为理监制。对于会长制时期的救火会，由于资料不足，难以探究，而委员制时期的救火会，笔者恰好发现一份 1931 年 1 月经闽侯县党部核定。《福州救火联合会章程》和《安乐救火会章程》，或为仅存孤品。① 透过此份史料，可了解救火会的组织情况。图 3-1 为 20 世纪 40 年代的福州救火联合会。

图 3-1　20 世纪 40 年代的福州救火联合会

救火联合会在章程总纲中即言明性质："本会以统一火政，维持善举，消防火患，裨益地方为宗旨。"火联会由各分会选举两名代表组成，下设监察委员会与执行委员会。监察委员会有委员七人，执行委员会有常委十二人，主席一人。下设宣传科、总务科、财务股、警务股，后根据有关规

---

①　抗战结束后，屏南县县长因慕福州救火会之成效，决意仿效，遂向福州公安局发函，索取章程，数月后未见回音，于是再次发函，火联会数周后方才答复，告之"所有文卷均于第二次沦陷时遭焚毁，努力寻找，仅发现章程一份"。

定，又增设童子军部。各部正副主任"由常务委员中互选充任之"，各股办事员"由各部主任推举各会人员，提请常务委员会聘任之"。

根据章程，火联会应开会处理事务，代表大会"分为定期会议与临时会议二种，定期会议每年两次，三月十五日举行一次"，因紧急重大事项认为必要或经代表 1/3 以上之请求时，召集临时代表大会。执行委员会"每月开会一次"，监察委员会"每月开会一次"，常务委员会"每月开会两次，由主席召集之"，警务会议按月开一次，遇到必要时"得开执监联席会议"。

会费的决议过程，反映各个委员会的彼此联系。根据规定，救火会"一切经费预算与决算每年由执行委员会编制，经监察委员会审核公布后，再行呈报主管机关备案"。事务费"每月由常务委员会决算，报告执行委员会，并送交监事会审核后公布之"。而对预算书修改"应由会员大会或理事会决定之"。监察委员会审查范围以不超出预算为度。该章程明确主席职权范围。(1) 会议召集人。召集常务委员会、执行委员会并任主席。(2) 事务监督人。督促常务委员会、执行委员会各部主任股员及事务员办理事务。(3) 经费负责人。凡是经费出入均由其负责，收支各款"须经主席签名盖章方为有效"。上述规定，体现权力制衡关系，能有效防止专制与贪腐。

1937 年 8 月，在国民党福建省党部的指导下，救火联合会修改章程，组织形式改为理监制，由各火会举送 2 人为代表，共计 74 人，从中选出 37 人（每会一人），组成理事会。尚余 37 人，选出监事 15 人、候补理事 9 人、候补监事 5 人。再从全体理事中互选常务理事 23 人，常务理事中互选 1 人为理事长，全体监事中互选常务监事，其中 1 人为监事长，常务理事会分组办事，设置总务、财务、警务、社会、调查、宣传六组，每组设正副主任各一人，由常务理事互推兼任之。[①]

比较两份章程，理监制较委员制更为严密，可视为制度的完善。民国福州救火会的组织架构基本为科层制，体现分权与民主原则。执行委员会为具体事务执行机关，而监察委员会则负责纪律检查，起到牵制作用，以防止权力做大。委员通过推选产生，大小事务均经开会决定，会长虽为一会之尊，只扮演召集者、监督者、审核者角色，并无较多实权，且章程对

---

① 《本会组织概况、组织法、名单》，1950 年，福建省档案馆馆藏档案：88-4-19。

滥用职权有诸多惩罚条款，使其无空可钻。"在团体内部确立会员之间的平等性与组织体制的民主性，是新式社团的重要特征。"①

制度层面规定，往往与实际不符，《华报》曾刊登《究竟是什么委员制》一文，兹引如下："在救火会里头办理火政的人物，他们除拉着乡内稍有名望的大人先生作他的招牌，实际的 POWER 都是操在他们手里。弊援于服务的贵会，唤做沙合中惠救火会，成立时间是在民十八年秋季，职员牌上，也是写着赫赫的巨宦缙绅，他要算是救火界中，首创监察执行的制度。章程是写着委员任期一年，他的职务也是有分别规定的，但当会及执委会及成立那天起，却没有开过一次，委员任期已经世袭到几个年头，监委有时可以干执委应做的事，执委有时可以行使监委的职权，职员牌上所写的大人先生，不知道为了什么缘故，大半潜踪匿迹去了，一切会政却是荟萃在坐办员身上，这坐办却来也不拒，贸然负责，什么监察、什么执行，他们只享以'管他妈'大礼，哈哈，这究竟是什么委员制呢，的确是莫名其土地堂。"② 可见救火会的制度规定与实际运行有一定差距，民主、民选原则未能得到贯彻，监委与执委职能未能分开，精英人物多是挂名，有事到会商讨，无事忙于己业，坐办集大权于一身，为实际经办人，救火会充满了浓重的人治色彩。

即使是制度得到贯彻，也可能曲折重重，隐情颇多。根据规定，救火会会长选举须事先呈文社会处，经市长批复后，派员监督，方可进行。徐建禧辞职即完全按此进行，他事先向黄曾樾（时任福州社会处长）呈文，声称"为胃病剧烈，经常务理事会议决，准予告假，职务由常理陈春弗代理"。③ 随即得到批准，于是王调勋通过选举接任理事长，整个程序似乎无懈可击。然而据相关人士回忆，竹林会会长谢永霖出于私恨，捏造徐的罪状，四处传播，扬言报复，甚至在火联会开会时，直冲会所，徐赶紧翻越天台离开，立即写了辞呈，连同会印，托人交给火联会，以免惹祸。④ 夺权过程充斥暴力与权术。

① 方平：《晚清上海的公共领域（1895~1911）》，上海人民出版社，2007，第 180 页。
② 《究竟是什么委员制》，《华报》1931 年 4 月 26 日，第 2 版。
③ 《市政处关于本市各救火会理监事改选、请假、辞职等问题的训令、指令、呈文》，1944 年 1 月，福州市档案馆馆藏民国档案：901-3-83。
④ 陈鸿铿：《福州救火团体的组织和活动》，《福建文史资料》第 16 辑，1987，第 108 页。

救火会组织方式上的制度设计与实践层面上的差异，反映早期现代化过程中的困境。一方面，人们为追求国家复兴，积极向西方学习，引进诸多制度与理念，并运用于社团构建。另一方面，在本土文化与现实利益驱使下，人们未完全将公共利益置于首位，而且企图规避制度，谋取私利。尤其是救火会此种植根基层的社团，较之公民意识、自治理念，传统理念与行为法则更为会员所接受。除内部运行外，彼此分散的各会又联成一体，有必要分析火联会与救火会之间的关系。

二 火联会与各救火会关系

《救火联合会章程》第一条就规定"本会系福州各救火会所联合组织"。那么，火联会如何与分会互动？使全市救火会联合成有机整体，成为影响力颇具的社会群体？

如上所述，火联会成员由各救火会选派代表组成，各会选派名额均等，保证机会均等，代表集体利益。这在火联会的领导构成得到很好反映，如王纲为布帮会会长，徐建禧为双杭会会长，王调勋为藤山会会长，最后一届常务理事 11 人，均为各区救火会会长（见表 3-9），而且多是配备汽龙、会员众多的大会。

表 3-9　福州救火联合会常务理事会职员

职别	姓名	职业	备考
理事长	陈春弗	纸工商	闽南救火会会长
常务理事兼总务组主任	陈鸣铿	律师	龙潭救火会会长
常务理事兼总务组主任	田珍莹	杂货商	钟玉救火会会长
常务理事兼财务组主任	叶云绅	苏广商	嘉崇救火会会长
常务理事兼财务组主任	李少怀	国药商	独山救火会会长
常务理事兼警务组主任	蔡松龄	颜料商	达道救火会会长
常务理事兼警务组主任	陈少陵	京果商	鼓泰救火会会长
常务理事兼社会组主任	张桂丹	国药商	万寿救火会会长
常务理事兼社会组主任	林菁	三山戏院股东	冯泛高救火会会长
常务理事兼调查组主任	唐萱	国际歌场经理	苍霞救火会会长
常务理事兼宣传组主任	魏浩然	三山戏院股东	榕西救火会会长

资料来源：《本会组织概况、组织法、名单》，1950 年，福建省档案馆馆藏档案：88-4-19。

从经费来源来看，火联会对各会也多有倚靠。成立之初，办公费用均由各会按月捐助，后来虽能从铺户上抽取租金，也须各会代收，如果遇到突发事件，所需之款不在预算内，只好向各会募特别捐。除此之外，救火联合会举行各项活动，费用多由各会提供（见表3-10），所以火联会并非完全凌驾于救火会，而是深植其中，以"皮之不存，毛将焉附"形容二者之关系，或不为过。

表 3-10　1929 年榕南救火会联合会各项用费项下

项目	金额	项目	金额
救火联合会新年会份	一元三百二十	火联会授旗份	二元
授旗典礼饭钱车费	八元五百	五一二周年援丁点费	八元一百
五一二周年监督饭费	八元六百二十	五一二联合份	二元
五一二往沧洲汽车	二元	五一二马车	二元五百
维持员服装	六元五百	电镀铜帽	二元二百五十
监督帽章	一拾二元	火联会上座份	二元
火联会年捐	三十元	火联会会丁年赏	二元
各团体联席会捐	五元		
共支大洋九十四元七百九十文			

资料来源：《榕南救火会征信录》，福建省图书馆特藏部铅印本，第 49 页。

火联会反映各会的整体利益，所制定规章制度，具有公约性质，约束力较大，如章程中即规定："本会所统辖以内之救火会主席，并各职员、各会员、各雇员丁等，均当遵守本会章程及一切议决案，如有不守德义、破坏风纪、推翻议案、违反章程、摧残公益、妨害火政、越轨行为，搞乱社会者，经本会调查的确，充分证据，应分别惩戒，或请官厅严重处分之。"[1] 此种上下级彼此制衡、互相监督的密切关系，有效遏制了各类越轨行为。

为协调各会，使各会紧密联系在一起，火联会除修建钟楼、发布火警信号外，还订定分区办法，划定各会负责及救援的区域，以避免火场秩序混乱，并将"各救火会间纠纷之调解"视为应办事务。如 1948 年 4 月 8 日晚，塔头火灾，茶亭会紧急赴救，不料被仓育车会围殴，多人重伤，火联会接到上诉后，次日下午即召开紧急会议，商讨解决办法。[2] 此外，为

---

[1] 《福州救火联合会章程》，1946 年 3 月，福建省档案馆馆藏档案：902-6-587。

[2] 《市警察局、市救火联合会关于仓育车救火会援丁林倗惠殴打临警员事件的报告、公函、批示》，1948 年 6 月，福州市档案馆馆藏民国档案：902-6-1。

避免同个地段会数过多，火联会还对新会设立加以审查，"凡新设立救火会须于分组地点之外，经审查与定章符合者，得准设立"。可见救火联合会颇具权威，不仅能有效裁决纠纷，更能决定火会的兴废。

救火会是民间团体，会员均自愿参加，成分复杂，水准不一。为此，火联会出台相关举措，统一管理，规范行为，提升业务水平，这体现在以下方面。（1）对会员统一登记。各会改选之后，所属职员、会员及援丁等均造成名册，注明年龄、职业、住址，送交火联会存查，临警员、援丁还须各自缴纳相片一张，背书姓名，一起上缴，如有变更，随时补报。（2）制定制服与标识。为避免不法分子冒充会员，趁火打劫，[①] 或者借机招摇撞骗，火联会规定，会员的服装、绶带、徽章等均按特定的图式、材料、颜色制作。各救火会之印证，由火联会一律定式刊制颁给之。（见图 3-2）（3）业务上指导。火联会规定，每会临警员额定 15 人，候补 10 人，援丁额定 80 名。并制定细则，指导临警员在火场中应如何监督指挥。定期召集各会联演，提高消防技术。

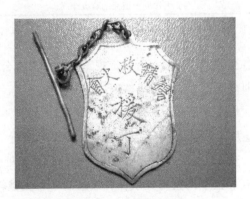

图 3-2　救火会援丁标识

火联会还成为各会与政府的沟通平台。救火是公益事业，牵涉面甚广，且地处省会，须常与省市军政部门交涉，单个救火会势力单薄，若独自诉求，官府难以甄别真伪，未必理会。火联会领导者均为社会知名人

---

① 1933 年，上杭街发生火灾，鼓泰、芝西、东井、榕南、钟育等会，路过下溪，刚好蔡姓人家出殡，加之银湘、（锡锖）等会路过，有人头戴竹矛、身穿警服，上书"钟育"，后来才知道此人是"火鹞"。《假冒援丁》，《华报》1933 年 4 月 18 日，第 2 版。

士，与官员多有交情，向上呈函，官府将予以处理，并假其手调查。因此救火会若有诉求，常先向火联会汇报，火联会审查后，再向官府呈函，而官府回复时，亦先发函给火联会，再由其转告火会。笔者所见数十份相关档案，大都如此，极少发现火会与军政部门直接交涉。而通过火联会，官府向各会迅速下达指令，实现快速动员。

火联会通过规章与标识，塑造集体意识与身份认同，使全市救火会从散漫个体成为颇具活力的整体，并不断向前发展，成为维护社会稳定的重要力量。并使各会避免误入歧途。许多老人提及救火会，仍是兴高采烈，或说自己是其中一员，或说某某会长是自家亲戚，极为自豪，毫不隐讳，可见救火会当年威望之高。

三 各救火会之间的关系

救火会无法脱离火联会而独自存在，那么各会关系又如何，竞争抑或合作？根据规定，各会应将本乡地段内绘明平面简图，报送火联会汇编。以防止为经济利益，争夺地盘。

然而，各会间并非画地为牢的关系。火灾发生，各家若只灭自家火，则难以控制火势，若一闻火警，全城数十支火会一拥而上，现场混乱可想而知。因此火联会规定各会应援范围（见表3-11），除辖区外，邻近区域发生火灾，火会也应出援，如鼓泰会辖区火灾，芝西、榕北、钟玉等会有救援之责。除此之外，火联会还将全市各会分成九组，轮流值班，遇有火警，值班组各会，均应出勤，其余各组各派一会出援，三会留防，周而复始，使各会互相支持，共御火灾。

表3-11 各救火会接近地点出勤应援

会名	出动范围
榕西救火会	义洲、帮洲、凡西禅洪山桥各乡属之
芝西救火会	鼓泰、东井津
榕北救火会	鼓泰、东井津
榕南救火会	洗马、斗南、茶亭、钟玉
钟玉救火会	鼓泰、榕南、东井津
东井津救火会	钟玉、芝西、榕北

续表

会名	出动范围
鼓泰救火会	芝西、榕北、钟玉
仓育车救火会	
斗南洗马茶亭救火会	琼水、路通、榕南
醴泉救火会	布帮、独山、沙合中惠
独山救火会	嘉崇八铺、醴泉、龙潭、双杭
达道救火会	路通、布帮、双杭、银湘、沙合中惠
纸帮救火会	嘉崇八铺、义洲
双杭救火会	沧洲、达道、万寿、安乐、布帮、龙台、独山
横山（铺前）救火会	路通、锡铸、沙合中惠、银湘
油帮救火会	龙台、独山、崇善八铺
龙潭救火会	竹林、安乐、帮洲、龙台
龙台救火会	独山、龙潭、双杭、油帮
沙合中惠救火会	万寿、沧洲、达道、双杭、横山铺前、独山、醴泉
银湘救火会	达道、横山铺前
义洲救火会	榕西、凡浦东、浦西、净土西禅坡尾长汀等乡均属之
帮洲救火会	榕西、竹林、龙潭、上渡
嘉崇（八铺）救火会	油帮、独山、纸帮
竹林救火会	龙潭、帮洲、上渡
安乐救火会	沧洲、万寿、双杭、龙潭、藤山、闽南
沧洲救火会	双杭、安乐、布帮
瀛洲救火会	路通、冯泛高
胜兴救火会	闽南、冯泛高、藤山、上渡、万寿、沧洲、瀛洲
苍霞救火会	上渡、闽南、龙潭、冯泛高
路通救火会	洗马斗南、达道、横山铺前、琼水
万寿救火会	安乐、胜兴、闽南、冯泛高、藤山
琼水救火会	路通、洗马、斗南、茶亭
闽南救火会	万寿、胜兴、苍霞、安乐
上渡救火会	竹林、苍霞
冯泛高救火会	万寿、瀛洲、胜兴、苍霞
藤山救火会	万寿、胜兴、安乐
后屿救火会	
布帮救火会（33 年有）	万寿、沧洲、双杭、达道、醴泉
锡铸救火会（33 年有）	茶亭、达道、横山铺前

资料来源：《本会组织概况、组织法、名单》，1950 年，福建省档案馆藏档案：88-4-19。

尽管制度设计较为理想，但在实际执行中，火会间仍有暴力事件发生。1948 年 4 月，塔头路火警，茶亭救火会帮浦车赶至火场，在附近桥旁抽水援救，未哑，仓育车水龙队赶到，拟横越茶会帮浦尾带，茶亭会告知"机已上水，非若水龙，不易互让，请另安置"。不料仓育车会"以人众可恃"，手执铁棒围殴，结果茶亭会数人受重伤，送到医院抢救。此类事件多次发生，虽不普遍，但极暴力。①

救火为公益事业，各救火会应互助互爱，为何如此血腥？根据火联会规定，救火人员禁止收取财物，在实际中也未发现有违规者，为经济利益争斗的可能性不大。由于资料缺乏，难以断定塔头属于哪个救火会辖区，虽然茶亭会应援范围为"琼水、路通、榕南"三处，若恰逢其值班，奔赴火场也是符合情理，且在后续报告中，未见任何关于其超越职权的指责。火联会后将仓育车新补援丁林俤惠作为元凶，送交警察局严办，但该事件显然是围殴，一个"新进援丁"不会有如此号召力。

仓育车会址为"春育亭"，与塔头同处大根区，茶亭会地处小桥区，所处区域不同，争斗或与此有关。明清时期，社、境等聚落，在迎神赛会、赛龙舟等活动中竞争激烈，以不输社区颜面。救火会与社境相似，是因救灾需要，地方乡里组织重新组合，形成具有共同特征的地缘性社会组织。② 彼此争斗亦是地方"竞胜"心理所致。火会灭火，如同社境赛会，谁能表现英勇，成效最高，则被誉为佳话，受到民众尊崇，在地域社会中享有更多支配权，所在社区亦觉光荣。若火会延误火情，表现萎靡，则将饱受诟病，失去乡民信赖，使社区蒙羞。故每逢火灾，各会会员争先向前，以不输颜面。对仓育车会而言，所处区域发生火灾，却反被其他区救火会抢先，故会员不满，不惜大打出手。

除共赴火场外，各会日常往来频繁。在《榕南救火会征信录》"交际费"条目中，有"送冯泛高成立会八百""送仓育车镜框九百""鼓泰董监督路祭一元二百"等记载，可见其与各会之关系，冯泛高会地处仓山，榕南会与之相距甚远，庆祝成立，或许是火联会要求，或许是两会领导素有交情，故有赠钱之举，但数额较少。而仓育车、鼓泰会与榕南会同属大

---

① 《市警察局、市救火联合会关于仓育车救火会援丁林俤惠殴打临警员事件的报告、公函、批示》，1948 年 6 月，福州市档案馆馆藏民国档案：902-6-1。

② 此将在后文详细论述。

根区，相距较近，常协同救火，关系密切，所以当有红白大事，互有馈赠，且金额较高。可见各会虽然在火场上、赛龙舟时竞争激烈，但日常关系融洽，不存在划地之争。

结　语

作为民间组织，救火会会员均是志愿入会，以商人居多，间有少量的知识分子与政治精英。入会主要依据所在社区，籍贯观念反在其次，通过救火行动，人们重新构建身份认同，更好融入族群之中。受人口迁徙及抓壮丁等事件影响，会员平均年龄偏大，甚至有七八十岁的老人加入，反映其公益精神深入人心，群众基础扎实。虽然会员中党团员比例较高，不能反映党政势力渗入。

救火会中内部权力结构可分为三层。理监事是领导层，多是富商，兼有少量政界人士，均属地方精英，他们为救火会出钱出力，堪称表率。临警员多为地位稍次的人士，他们带领队员灭火，指挥火场秩序，为实际指挥者。援丁在会中居于底层，他们家境贫寒，这得益于救火会内部关系和谐，且建立抚恤救助制度，并可因表现而获得相应报酬。

救火会经费基本自筹，主要通过向辖区内商铺征捐，并以个人捐赠作为补充。随着会务完善，房租征收日益制度化，但商铺拒缴、瞒缴现象严重。抗战结束后，福州商景凋敝，救火会经费几近断绝，只好广开财源，或四处募捐、或演戏筹捐，勉力维持。经费匮乏，使救火会难以更新设备，多数资金用于救援与行政办公，极少用于盈利。各会每年均制定征信录，公布收支状况，取信于民，故能为民众所信赖。

根据政府指示，救火会管理体制几经变更，形式上实行科层制，执行权与监督权分开，领导通过选举产生，颇具现代社团特征，但在实际运行中，此类规定没有完全贯彻，传统色彩仍较为浓厚。但借助祭祀网络，救火会仍具有较强的凝聚力，能快速动员，应对紧急情况。恰如普特南所言："社会资本是一种群体性资源，组织或群体中存在的网络、规范和信任等群体特征是一种宏观层次的社会资本，它们可以减少群体内的机会主义行为，促进成员为达成共同利益而合作。"①

救火联合会作为各会的领导机关，代表各会利益，其决定具有相当效力，能够纠正各会的不恰当行为，协调彼此间矛盾，并成为救火会与政府沟通的平台。各会在火场上密切协作，虽然偶有争斗，却是为了不输社区颜面，与以往赛龙舟、迎神赛会并无二致。在日常生活中，同个区域的救火会交往频繁，或馈赠礼物、或庆祝哀悼，而相距较远的救火会，关系较疏，这反映在礼金数额上。可见，救火密切社区彼此联系，提升城市凝聚力。

总之，近代福州救火会成功整合社会各阶层，实现合理分工，利用面子等本土化资源，建立良好的权力运作机制，使参与者均能受益，塑造良好的互动氛围。而救火会联合会则有效协调各会，使原本分散的个体汇集成为坚强有力的整体，各会间关系亦较为融洽，极少发生抢地盘事件。内部团结，使救火联合会能够应对危机，保障社会的稳定。从资料来看，救火会具有相当独立性，是完全的民间组织，自筹经费、自我管理、志愿参加，政府虽然力图通过指导方式，将其改组为科层制的现代社团，却收效甚微。抗战胜利后，救火会虽受到重重约束，仍然具有一定的独立性。

---

① Putnam，1993，转引自赵延东、洪岩壁《社会资本与教育获得——网络资源与社会闭合的视角》，《社会学研究》2012 年第 5 期，第 48 页。

第四章

福州救火会与都市自治

罗威廉通过对汉口的研究，指出："晚清帝国在总体上既没有能力，也不想直接控制中国社会的日常运作工程，相反，鉴于实施一系列俗世统治的需要，国家反而依赖各种各样的外在于官僚体制的社团组织。"民国时期"国家始终没有足够的物质力量去履行职责。结果在短时间里，反而为精英或地方政治权威的势力拓展了范围"。[①] 福州情况类似，救火会作为民间社团，不仅承担起都市消防之责，更积极参与各项社会事务，成为重要的基层自治组织，且在近代民族主义浪潮中，扮演重要角色。

第一节 "无所不包" ——救火会与公共事务

一 救火会与都市消防

民国时期，福州房子多为木料结构。据 1947 年的相关统计，市区人口有 8064 户，347765 口。全市屋宇共有 28887 座，洋屋占 2.3%，为 673座，墙屋占 14.5%，为 4188 座，木楼屋占 52.4%，为 15148 座，木屋占

---

① 〔美〕罗威廉：《晚清帝国的"市民社会"问题》，邓正来、〔俄〕亚历山大编《国家与市民社会——一种社会理论的研究途径》，中央编译出版社，2002，第 407 ~ 408、411 ~ 412 页。

30%，为 8664 座，茅屋占 0.7%，为 214 座。① 而且缺乏规划、街道狭窄、瓦檐相接，极为拥堵，"遇有火警，每易延烧成灾，远之如民国六年洋中亭大火，焚烧街区绵亘数里，毁屋数千栋，近之三十三年七月三日台江路火灾，延烧千余户，商业精华均成灰烬"。② 平均每年火警约在 30 次（见图 4-1）。

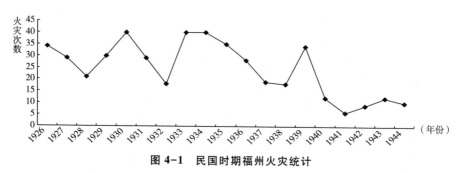

图 4-1 民国时期福州火灾统计

资料来源：《福州市防火宣传周特刊》，《市警察局关于防火宣传、检查工作的训令、呈文》，1946 年 12 月，福州市档案馆馆藏民国档案：905-6-575。

火灾频频，救火会遂承担扑灭之责，下设拆屋、水龙等队，③ 一旦火灾发生，瞭望台立即发出信号，各会即鸣锣召集队员，由临警员率领前往火场。队员或推曳笨重的铜制水龙，跑步前进，或挑着空水桶向前冲，脚踏车、机动车急忙避让，以免撞伤。④ 到达火场后，会员各司其职，"分工负责水龙拖送、抽水、拆屋、挑水、救柩、扛竹梯、执藤牌、送茶、扛街牌，用以标明本会队伍抢救所在地点，及鸣锣等专责"。⑤ 大火扑灭后，队长清点队员，胜利而归，民众夹道欢迎，报以热烈掌声。⑥

---

① 《市警察局暨各分局关于本市消防工作概况、防火宣传、检查的训令、布告、公函》，1947 年 12 月，福州市档案馆馆藏档案：902-6-468。

② 《呈为沥陈本市消防需要，帮浦汽车因历久损坏，恢复困难情形，请转函行总闽处转请救济总署拨赠救火车，以维火政由》，《市府关于各救火会请求拨配救火车及消防器材的呈文、代电、指令及 1945 年度 7~11 月火灾损失情形统计表》，1947 年 3 月 20 日，福州市档案馆馆藏民国档案：901-7-414。

③ 个别会还设置水上队、救柩队。

④ 根据 1934 年 10 月颁布的《福建省会脚踏车管理章程》，脚踏车等遇见奔赴火场之消防队及救火会，须立即避让。《福建省政府公报》第 432 期，1934 年，"法规"。

⑤ 陈鸿铿：《福州救火团体的组织和活动》，《福建文史资料》第 16 辑，1987，第 101 页。

⑥ 陈妤其：《我的外公是救火老人》，《档案春秋》2010 年第 6 期，第 54~55 页。

为防患于未然，救火会对防火尤为重视，每逢秋冬时节，各会着手办理巡防，轮流派丁巡逻，防止火鹞纵火，摇铃警告阖乡小心火烛。并修理穹墙，阻止火势蔓延。由于市政滞后，未能建立供水系统，以致火灾发生后，取水困难。救火会除敦促各户自备水櫃贮水，还请求政府创办自来水公司，获得批准。① 除此之外，救火会还协助政府，进行消防宣传，张贴标语，检查烟囱煤灶，勒令拆除违章建筑物。

救火会还承担调查火险的责任。受火灾威胁，福州商铺参投火险的意愿强烈。为此，许多上海保险公司前来福州设立办事处，开展业务，损失颇巨，仅在 1916 年洋中亭大火中，各保险公司即"合计损失一十三万余元，最多者，乃金星公司，计二万五千元"。② 一些商家故意纵火，骗取保金。1936 年，苍霞洲平安货仓着火，由于事前保有"巨额物货火险共二十四万一千元"，分别涉及四明、太古、扬子江等十一家保险公司，创下福州火险赔偿的最高纪录，后经调查，发现是仓主方梅珍为骗保而故意纵火。上海各公司对此案"均极注意，将依法检举各关系人，务期水落石出，遏止纵火图赔之恶风"。③ 可见，此已成为严重社会问题，令保险公司不堪重负。福州市警察局曾颁布《管理投保火险规则》，要求各公司"须将次第承保各户，按时按户逐一报明，以便凭报，调查虚实等"，但保险公司有所顾忌，"如照此规则进行，势至各保户，嫌此纠葛，众将舍之他，则我华商之营业，尚堪问乎？"④ 因此向上海总商会呈诉，福州警察局遂改由救火会调查，"火主如有保火险，放火图赔，查有确据者，请官厅从重惩办"。⑤

火灾频发，社区内易燃店铺成为众矢之的，然而官员常暗中庇护，居民通过救火会诉求，与非法店铺博弈。1946 年，义洲白马桥电机弹棉厂失火，幸好"救护得快，间邻免祸"，乡民马翼銮等认为应"迅即派警严厉制止，以安间阎，而维商业"，并"转请火会准予转呈制止"。⑥ 义洲救火

---

① 《福建省建设月刊》第 5 期，1931 年，第 62 页。
② 《福州洋中亭大火纪》，《申报》1916 年 11 月 23 日，第 3 张第 6 版。
③ 《福州发生放火图赔大嫌疑案》，《申报》1936 年 6 月 14 日，第 3 张第 4 版。
④ 《火险公会致总商会公函》，《申报》1916 年 6 月 22 日，第 3 张第 10 版。
⑤ 福州市公安局：《警政月刊》第 53 期，"公牍"，第 17 页，1931 年。
⑥ 《市警察局关于本市发生火警情况及处理易生火患工厂、商店等的训令、报告、讯问笔录》，福州市档案馆馆藏档案：902-6-594，1946 年。

会经查属实后，通过徐建禧向市警察局反映情况。

救火会的消防监督权，来源于官府，随时势变化而演化。1917年，龙头岭林福记花炮厂失火，毗连"数千家之生命财产付之一炬"，后迁移至国货路（路通救火会辖区），又生事故，"乡人咸有戒心"，请路通会转呈警察局，"蒙准饬属勒令搬离"。该厂再三请求，保证不在屋内囤积原料，风波始告平息。该事例中，路通会权力颇大，获得警察局"饬令"后，竟能令林福记炮厂"再三请求"，做出保证，俨若执行机关。随着国家力量的加强，至三四十年代，救火会已不能越俎代庖，替代警局执行，但仍可监督汇报。如林福记花炮厂"年久日深"，安全意识懈怠，事故不断。1945年初，"一月数惊，乡人睡不安席"，恰在此时，同处一乡的黄一清炮厂亦告失慎，乡人"纷纷集团开会，激愤异常"，佥议"除由路通救火会呈请市政府蒙准，饬区传集各炮商寻觅迁移地点外"，①"联签具状报请水部分驻所派警莅场踏看，先行停制"。②并向市长集体上书。该事件中，"水部所""台江区"虽是执行机关，但民众仍须通过救火会陈情。

由于职权重叠，救火会与官办消防队的关系微妙。消防队作为专业队伍，在鼓楼建有瞭望塔，器械先进，却行动迟缓，出力甚微，以致受到民众轻视。对救火会渐有妒忌之心，看到火情，故意不通报，以免其早到火场。为此，救火会先在桥南烟台山建筑钟楼一所，呈请警察厅将大庙山消防队移驻该处，以便遇警时互相策应，所遗大庙山防所，由救火会建筑警钟楼及会所，于1926年10月落成，监视全城火情。

虽偶有隔阂，两者更多以合作为主。1945年11月，福州市警察局消防队与火联会制定联防办法，确定如市区发生火灾，双方均有扑灭之责，应互相联络，共同前往，并分别派员任火场副总指挥（总指挥由督察处担任），维持秩序，指挥灭火。平时应密切联系，切磋技术，共同办理防火

---

① 《呈为炮厂危险，屡次失慎，恳请限令迁移，以免酿成巨祸》，《省、市府关于催报1945年下半年消防器材装备统计表及市警察局呈请添购消防器材，扩充编制暨有关消防工作的训令、指令、代电》，福州市档案馆藏档案：901-3-825，1945年。

② 《为金墩乡国货炮厂屡次失慎，幸经灌救，始免成灾，请勒令迁移云》，《省、市府关于催报1945年下半年消防器材装备统计表及市警察局呈请添购消防器材，扩充编制暨有关消防工作的训令、指令、代电》，福州市档案馆藏档案：901-3-825，1945年。

宣传、冬季巡防等事务。双方合作情形应随时呈报警察局核备。① 消防队愿意和救火会合作，在于自身力量薄弱，须借助救火会，方能履行职责，杜绝火情。在其业务报告中，对救火会功绩直言不讳，"每遇火警，皆赖人民团体组织之救火会灌救"。②

救火会经营得法，防火成效显著。从图 4-1 可见，从 1933 年到 1943 年十年间，福州火灾稳步下降，虽在 1939 年有所反弹，这主要是日机轰炸所致，属特殊情况。福建省主席陈仪亦将火灾下降，归功于救火会，予以公开赞扬。设备简陋成为困扰救火会发展的瓶颈，至 1948 年底，全市 37 个救火会只有"旧式救火机四八架，帮浦油机十架、蒸汽唧桶三架、人力唧筒五五个、水桶八一九个"，"算起来实有限得很"。③ 消防事业大受影响，时人深有认识："我们看本市救火团体的设备，仅有少数帮浦车及新式拆屋救火器材，其他多限于经费，沿用旧式粤造腕力水龙，一遇火警，由各区推曳跑步而达火场，耗费了相当时间，影响扑灭的工作不少，假使灾区广泛，那就应付更困难了，像那民国三十三年台江区及本年达道之两次大火，就是我们很大的教训。"④

二 救火会与其他公共事务

除消防外，救火会还积极参与其他公共事务，在基层社会中发挥重要作用，这主要表现在以下方面。

1. 娱乐功能

福州旧时民间活动甚为兴盛，每逢重要节日，举城若狂，如每年太平龙活动，"城乡各处，无地不有；元宵夜时，常有五龙聚会，大舞一次，以庆升平之象"。⑤ 民国时期，此俗依旧流行，乡里组织扮演关键角色，

---

① 《福州市警察局关于市救火会、市民池依肇要求归还借用房屋的训令、指示》，福州市档案馆馆藏档案：902-6-671，1946 年 11 月。
② 《福州市警察局三十六年度业务检讨会议》，福建省图书馆特藏库铅印本，第 55 页。
③ 《市警察局暨各分局关于本市消防工作概况、防火宣传、检查的训令、布告、公函》，1948 年 10 月，福州市档案馆馆藏民国档案：902-6-468。
④ 《市警察局暨各分局关于本市消防工作概况、防火宣传、检查的训令、布告、公函》，1948 年 10 月，福州市档案馆馆藏民国档案：902-6-468。
⑤ 叔隽：《福州娱乐的一班》，《福建文化》第 8 期，1933 年，第 1 页。

"新年将至，各乡、社或救火团体多出面组织灯会，谓有此举功名，各乡始得太平，龙灯长为数丈，由许多环节组成，每节有一竹柄，均有一人相持，全会需人数十（包括打戏者和持珠者，所谓珠即形之纸灯也），至新正时年夜出表现"。① "公共庆典是培养城市居民身份认同最有力的工具之一"，② 通过仪式的举行，救火会加强了对社区的控制。

端午划龙舟亦是地方盛事，据野上英一调查，扒龙舟自初一至初五日，分别在台江和西湖举行，全市计有 30 余艘，每船有 34～38 人。船头执旗者大都为庙中之干事，指挥一切，漕手为船夫劳动者，除供酒肴食用之外，无须任何报酬，费用全部由神庙开支，凡是临江之庙均有龙舟之设备。③ 上述记载表明庙在活动中居于中心地位。由于救火会与庙关系密切，龙舟执旗者多是会长，队员基本是会员，如龙潭救火会会长在比赛中，常屹立船头，挥舞手枪，指挥龙舟前进，并威吓企图超越之船。④

举行仪式需要耗费大量的人力和物力，却协调得井井有条，体现福州社区高度的自治传统，官府多次试图以"反对迷信，避免浪费"为由，将其取缔，却终告失败。庆典活动的流行，亦反映出社区内部人际关系的和谐。

2. 调解功能

民国时期，地方政府设立法院，群众仍习惯以传统方式解决纠纷。救火会影响颇大，且会长多由精英出任，才德常能服众，擅长调解民间纠纷。如万寿救火会理事长卢诗如，开设中和药房，"平日种种善行，深得乡亲赞许，因而在乡中威望日高，乡亲们遇有争斗和纠纷，无法平息时，辄请他回乡调解，每次均能圆满解决，取得和好，卢君不但不接受双方宴请和酬谢，甚至还为双方平息事端、言归于好，真是一个难得的和事调解者"。⑤

救火会调解主要依据伦理道德、习俗及精英意志，是一种教化型的调解，即使主裁人非常强势，其结果只是解决矛盾的方式，使双方均能接

① 周永耀：《福州的迷信思想各举动之一瞥》，《福建文化》第 22 期，1936 年，第 22 页。
② 王迪：《街头文化：成都公共空间、下层民众与地方政治，1870～1930》，中国人民大学出版社，2006，第 64 页。
③ 参见〔日〕野上英一《福州考》，昭和十二年，徐吾行译，福建师范大学图书馆古籍库手抄汉译本。
④ 此系台江万友消防队队长王德峰告知。
⑤ 郑慈贤、林希春：《德高望重的卢诗如先生》，《台江文史资料》第 1～12 辑合订本，2006，第 183 页。

受，不具有强制效力，与国家的法律并不相悖。如龙潭会吴会长，在办理火政之余，把所有空闲时间，用来处理地方事务，龙潭辖内所发生争执和纠纷案件，一概传到会里，执行裁判，若是不服，可再向法庭、警署上诉。"我们龙潭辖下的民众，也许该像尚书公一样的焚香载道，祷祝他老人家千年不死，长久替我们龙潭会造福吧。"①

通过民间调解，行政机关避免大量的雀鼠之争，提高了行政效能。南京国民政府对此颇为倚重，推动相关机制完善，先后颁布《区乡镇坊调解委员会权限规程》（1935 年 11 月 8 日）和《乡镇调解委员会组织规程》（1943 年 10 月 9 日），规定："各县之区乡镇公所及各市之坊公所设立调解委员会，并接受区、乡镇监督。"在福州，其成员除乡镇长、学校校长、保长、镇民代表外，还包括救火会会长，且作用应较上述行政人员更为凸显，如新中国成立前费孝通曾参加乡里调解，即发现"其他负有调解责任的是一乡的长老，最有意思的是，保长从不发言，因为他在乡里并没有社会地位，他只是一名干事"。②

3. 中介功能

民国时期，保长、甲长等官方人员，肩负民情上达之责，多由上级任命，素质偏低，难孚众望，且官方机构层级严密，加之掺杂利益因素，民意难以诉求，救火会则成为民众与政府沟通的桥梁，及时将社区民众意见转呈给相关部门，成为政府控制社会的"末梢"。

民国福州瘟疫频发，每当疾病流行，传染病院设置就成为公共焦点问题。1944 年 3 月，省政府将达道镇中心小学校舍，拨给医师公会，作为时疫隔离病院。该镇镇民代表陈登瀛、镇长林思馨、市参议员林舫等，联名呈函"请求维持镇校原址，饬命医师公会改觅他迁"，结果"未蒙准照"，消息传出后，居民"始则疑惑，继则惶恐，终则愤怒"，认为"达道为交通孔道，人烟稠密"，而"鼠疫死亡率，辄占百分之九十强"，医院设此，不仅有传播疾病之嫌，而且妨碍教育。达道救火会以双挂号信形式，向刘建绪（时任福建省政府主席）表达民意，刘遂批示"交市政处核办"。③

---

① 《救火会中之法庭》，《华报》1931 年 4 月 24 日，第 2 版。
② 费孝通：《乡土中国·生育制度》，北京大学出版社，1998，第 34 页。
③ 《市府关于防疫、推行公共卫生，换领卫生检验执照等的训令、指令、来往文书》，1944 年 3 月，福州市档案馆馆藏民国档案：901-3-56。

救火会并非唯一呈转民意的社会团体，在档案中，亦有其他呈情方式，署名多为镇民代表会、商民联名等，但回馈结果多不尽如人意，在达道校舍案中，先由镇民代表与市参议员等人请求，遭到拒绝，只好通过救火会再次申请，得到"核办"批示。此种内在逻辑，彰显救火会诉求有力，之所以如此，或因其更能反映民意，且地位特殊，深为官方倚重，故其诉求，不可轻而视之。

4. 赈灾功能

民国福州水患未靖，以 1948 年"6·18"水灾最为惨烈，"当人们还在睡梦中时，一股滔滔洪流带着吞没的凶势，发出奔窜的水声，墙崩屋塌的凄嚎惨哭，屋顶、树梢及福州全市十分之九的面积，都成了泽国"。[①] 每逢水灾过后，救火会即会派遣会员，向栖身高处的居民施粥，如龙台救火会理事长陈公桂、常务理事甘用光施粥 1500 余斤，还前往各灾区及收容所普遍施粥。[②] 榕北救火会向柴井医院借道源堂为临时收容所，收留北大路三角井一带的灾民百余人，后又收容其他灾民，总计达 363 人。[③]

近代福州疫情惨烈，以鼠疫最为严重。据统计，福州市区鼠疫"开始于 1890 年，结束于 1948 年，流行 54 年次，其中 1900 年、1903 年、1942 年、1946 年为流行高峰期，疫区分布在 6 个区、250 个乡、469 个街村，发病 7574 人，死亡 6379 人"。[④] 每值鼠疫发生，民众心理负担沉重，"阖乡之人，时时刻刻，耳只闻啼哭之声，目但接不祥之物，其神经所受痛苦，有谁能堪"。[⑤] 救火会则在抗疫中发挥重要作用，1944 年 7 月，大根区设立防疫委员会，下设消毒队，由各救火会援丁担任。[⑥]

近代福州兵灾不断，1926 年，南港遭军阀张毅部掠夺，数千乡民入城避难，"老弱妇稚则聚集于省署大堂，席地而卧，尚有四五千人食宿无着"，城内鼓泰、芝西各救火会闻讯后，会同福州总商会及城外双杭、桥

① 陈韦睹：《患难见乡情——忆福州"6·18"水灾》，《三山季刊》第 45 期，2005。

② 《市府昨照常办公》，《星闽日报》1948 年 6 月 26 日，第 4 版。

③ 《榕北救火会热心收容工作》，《星闽日报》1948 年 6 月 26 日，第 4 版。

④ 福建省防疫站、中国医学科学院流行病微生物研究所编《福建省鼠疫流行史》，1973，第 161 页。

⑤ 《市府关于防疫、推行公共卫生，换领卫生检验执照等的训令、指令、来往文书》，1944 年 3 月，福州市档案馆馆藏民国档案：901-3-56。

⑥ 《福州市大根区防疫分会组织规程》，福州市档案馆馆藏资料：901-3-59。

南各商事研究所，赶制面包食品，送给灾民，随后，榕北救火会又煮稀粥三十余担，挑往省署，以供灾民早餐。①

灾害过后，政府常与各界商讨应对，会议多假救火会进行。如 1948 年 6 月，达道大火，灾民达 2342 人，台江区公所长王仰前在沧洲救火会会所，召开社会人士协商会议，决定成立救灾委员会。会后向社会殷商、富户及海外华侨等劝募钱款，兴建"6·7"新村。②

5. 治安功能

民国福州动荡不安，尤其在 20 年代，社会秩序败坏，"近日城台劫案，层见叠出，殆不可胜纪，小之至于白菜担、粉干摊，亦不获免，其他可知"。而军政当局，却从未听闻"有若何之办法，故愈益猖獗"，③ 甚至有多名军人，持械打劫，乡民擒获后，"该属三十六乡者，复集数百人向军民各署请愿律办"，方将其中七人正法。

社会秩序混乱，救火会便履行治安之责，战乱时期，尤其如此。1930年，福州城郊发生战事，城内混乱，不法之徒四处放火，救火会召集援丁，分携消防器具，按段巡逻。④ 并组织各街巷设立栅门，举办联甲，以资自卫。⑤ 每逢动荡，出现权力真空，社会治安多由救火会维护。即使在和平时期，由于警力不足，救火会仍承担巡逻任务，40 年代，根据市政处指令，火联会决定每会每晚以援丁二十名轮值，分作上下班出发巡逻，每晚起至次晨五时止，巡防临警员丁，"每人每晚给发点费二十元，每日应给四百元"。⑥

除上述功能外，救火会义举颇多，施茶、施衣、赠药、施棺等，有十善之说。⑦ 对市政亦积极参与，民国时期，福州当局力图改善路政，但缚

---

① 《福州南港灾民请惩张毅》，《申报》1928 年 12 月 26 日，第 2 张第 7 版。
② 林增城：《台江"6·7"火灾与"6·18"水灾概况》，《台江文史资料》第 1~12 辑合订本，2006，第 118 页。
③ 《福州一日枪毙七犯》，《申报》1922 年 12 月 25 日，第 2 张第 7 版。
④ 《福州近郊发生战事》，《申报》1930 年 6 月 30 日，第 2 张第 8 版。
⑤ 联甲由救火会倡办，未在材料中体现，但可以推断，倡导者须在乡间具有相当威望，故常为救火会会长，参与者须身强体壮，以救火会会员为宜。且据后人回忆，万寿救火会会长卢君如，曾组织街众设立栅门。
⑥ 《呈复奉令救火会员警协助巡防，遵拟方案，通函各会实施并请拨给各会员丁巡防点费由》，《市政处关于各救火会理监事改选宣誓就职，举行互选及有关经费问题的指令、呈文》，福州市档案馆馆藏档案：901-3-304，1928 年。
⑦ 龙潭救火会还设立义葬社，收葬路边饿殍、水中浮尸。

于财力，作为有限。市区道路多由救火会筹资兴建、修补，以利行人。总之"在旧社会，国民政府民政部门该管不管之事，全由救火会承担下来"。①

源于草根，积极从事社会事务，并通过祭祀活动增强凝聚力，使救火会成为归属感极强的乡里组织，获得社会认同。1949 年 10 月 2 日，福州举行第一次国庆游行，分为士兵、学生等不同方阵，"最后出现的是仓山、台江、鼓楼、大根以及郊区的居民和农民队伍，他们举着各种灯笼和竹篾编成的火把，打着十番，吹着唢呐，有的还有闽剧、伬唱艺人表演，吸引不少观众。那时福州还没有建立街道、居委会政权，居民还借用'茶亭''瀛洲''中亭''仓南''双杭''榕西''三保''帮洲'等 37 个救火会的灯标参加游行"。②

第二节　"为民请愿"——救火会与集体行动

集体行动是"人们为追求共同的权益而聚集行动的行为"。③ 民国时期，福州市民权益常遭侵犯，救火会代表民意，奋起抗争，根据博弈对象的不同，可分为以下几种类型。

一　救火会与抗捐运动

南京国民政府建立后，福建当局的统治力有所提升，着手市政建设，改造旧有城市景观，开征市政统捐，严重损害民众的利益，导致集体事件不断。1928 年 11 月，工务局下令拓宽大街，强拆民居，市民大为不满，鼓泰救火会代表鼓泰十社呈函，要求暂缓改造，缩小拆迁面积，却未见答

① 林希春、林增城：《福州救火会概述》，《台江文史资料》第 1~12 辑合订本，2006，第 166 页。

② 黄岑：《开国庆典在福州》，《炎黄纵横》2009 年第 10 期，第 17 页。黄岑是福建电视台原台长、高级记者，60 年前为《新闻日报》采通主任。

③ 参见 Louise Tilly & Charles Tilly, *Class Conflict and Collective Action*, London：Sage Publications, 1981, p. 17, 转引自巫仁恕《激变良民——传统中国城市群众集体行动之分析》，北京大学出版社，2011，第 2 页。

复，强拆依旧。各救火会遂召集援丁，准备抵抗，计划捣毁工务局局长林恩溥私宅，并发动商人罢市。政府仍不肯退步，双方相持不断，其间，省防总司令与市警察局"步行劝谕开市无效，间有旋开旋闭者"。至 1928 年12 月，抗争愈演愈烈，为避免事态激化，警察局长赶赴火联会劝阻，随后，会长王纲与总商会会长步行入城，向省府再次请愿，在其劝导下，"各商店遂开市"。①

拆迁风波尚未平息，抗捐浪潮又起。1928 年 12 月底，各商帮董事与救火会代表议决，公推商会会长和火联会会长"代表全市商民进谒"，请求废除市政统捐，未能如愿。"市民连日均在南台救火会开会，讨论对付办法"，当得知缓办要求再次遭拒后，各商帮、各救火会、各商事研究所、鼓泰十社共八十余团体，又在龙潭会所集议，崇孔会、各商团、各工会亦派代表参加，人数之多，以致后来者无座位，皆"鹄立旁听"，决定通电全国，抵制苛捐，并命令各帮救火会派援丁三人，以维护地方秩序，城内钟玉救火会，夜间亦有市民四五百人，召开紧急会议，公决至不得已时，实行全市罢工。②斗争最终取得胜利，市政统捐被撤销。

两次斗争中，救火会发挥了重要作用，会所为市民集议的主要场所、援丁为对抗的重要力量、会长为集体运动的领袖，代表市民与政府谈判，并且一呼百应，较之官员更能号令民众。政府虽然态度强硬，并任命本地世族精英为主事官员，③仍无法与强大民情对抗，集体罢市、聚众请愿、威胁官员、越级上诉成为斗争的主要手段，虽然激烈，却始终理性，未有流血事件发生。斗争是官民长期对立的结果，20 年代，地方政府为解决财政危机，征收苛捐杂税，民众难以忍受，只好奋起反抗，如在抗捐运动中，代表即指出"军阀时代迭次创办房捐，均因市民反对作罢，现征统捐，明系房捐变相"。④两次斗争均以市民胜利告终，随着政府统治的强化，此类事件未能重现。

---

① 《福州商界因拆屋罢市》，《申报》1928 年 12 月 15 日，第 3 张第 11 版。
② 《福州市反对统捐风潮之急激》，《申报》1928 年 1 月 1 日，第 6 张第 22 版。
③ 注：林恩溥为林则徐曾孙，宫巷 26 号（即今日沈葆桢故居），在任工务局局长之前，其族人林聪任财政厅厅长，因征税问题，导致家宅（今林则徐故居）被民众捣毁，因有前车之鉴。
④ 《闽商界反对市政统捐，请愿省府撤销》，《申报》1928 年 12 月 29 日，第 3 张第 9 版。

二 救火会与电力公司斗争

民国时期，福州市电力由电气公司供应。^① 由于是私营企业，许多民众窃电、欠费和拒不付费，使电气公司亏损严重。据统计，从 1930 年 4 月到 1931 年 3 月，一年间被窃的电竟占发电总度数的 42%，加上倒账，损失则高达 48%。^② 为弥补损失，电气公司提高电费，将电表装置电杆之上，派人查处窃电，引来纠纷不断。中央建委会以"福州市民对于电费之负担，在国内大都市中，可称最重者之一"为由，要求降低电价，电气公司难以施行，蒙上"恣横苛刻、玩忽功令"污名，"致激全市公愤"。^③

为敦促电气公司降低电费，1936 年 12 月 6 日，全市保甲董开会讨论，决定拒绝付费，并赴林森官邸请愿。救火联合会也向当局呈函，要求"严令福州电气公司，遵照建设委员会此次审查所定减低电费价格，克日公布实行，庶使电厂用户，各尽其平，商民负担得以稍轻"。数日后，鼓泰又召集城台所有用户讨论，决定消极抵抗，从晚上七时开始，拒用电流。^④ 电气公司"鉴于商民以全力对付，且举动不越范围，官厅亦无法干涉"，^⑤ 只得让步，连日派人疏通，最终遵守中央建委会命令。

救火会与电力公司的斗争，实则是民与绅的斗争，刘氏兄弟为当地望族，与军政界关系密切，才能长期控制福州电气，"享有专利 20 年"，感觉不公的民众通过救火会、保甲董与之对抗，采取自我停电、聚众请愿等方式，向电气公司施压，而刘氏家族凭借财力与人脉，获取政府支持，不肯让步。因此早在 20 年代末，救火会虽对电力公司不满，以致援丁故意砍倒电线杆，"报警逮局，大起争潮"，^⑥ 仍须按规定安装电表，半价交费。此后数年，双方冲突不断，报刊对电力公司多有负面报道，却难奈其何，

① 福州电气公司由刘崇伟和刘崇伦兄弟创办经营，故又称电光刘，为东南最大的私营企业。
② 《万恶的电气公司》，《华报》1933 年 11 月 3 日，第 3 版。
③ 《本市电气公司玩忽功令 市民渴望电费合法减低，保甲董开联席会议 救火会呈请省府限令遵行》，《华报》1936 年 12 月 6 日，第 1 版。
④ 《全市市民消极的抵抗，制电气公司死命》，《华报》1936 年 12 月 8 日，第 2 版。
⑤ 《福州电灯风潮相持未决原因》，《新电界》第 3 卷第 13 号第 61 期，1933 年，第 15 页。
⑥ 《闽事纪要》，《申报》1930 年 5 月 24 日，第 3 张第 10 版。

直至 1936 年，刘家政治势力衰落，[①] 以致"好管闲事的保甲董，以及救火会，无故把什么建委会的功令，要叫他遵照实行"。[②] 电企只好妥协，承诺免收救火会电费，以求融洽。企业盈利本性与公共利益的失衡，是冲突爆发的根源。

三 救火会与民族运动

近代是民族国家的形成过程，民族危亡意识催生强烈的国家意识。为救亡图存，国人努力寻求真理，推动国家走向现代化，民族主义成为近代化思潮的主流。福州作为东南首邑，饱受列强欺凌，民众奋起反抗，抗议活动连连，救火会活跃其中。晚清之际，英人强占租界，倾销鸦片，荼毒民众甚巨。救火会发动民众，取得"天安寺事件"交涉胜利。台湾沦陷后，日本视福建为势力范围，不断渗入，抗战爆发前，福州约有日侨数千人，"十之八九是专干不正当职业"，以开洋行为名，暗设赌场烟馆，导致"福州烟民极多，赌风亦盛"。[③] 且素质低下，"动辄寻人起器，蛮横无理"，故深为福州市民痛恨，民族矛盾尖锐。1919 年，旅榕日人在台江设伏，击伤市民数十人、重伤学生数名，而政府"兵警皆莫如之何"。[④]

为此，救火会多次组织市民抗争。1932 年 9 月，郑维新在藤山救火会十境祠发起"肃劣会"，[⑤] 发布《告同胞书》，提倡使用国货，肃清日货，半月之内，路通、中亭、龙潭等十几个救火会群起响应，先后组织"肃劣会"，惩罚囤积日货的奸商，当众烧毁日货。为营救被捕会员，郑又发动桥南、桥北会员千余人，游行请愿，并身先士卒，冲入警局，遭到射杀。为抗议暴行，全市举行三罢斗争，获得全国响应，各地抗日团体和旅居海外侨胞纷纷通电声援，许多城市设立"福州郑案后援会"，最终以警察局

---

① 抗战爆发后不久，刘崇伦与其子被军统福建站站长张超绑架杀害，刘家向宋美龄申冤，却不了了之，可见其政治失势。
② 《难为了电气公司》，《华报》1937 年 12 月 12 日，第 3 版。
③ 《宪兵论坛》，《宪兵杂志》第 1 期，1935 年，第 160 页。
④ 《福州日人暴动详情》，《兴华》第 16 期，1919 年，第 50 页。
⑤ 郑维新，南台岭后人，格致中学毕业，时任梅坞独青小学（藤山辖境内）教务长，为中共地下党员。

局长被免告终。[①]

此次抗日风潮，郑维新借助藤山救火会，正是鉴于其影响巨大，容易得到民众响应，救火会虽在事件中扮演重要角色，却未直接登场，而是改头换面，以"肃劣会"形式参与，以免当局迫害。郑被枪杀后，警察局即派人查询龙潭救火会及龙竹商事研究所，是否参与其中，两会均予以否认。[②] 次日，肃劣会以"感环境恶劣，与进行困难"为由，"自动解散"，[③] 使当局无法追查。虽然肃劣会宣称是"本市十七个乡民自动共同组织"，若非依托救火会，则难以在短期内遍布全市，掀起反日风潮，而后人追忆时，也将此事纳入救火会功绩，足见二者关系之密切。

集体行动凸显救火会的影响力，可视为地方民意的反映，正因其成为社区自治组织，方能有强大动员力。针对斗争对象的不同，救火会采取灵活策略，或罢市，或请愿，或威吓，甚至变换形式，令政府难以追究。斗争目标，是为民众争取利益，避免任由强势集团鱼肉，是动乱时期市民的特殊自卫，体现近代城市民间社会的相对独立。从时间来看，集体运动呈减弱趋势。30 年代之前，集体运动对象多为国家，抗捐抗税居多，30 年代中后期，集体运动对象主要是企业和奸商，规模较小，至抗战爆发后，集体运动基本消失，在史料中未有记载，即使抗战后，各地三罢斗争此起彼伏，福州却较为平静，虽然在1946 年，数千名救火会援丁聚集抗议，但主要是为了自身利益，不能代表民意。

值得注意的是，在集体行动中，救火会并不是孤军奋斗，而是与多种力量密切配合，如在抵制市政统捐运动中，救火会与商会、商帮并肩作战。与电力公司对抗过程中，救火会与保甲董，联袂出手。此类地方力量如何演变，救火会如何与之互动，将是下节要探讨的问题。

---

① 林希春、林增城：《福州救火会概述》，《台江文史资料》第 1~12 辑合订本，2006，第 167 页。

② 参见《闽垣肃劣发生惨案 公安局长邱兆琛枪杀郑维新》，《申报》1932 年 11 月 15 日，第 2 张第 8 版。

③ 《闽肃劣会自动解散》，《申报》1932 年 11 月 16 日，第 2 张第 9 版。

第三节 基层中心地位的奠定——救火会
与其他地方力量互动

近代福州地方力量此起彼伏，晚清迄始，商会即把持经济命脉，为官府倚重，五四运动爆发后，学生作为新生的社会力量，颇为活跃。30 年代，保甲制作为官府基层行政体系，兴盛一时。多种力量兴衰更迭，终究未能在地方上占主导地位。

一 救火会与善堂善社

19 世纪末，绅士先后创办筹赈局、拯婴局等慈善机构，不仅在地方上有影响力，官府也予以信任，"给帑三万元，札述善社合资采办，如能实力奉行，集资倡设，筹米善堂，其于地方幸福为何如也"。① 该社由陈宝琛于光绪元年（1875）创办，"宣圣训、送善书、恤嫠妇、拯岁窘、给产粮、赠寒衣、设义塾、惜字纸、赠棺椁、送医药、葬贫枢、掩露骸、种洋痘、点夜灯、施茶水，一切善举，次第奉行，三十余载，得人为理，收效良多"，② 成为地方善社的典范。

步入民国，慈善机构盛况不再，"向推绅耆主之"的普济堂、敬节堂，丙辰年（1916），曾任知县的吴郁生接管后，为维持堂务，"乃四出称贷，或典质衣服，无所不勉"，极为困窘。粤军入闽后，曾有周某取代其职，但无力维持，"逾月辞去"，吴重新主持，可见其能力之强。传统善堂如此困难，主要是"绅耆"主持，他们为维护身份，防止商人势力渗入，即使在经费不足的情况下，仍是"驰书京沪求援"，或者"鬻书以助"，③ 不愿向商界募捐，随着绅士阶层的没落，三大堂的衰败成为必然。

1937 年，福建地方政府借口"名称各异、业务略同"，将三大堂合组

---

① （清）朱景星修、郑祖庚纂《闽县乡土志·侯官县乡土志》，海风出版社，2001，第 267 页。

② 《福州惟善社征信录》，福建省图书馆特藏部铅印本，第 7 页。

③ 陈宝琛：《吴君郁生墓志铭》，《沧趣楼诗文集》（下），上海古籍出版社，2006，第 440 页。

成为公立救济院，每月从省库拨给"养老、残疾二部经费二千七百余元，又抚恤金四百零九元，又瞽目经费二百八十五元，由茶牛捐附加，又抚恤孤贫及育婴经费，由租息金内拨出"。① 但经抗战浩劫，财政窘迫，救济院拨款极少，陷入瘫痪，院民"利用院中缺粮名义，三五成群向众募捐。向本市各住户强募款物，索价以银元一元起价，稍不如意，即大肆咆哮。住民恐被感染，只得忍痛给予，故若辈尽其敲诈之能事，每日被其强募为数不少"。② 无奈之下，1947 年 10 月，福建省府决定将救济院交由地方人士接办，"成立董事会管理"。③ 从绅办到官办再至民办，三大堂演变轨迹，凸显社会力量变化，反映地位日趋下降。

除官办救济院外，民间慈善机构仍然大量存在，但支持者发生变化。一方面，传统绅办慈善机构日趋没落。1905 年废除科举，传统士绅网络渐趋瓦解，许多绅办慈善机构宣告消亡，如拯婴局、协赈所在晚清影响颇大，在民国文献中已不见记载。另一方面，商办慈善机构渐趋兴起。随着商人力量崛起，逐渐取代士绅，成为地方公益事业重要支持者，如商立慈善社，其资金主要来源于钱帮与布帮，其中钱帮 328 元、布帮 213 元，占总收入 665 元的 81.35%。④

根据不完全统计，福州沦陷之前（1938 年），全市较为著名的慈善团体有 12 所，或湮于战火之中。战后，各类慈善团体逐渐复兴，有 40 多所，救济人数达 2591 人。⑤ 时人谓之"多如牛毛"，其中以"善会""善社""堂"命名的社团占 32 所。业务多为施医、施药、施棺等传统善事（见表 4-2）。与激进的学生社团不同，慈善社团多专心做善事、较少参与政治。此种现象，除因其主持者多为社会名流，希望通过善举积累阴德，提升名望外，还与政府控制有关。

南京国民政府成立不久，出台《管理各地私立救济机关规则》，加强对慈善团体管制。抗战时期，福建省府规定，私人欲创办救济机构，"应先行申请，创办成立后，应于一个月内呈请立案"，私立救济机构"创办、

---

① 《各县区慈善团体》，福建省政府统计处编印《福建省统计年鉴分类之二十六——社会救济类》，1942，第 1 页。

② 《救济院混乱之情形》，《福建时报》1949 年 7 月 11 日，第 4 版。

③ 《救济院交由地方人士接办》，《福建时报》1947 年 10 月 14 日，第 4 版。

④ 《商立慈善社征信录》，福建省图书馆特藏部铅印本，第 16 页。

⑤ 《福州慈善团体统计》，《福建善救月刊》第 5 期，1947 年，第 12 页。

变更及停办，均应呈主管官署核准"。① 并将赈济会作为民间慈善团体的主管机关，各善团办理救济事务"应于每年度开始前，拟具计划并进度表，报由本会转报省振济会备查"。慈善团体若是办理不善或违背法令，"由本会通知主管团体撤换其主办人员，或转请主管机关依法解散之"。各慈善团体到月末时，应将"经费收支表及事业月报表报由本会，转报省振济会查核，其经费收支，并须公告周知"。② 抗战胜利后，赈济会虽宣告解散，但其监管职能由社会处替代，慈善团体受到政府严密监管，难有作为。

从性质来看，救火会属慈善社团，③ 与善社善堂联系密切。每逢大灾大难，救火会与善社联合行动，共同救济灾民，且救火会领导人常常兼任善社领导人，人事上存在交叉现象，如林雨时先后创办闽南救火会、福州红十字会、导善社，王调勋身兼二职，既是火联会理事长，又是格心善社的负责人。就影响力而言，两者经历嬗变过程。20 年代，各善团颇为活跃，各类公益社曾经盛行一时，尤其灾难发生后，更身先士卒。1919 年 4 月，福州水灾，水势稍退后，"慈善社遂备粥，驾舟分赴被水各区，赈济贫民"，④ 救火会未见提及。1927 年，南港遭张毅溃军蹂躏后，"兵灾救济会、临时红十字会、七善团联合会暨各商帮，各界散发急赈"。⑤ 救火会稍后参与活动，处于从属地位。30 年代之后，各善团影响力减弱，救火会成为施善主力。时人有如此评价："福州社会事业固甚幼稚，唯救火会一政，各商帮极力进行，迨有一日千里之势。"⑥ 许多商人通过救火会行善，较少向善社捐资，二者差距不断扩大，尤其水灾发生后，救火会常充当救济主力，各善团则不甚活跃，起配合之用。一些善团甚至被纳入救火会麾下，如私立龙潭义葬社，为龙潭救火会下辖机构。

两者地位嬗变，与下列因素有关。首先，各善团经费主要来源于"乐捐"，即地方慈善人士捐款，数额较少，如表 4-1 所示，述善社仅"二十余元"、钟峰卓社"九十元"，甚至有的善社无定额。捐款较少，在于善社

---

① 《管理私立救济机构规则》，《福建省政府公报》原第 1358 期，1943 年。
② 《福建省各县（特种区）振济会监督指导县（区）辖各慈善团体暂行办法》，《福建省政府公报》原第 888 期，《命令》，1943 年，第 10 页。
③ 时人亦将火联会列入救济机关（见表 4-2）。
④ 《洪水为患记》，《奋兴报》1919 年 4 月 10 日，第 6 版。
⑤ 《福州南港灾民请惩张毅》，《申报》1927 年 12 月 26 日，第 2 张第 7 版。
⑥ 《福州一夜之两火警》，《申报》1924 年 1 月 9 日，第 2 张第 7 版。

多为名流所办，能否维系，多凭其个人威望与财力，社会基础薄弱，难以多渠道筹集资金，财力不足，只能从事施棺、施药等业务。其次，善社公信力不足。善社虽多，存在鱼龙混杂现象。如许伯禧"欲树党援"，设法出任南台三保公益社内社长，却行"欺压邻里之手段"，以致三保一带，"道路以目，其恃小财而行凶，人尽知之矣"。[①] 由于声名不佳，报刊以文章《善社会员多不善》，报道不良分子潜入各善社活动。[②] 最后，善团各自为政，彼此联系较少，难以形成全市网络。虽在 20 年代曾有"福州七善团防灾联合会"之设，但存续时间不长，至 30 年代，已不见记载，这主要是由于国家控制力增强，善团活动受限，难以彼此联络，即使大灾发生，全市数十个善团，参与赈灾极少。

相较善社诸多弊端，救火会优势明显，消防需要协同行动，遍布全市的各会，在联合会的协调下，构成有机整体，共同应对危机。且救火会植根民众，代表社区的利益，以神缘为纽带，不易沦为个人谋取私利的工具，[③] 因此深受民众信赖，能够征收救火捐。且在 30 年代，国家加强对民间社团的控制，救火会凭其功能，为社会所必需，仍有存在的空间，因此地方精英乐于向其捐资行善，从而出现各项事业均甚幼稚，而救火会一枝独秀的局面。

表 4-1　1938 年福州主要慈善机关

慈善机关名称	经费来源及数目	所办事业	成立时期
心耘慈善社	由省会及地方慈善家月拨捐二十五元	办理救灾恤贫	1921 年 8 月
钟峰卓社	乐捐月有九十元	办理救灾恤贫	1929 年 6 月
南禅慈善社	乐捐月有三十一元	办理救灾恤贫	1932 年 4 月
集德慈善社	乐捐无定额	办理救灾恤贫	1923 年 3 月
浣心慈善社	乐捐月四十元	办理救灾恤贫	1935 年 6 月
述善社	乐捐年约二十元	办理救灾恤贫	1913 年 1 月
木帮彬社	由采集杉木，每百元乐捐五分，无定额	办理救灾恤贫	1918 年 10 月
修德林善社	私立，租金收入，数额（4800）	施药施茶	

① 佚名纂《许伯禧小传：龙潭社社长污秽详情》，福建省图书馆铅印本，第 2 页。
② 《善社会员多不善》，《华报》1937 年 8 月 1 日，第 2 版。
③ 关于此点将在后文进一步论述。

续表

慈善机关名称	经费来源及数目	所办事业	成立时期
捞葬会	私立，会员捐助（3600）	施棺	
红十字分会	公立，总会拨充，会员捐助	办理救灾恤贫	
全闽善社			

资料来源：《各县区慈善团体》，福建省政府统计处编印《福建省统计年鉴分类之二十六——社会救济类》，1942，第1页；郑拔驾编《福州旅行指南》，商务印书馆，1934，第109页。

表4-2 1947年福州救济机关团体一览

（1）

名称	组织内容	救济方式	1945年度收容人数
救济院	设有安老、育幼、育婴、残疾、教养、新民习艺所，并附设麻风收容所2所	设有纺纱、麻织、木器、教育用品、陶瓷、铁盒等五个工厂，籍谋达到以生产救济技能，籍生产救济，维护事业之目的	427人
冬令救济委员会	设事务、查放二组筹募，监核两委员会	办理冬赈	16100人
私立明光盲童学校	设有织席、织布、织面巾、制竹器等工厂，及盲人识字班等	收容盲人并加以特种训练	195人
私立若瑟孤儿院	设有纺纱、织布等工厂	收养孤儿	200人
私立格心善社	理监事制	施医、施药、施棺、施地、施产粮办度、岁施茶等	1500人
私立龙潭义葬社	理监事制	施医、施药、施棺、施地	500人
红十字福州分会	理监事制	施医、施药	1500人
私立滋西义葬社	理监事制	施棺、施地	100人
私立滋西立善社	理监事制	施医、施药、施棺、施地	300人
私立桥南义葬社	理监事制	施棺、施地	1300人
私立西城集善社	理监事制	施医、施药、施棺、施地、施产粮办度	300人

（2）

名称	负责人	地点
普航慈善社	洪硕	观井路107号
联乡同善社	何伯虎	领下里白云山馆
福建功德林	庄公辅	开元路16号

续表

名称	负责人	地点
集心同善社	陈茉藩	高桥项 15 号
长生善社	王濂和	下藤路 324 号
鼓楼区民代表会	王乃俊	达明路 59 号
上海闽荞山庄	洪漪波	南门圣人殿
道德普社	林鸿泰	小桥 52 号
集友善社	程诗春	上杭路 187 号
仓山区民代表大会	陈文清	梅坞路 13 号
积善社	李晓望	江滨路 12 号
？	蔡友兰	莆仙路 4 号
积田慈善社	蔡望明	大廊山金泽园
蔡亨善社	陈霖英	茶亭
中善社	陈惠	斗中路 13 号
佛教居林社	陈星北	白塔寺旁
贻善堂	杨文治	中亭路 61 号
心崇善社	林醒	福清馆 57 号
联益善社	张桂	真人廊 11 号
督署浣心堂	苏健	中平路 25 号
嘉宾茶馆公益部	程文波	中平路 53 号
台江区代表会	刘子英	福清造船厂 17 号
海外华侨公会	江秀清	麦园路 1 号
白龙社	黄荣灿	
导善社	林雨时	观井路
乐善社	林守梅	茶亭 3 号
辛亥革命北伐俱乐部	吴怀水	
宣社	周梅会	星安桥 12 号
金闽善社	郑耀星	乌山石壁
有意柏善社	郑桂生	潭尾街 40 号
格心善社	王调动	中正路 418 号
福州联合救火会	王调动	吉祥山
兴严国会	林征详	

名称	负责人	地点
大根区代表会	周志达	中正榕南救火会
兴与善林	叶天官	西洪路 56 号
于山堂慈善社	卡云章	塔巷 43 号
了间善社	黄承潮	瑞麟里 1 号
西城集善社	史家潮	

注：有办理室内救助机关 3 所，救济院、私立明光盲童学校、私立若瑟孤儿院；有办理室外救济机关 8 所，冬令救济委员会、私立格心善社、私立龙潭义葬社、红十字福州分会、私立滋西义葬社、私立西城集善社、私立滋西立善社、私立桥南救火会附设义葬队；冬令救济，受救济人数总共 1600 人，内贫困征属占 6%，难民占 10%，火灾灾民占 6%，普通民众占 7%。救助款项为米和现金，照 1946 年度币值总为 1000 万元左右。

资料来源：《1947 年福州救济机关一览表》，《福建时报》1947 年 9 月 29 日，第 3 版。

二 救火会与商会、商业研究所

清末民初，在多数地方，商会被视为"地方自治之中心"，然而福州情况不同。1904 年冬，在旅沪榕商张秋舫等人努力下，福州商务总会成立。会址设南台下杭街，采用议董制，设总理、协理各 1 人，共有董事 12 人。成立伊始，商会即难以统率群商，以致政出多门。[①] 数位巨商鉴于"商会不足恃"，倡设闽省商业研究所，由各商帮酌认经费，并经官府备案，最盛之时，入所公帮达七十余个。"长其所者，前后有闽商、有浙商、有苏商，皆声望素著，公正不阿"，各帮选举代表，"有事从多数表决，无不翕服"，[②] 并设立夜校、组织商团、发行刊物，声势颇大。

商会"不足恃"，在于角色特殊，作为名义上的商界领导组织，政府时常向其施压，借钱索物。主持商会者，均是殷实巨商，不敢反抗，[③] 只好牺牲商帮的利益，维护身家性命，以致商会声望渐失，被众商视为官方

---

① 福州商会成立时，较为草率，以致"惜经费毫无所出，各董先行筹款百数十元，暂资挹注，至将来如何持久，尚未能预定也"。《闽峤锁闻》，《申报》1904 年 5 月 22 日，附张。
② 《福州商业研究所之过去历史》，《华报》1935 年 3 月 9 日，第 2 版。
③ 商会会长若有违政府，下场极为可悲，典型代表为王梅惠，在任会长期间，业务上抵触官僚资本，违背长官意志，热情欢迎陈嘉庚，后因"囤积居奇"被捕，被判无期。直到官员易任，方才出狱。

代表。黄瞻鸿任商会会长期间（1915～1919 年），一度在会所前"悬挂两面黄龙旗"，对此怪状，时人颇能理解："实李厚基威力阴嗾之商人，不能不从也。"① 由于曲意阿附，黄氏与官员关系密切。五四运动爆发后，福州各界积极抵制日货，黄家却拒绝交出日货，并请求李厚基派兵保护，结果商人罢市抗议，直至黄氏辞职，风波方告平息。在事件中，作为会长的黄氏，更多考虑个人利益，与官府几成利益共同体，而商人为逼其离任，不惜罢市，双方利益的背离，可见一斑。

黄瞻鸿离任后，商会仍难以领导商界。面对官府频频借款，商会只好不断让各商帮磋商，摊派金额。1924 年，福建督军周荫人向福州总商会"商募善后短期借款六十万元"，派遣参谋长马克祥负责磋商，商会"乃请各帮先在上杭街临时事务所讨论"，众商抱怨"银根吃紧、生理萧条"，请马转达困难情形，"不然仍作大请愿，誓达目的而后已"。② 在此事例中，商会作为官府与商界沟通的媒介，扮演中立者角色，并没有发表自己的意见。

由于此种微妙性，商业研究所成为众商帮聚议场所。1924 年，省署再次向商界借款 50 万元，对于如何分派，众商"无所表示"，盖因"五十万之款，向在商业研究所商议，且经议决，是日固无庸言也"。③ 可见，研究所俨然商界中心，其议决具有公信力，众商均得遵守。甚至在与政府抗争中，充当商界代表。同年，省府秘书林梅生提倡设立夫役，获得公安局支持，但"商业研究所等均反对"。④ 从史料来看，并未发现研究所所长、理事之类记录，或许其只是商帮的公议机构，只有办事人员，因此官府难以报复。组织不健全，也使商业研究所难以成为强势机构，如在反对加贴印花风潮中，各商帮先后罢市两次，问题仍未解决，于是各商帮"复在商业研究所开第三次会议，到会代表三十余人"，最后议决"如再强迫单据贴用，一律实行歇业"。并由"各帮自派代表，向官厅接洽"。⑤ 众商帮在此集议，最终与政府交涉的是各帮，可见商业研究所未能成为真正的商界代

① 《呜呼福建》，《申报》1917 年 7 月 11 日，第 2 张第 7 版。
② 《闽省两借款之波折》，《申报》1924 年 9 月 7 日，第 3 张第 10 版。
③ 《十九日省署之大宴会》，《申报》1924 年 3 月 25 日，第 2 张第 7 版。
④ 《福州电》，《申报》1924 年 11 月 16 日，第 2 张第 6 版。
⑤ 《加税中之印花与盐务》，《申报》1924 年 1 月 15 日，第 3 张第 10 版。

表，商帮仍是活动的主体。①

尽管职能重复，但商会与商业研究所很少冲突，商业研究所虽是各商帮聚议场所，但并无权力，商会是名义上商界领导组织，却疲于应付官府借款，以致会长一职，许多巨商不愿担任。1930 年，商人为反抗苛捐，罢市、请愿接连不断，商会会长郑守馨无力制止，只能以"商潮险恶，无法维持"为借口，宣告辞职。② 由于商业研究所在商界威望甚高，得到众商人的鼎力支持，至 30 年代，福州商景衰残，各帮业务"如江河日下"，研究所亦经费困乏，渐趋衰败。各商帮"以该所致过去成绩，不忍湮没"，于是"拟缩减经费，设法维持"。③ 可见两者关系密切。

福州商会实力微弱，难以协调诸多商业问题，如行业纠纷、工商税收等，加之许多中小工商户，未加入商会，因此又有商事研究所之设，它"不是县商会的附属机构，完全是会辖的工商业互相帮助，以达到解忧排难的群众自治组织"。深受中小商户拥护，发展迅速。1922 年，商事研究所率先在南台设立，不到十年，增至 20 余所。④ 成为排解商务纠纷的主要场所，并活跃于抗捐风潮之中。商事研究所"无专设人员"，主持其事的均是当地工商界的头面人物。

尽管弱势，福州商会仍对地方贡献颇多，其成员更是有力推动救火会发展。20 年代，救火会之所以有"一日千里之势"，主要得益于"各商帮极力进行"。救火会会员多为商人，资金、设备对商界多有依赖，各商帮力量强弱，甚至决定救火会领导人选，如布商王纲，能够号召诸会，成立救火会联合会，与绸布帮在福州商界的重要地位密不可分。⑤ 30 年代中期，绸布业渐趋萎缩，而云集上下杭的兴化商帮执商界之牛耳，有"无兴不成市、无福不成衙"之谚。⑥ 在其全力支持下，徐建禧连任三任救火联合会

---

① 由于在商界影响巨大，数次参与风潮，30 年代，商业研究所立案申请遭政府拒绝，被迫消失。参见《商业研究所未获立案之质疑》，《华报》1935 年 1 月 12 日，第 2 版。

② 《闽商会长郑守馨辞职》，《申报》1930 年 5 月 3 日，第 3 张第 11 版。

③ 《商业研究所之过去历史》，《华报》1935 年 3 月 9 日，第 2 版。

④ 洪福臻：《福州救火会与商事研究所》，《福州工商史料》第 2 辑，1987，第 112 页。

⑤ 20 世纪二三十年代，绸布业为福州重要行业，仅次于茶业、木业，这在 1930 年政府向商界借款名单中有所反映。50 万元借款，依据各帮实力，分别摊派，其中茶、木两帮各 15 万元，钱帮 8 万元。其余各帮为 15 万元，其中布帮 8 万元。参见《福州商帮请免派款》，《申报》1930 年 9 月 22 日，第 3 张第 10 版。

⑥ 方炳桂：《福州熟语》，福建人民出版社，1999，第 120 页。

理事长，取得不俗成绩。

从空间布局来看，商帮与救火会彼此交叉。早在清末，街庙即是商帮主要集会地点。如福州木箱业有"同和堂"商帮，分为直路、横路、后埔里三帮，每年农历九十月间三帮分别举行"庆赞"活动，[1] 商议帮务。民国时期，救火会多以庙为址，但未与商帮冲突，两者和谐共存。龙潭救火会位于尚书庙，也是米帮的活动据点，所以在 1925 年，福建省财政厅撤销秫米牙，以保护米商合法利益，并在尚书庙前勒碑公告。40 年代，商帮奉令改组，成立工会、行会，活动颇多，常假救火会会所进行，如 1946 年市钟表修造业工会即"假路通救火会举行成立大会"。[2] 即使某些行会营业场所较大，为彰显公正，亦借用火会，1948 年澡堂业工会于"琼水救火会改选理事长"。[3]

由于关系密切，救火会常会同商帮，反抗当局暴政。1932 年，省政府开征房铺捐，各铺商事研究所及救火会，召开联席会议，决定反对。当得知警察局将采取强制措施，各铺商事研究所在商会碰头，决议全市罢市。各铺救火会，也在救火联合会碰头，公决各会召集援丁，如果官府逼迫商民开店，即与抵抗。[4] 随后各路救火会及商事研究所，推举代表百余人，赴省党部请愿。公安局局长亲自到商会与商民代表洽谈，商会委员也从中斡旋，平息风波。在该事件中，商事研究所与救火会密切配合，一个组织罢市，向政府施压，一个召集援丁，对抗军警，形成巨大声势，迫使官府让步，而商会则充当调解者，避免局面失控。

此外，面对大灾大难，救火会与商界合作密切。如 1941 年，福州首度

---

① 庆赞又称庆馈，野上英一对此有列专条解释，为便于理解，全条转引如下："各种职业者按其职业别集合在一起组成公会；其不加入此种公会者，虽属同业，亦把其当做同业看待。（原文如此，疑为误笔）公会即过去之议行，从国民政府的统治时起，才把其改名为工会，即于像过去谋同业者间的亲睦之外，主要还在于改善劳资间的关系。为着庆馈之故，那些在外国人处供使唤的'小厮'（BOY）亦要年一回到有关的庙里看戏并聚餐，各业都有其特定的庙，并在该庙处理一切有关的事件，这样的庙有的是出于自行设置的，有的则出于借用。"〔日〕野上英一：《福州考》，昭和十二年，徐吾行译，福建师范大学图书馆古籍库手抄汉译本，第 180 页。

② 《市钟表修造业工会筹备会呈报召开成立大会，要求派员监选的呈文》，福州市档案馆馆藏档案：901-7-181，1946 年。

③ 《市府关于澡堂工会理事依枝等要求改选并造送职员、会员名册及分配、失业工友工作问题的指令、代电、呈文》，福州市档案馆藏档案：901-7-1174，1946 年。

④ 《福州商民罢市》，《申报》1932 年 7 月 19 日，第 2 张第 8 版。

失陷，难民众多，商会会同救火会施米 7.5 万公斤，受惠人数达 15 万人。每逢水灾过后，救火会向难民施粥，其经费由商会捐助。双方能够合作，在于优势互补，商会虽财力雄厚，但人手匮乏，而救火会援丁众多，但缺乏资金，只有合作，才能共同应对灾难。此外，两会领导人交叉，也便于沟通，形成"商会筹钱、火会出力"的分工格局。

虽然渊源颇深，但救火会并非商界组织，更非商会的下属机构，这表现在诸多方面，首先，群体性事件发生后，救火联合会理事长和商会会长领导作为商民领袖，共同出现，未有等级高低之分。其次，官府公文注重排名先后，常奉行"尊者在前、卑者在后"的原则。提及两会时，常并列之，甚至将救火联合会名列商会之前。最后，从现有史料看，未发现商会向救火会下达指令，干涉其会务。因此救火会与商会是两个不同体系，虽然领导人存在交叉的现象，但他们多能分清职责，不会混淆身份。如商会会长蔡友兰曾任双杭救火会会长，作为救火会联合会会长的徐建禧，不能视蔡友兰为下属，干涉商会事务。

在商界组织中，以商事研究所与救火会关系最为密切。从形式来看，商事研究所与救火会相似，它依托社区运行，施医、赠药，善举颇多，并定期派遣水车，喷洒路面，保护环境，领导人多为火会中人，均在同处办公。如鼓泰救火会与鼓泰十社商事研究所原本均设在狮子楼，后因拆迁，遂向省政府请求"乞将赵真君庙为会址，并将隔壁通贤境为商业研究所"①，获得批准。甚至连经费也统一征收，如在《榕南救火会丁卯年收支各项征信录》收入项中，有"研究所月捐项"，商业研究所所长，常常是救火会会长，如琼水救火会会长林翼德，即是研究所所长。如此相似，缘何商业研究所要从救火会分孳而出？鼓泰商事研究所在宣言书述明缘由，"欧西各商业日益发达，交际知识，尤日臻良美，际此商政维新，若不趋世界之潮流，终难期待吾侪之进步"，基于此宗旨，研究所"除研究商业学识与交换经验外，复兼办各种慈善事业"，所员须为"凡营业本铺之人民"，② 而救火会会员要求"本区域范围内商民或住户"，③ 可见，商事研

---

① 《福建省建设厅关于鼓泰救火会请拨赵真君庙宇及通贤境为会所的训令》，1928 年 1 月，福建省档案馆藏民国档案：36-1-82。
② 《福州鼓泰十社商事研究所征信丛录》，福建省图书馆古籍部铅印本，第 10 页。
③ 《福建省福州市安乐救火会章程》，福建省档案馆藏档案：6-1-911。

究所与救火会存在根本不同，前者是商界组织，代表商人利益，而后者则是市民组织，代表市民利益。

性质不同，使救火会与商事研究所面对危机时，常采取不同的态度。如1932年，当局征收房铺捐，各铺商事研究所与救火会共同行动，迫使当局让步，将铺捐、房捐分开。第二年，当局征收铺捐，"任意估价"，商铺组成代表团，赴商会求援，却无人接洽，"大起公愤，竟将商会房屋捣毁而去"，后由各铺商事研究所联席议决"誓死否认任意估价"，[①] 并发动罢市斗争。结果省府以"省商事情研究所，组织不合法，并利用名义，鼓动风潮，经饬予以解散"。[②] 前后斗争，所涉利益不同，导致结果迥异。第一次斗争，房捐、铺捐同时征收，商民俱损，所以救火会与商事研究所共同行动，声势浩大。第二次斗争，受损者主要是商铺，故救火会没有参与，抗争规模不大，当局能够从容应对，将"罪魁"——商事研究所解散。

近代化浪潮中，商人阶层日渐崛起，成为社会中坚。由于种种原因，福州商会缺乏凝聚力，难以在地方事务中扮演领导者角色。各商帮为免遭火患，对救火会全力支持，使其成为影响力最大的社团。但救火会毕竟是市民组织，代表社区民众的利益，不能完全为商所用，故商事研究所从中分离，且日益壮大，逐渐向基层自治机构演化，与救火会共同成为基层民意的代表，因此政府在开征房铺捐前，"曾致函各会所、举派代表到府说明"，如果其不足以代表民意，"则政府之函召，是属何为"，然而各商事研究所，"迭次代表民意，反抗杂税苛捐，致触当局之怒"，[③] 被扣上"未经承认"的罪名，遭到解散，职能遂转嫁到救火会，进一步巩固其在基层中的地位。[④]

三　救火会与学生社团

民国时期，福州学校众多，多由教会创办，如三一学校、英华学校等，传播民主理念。此外，许多学子前往京沪求学，受进步思潮影响，加之血气方刚，逐渐成为有影响的社会力量。1919年，五四运动消息传到福

①　《福州商民罢市，反对省府征收房铺捐》，《申报》1933年5月21日，第2张第8版。
②　《闽省府解散商事研究所》，《申报》1933年6月28日，第3张第9版。
③　《福州商民罢市》，《申报》1932年7月19日，第2张第8版。
④　商事研究所为何遭到解散，前面已有论述，在此不再重复。

州，协和大学、福州市第二中学、私立法政等校学生举行游行，成立学生联合会，选出评议长和干事长，会所设在吉庇巷谢家祠堂。

学联成立后，发动三千名学生集会，设立"日货调查部"，赴各商号调查，禁止再进日货。黄瞻鳌、黄瞻鸿兄弟，[1] 无视禁令，调集军警，殴打学生。学联召集学生示威，发动"三罢"（罢工、罢市、罢学）斗争，向法院控诉黄氏罪行，拒绝萨镇冰调解。[2] 斗争结果，黄瞻鳌被拘获，黄瞻鸿被迫辞去商会会长职务。经过这次斗争，"给予绅士们一个严重的教训，以后作风有了些转变"。[3] 日商在领事馆策划下，制造"台江事件"，重伤学生数名。学联再次发动罢课，派代表赴京沪求助，在各地声援下，日本政府道歉，支付抚恤金。

学联勃兴，与强权接连博弈，冲击传统的地方权力结构，从而与绅、商等阶层并列，成为社会上最有影响的三股势力，在 1922 年，福州为"阻止客军入及招募新兵"，各团体召集会议，发表宣言，初名即为"绅商学大会"。[4] 尤其在运动方面，学、商两界更为活跃，时人谓之，福州"向来之游行，不过学生界及商界之少数人而已"。在其带动下，风气渐趋开放，1921 年，为支援鲁案，省内各界纷纷成立社团，"势甚蓬勃"，议会、学联、商会、商帮等二十余个团体，参加游行，人数达万人以上。[5] 学联甚至渗入政坛，操纵省长人选，1924 年，林寿昌等人不满省长林森，发动学生示威，迫使其辞职，由萨镇冰接任。

福州学联声势浩大，与上海民众支持有关。由于沪榕关系密切，在沪求学的福建学子甚多，一旦遭遇困难，福州学联即派人赴上海求助，而上海学联凭借地域优势，借助媒体力量，扩大风潮，形成全国舆论压力。在非常时期，福州学联骨干常往上海避风，1922 年，江秀清、林寿昌等九名学联骨干，遭到省府追捕，逃往上海，仍被捕入狱。[6] 在同乡会的营救下，

---

① 黄氏兄弟为义序乡人，黄瞻鳌在南台上杭开设恒盛布庄，黄瞻鸿为福州商会会长，与政要来往密切，是福州绅商的代表人物。

② 萨镇冰曾任北洋水师将领，海军大臣，一度代任北洋政府总理，为官清廉，热衷慈善，在福州民众中威望甚高，故黄氏兄弟以捐资数万元用于慈善事业，央求萨老出面调解。

③ 郭公木：《五四运动在福州》，《福州文史资料选辑》第 2 辑，1983，第 38 页。

④ 《闽垣各团体之大会》，《申报》1922 年 11 月 23 日，第 2 张第 7 版。

⑤ 《福州空前之示威运动》，《申报》1921 年 12 月 22 日，第 3 张第 10 版。

⑥ 这九名学生分别为刘开祥、刘友贤、江秀清、王希昂（瘐毙）、林寿昌、林佑民、许世雄、陈晋昌、陈国瑞。

最终出狱。

虽然崛起势头甚猛，福州学联的影响力未能持久。五四运动之后，总干事谢翔高在谢家祠堂被暗杀，[①] 学联分化成两股力量。其一，以翁良毓为代表的革命力量。翁当选学联理事长后，宣传马列主义，组织学生炸毁日本货船，后遭到镇压，翁不幸牺牲。其二，以林寿昌、林梅生为代表的帮会力量。五四运动期间，两人与总干事翁良毓、毛一丰关系密切，多次策划行动，谢被暗杀后，林寿昌召集部分学生，组成派系，自号大哥。[②] 继续查禁日货，后因手下时常打架斗殴，被视为帮派头目。1927 年，国民党在福建组织省党部，林寿昌出任筹备委员，"当时福建的民众团体，大部分是操在他手中"。[③] 终因权斗失利，被处死。林梅生发展轨迹有所不同，因"倒林拥萨"有功，与毛一丰同为省政府秘书，凭借显赫地位，组织"协社"，[④] 成员多达数百人，从事贩毒等不法业务，公开威胁省长方声涛，结果协社遭解散，林梅生遭枪决。

力量分化蜕变，使学联渐趋衰败，丧失群众基础，故在 1932 年，地下党员策划反帝爱国运动，通过救火会进行，而非学联。而到 1937 年的抗日救亡运动中，青年学生多参与"文救会""六三学社""民二七读书会"等团体，各自宣传抗日，极少发生大规模的学生运动。

福州学联消亡，在于缺乏理念和有效管理，未能确定长远目标，其行动以抵制日货为主，当风潮过去，即陷入盲目状态，或被他人利用，或为谋取私利，造成领导层的分裂。如林寿昌与林梅生曾是拜把兄弟，组成除奸团，共同抵制日货，因利益分歧而关系恶化，彼此对立。而且学联政治色彩较浓，容易获得政客青睐，林寿昌被捕后，国民党元老黄展云积极营

---

① 谢被杀原因众说纷纭，有的说是学联内部争权夺利所致，有的说是被商人报复，说法不一，难以考证。

② 火联会的重要领导陈春弗、江秀清均曾是该集团骨干，由于使用暴力手段禁止商人采购日货，且少数成员常在市区持械滋事，以致市民对林寿昌集团颇为畏惧。

③ 味凡：《福州林寿昌、林梅生两个流氓集团》，《福州文史资料选辑》第 2 辑，1983，第 54 页。

④ 协社的成员多是青年，但来源复杂，阮文玖、曹凯、邓英、高登凯号称"四大金刚"，分别负责郊区、南台、城区、闽江线等，多在所属势力范围收取保护费、催讨债务、操纵诉讼，且林梅生等领导人生活腐化，常出没烟馆、赌馆，因此许多市民视协社为流氓组织。参见味凡《福州林寿昌、林梅生两个流氓集团》，《福州文史资料选辑》第 2 辑，1983。

救，林出狱后，跟随黄步入政坛，成为有影响的政治势力，其他学联骨干也以从政居多。为争权夺利，二林常发动学生攻击政府，为官员忌惮，在抵制日货运动中，触犯商人利益，部下为非作歹，更为各界厌恶，因此，一旦在权力斗争中失利，即遭镇压。

学联虽然兴盛一时，但与救火会极少交集，这主要是由于二者的活跃时间不同，20 世纪 20 年代初期，学联以其进步性，赢得市民支持，方能发动三罢斗争，随着其蜕化变质，市民转而支持救火会，至 20 年代中后期，救火会基本上是各类风潮的发动者。而学联骨干多参与政治，群众性逐渐丧失，协社虽有党羽数百人，多从事不法活动，且会员以本地人士为主，对代表桑梓利益的救火会不敢轻易冒犯，因此双方极少发生摩擦。值得注意的是，抗战结束后，随着救火联合会被党政势力控制，一些当年学联骨干，如江秀清，因仕途顺畅，成为会中核心成员。

四 救火会与官方基层行政组织

吉登斯认为，在传统时代，国家对基层的控制较弱，社区的社会、经济、教育、文化诸方面具有浓厚的地方自主和社区自发特征，到了国家阶段，这一切成为超地方的、全民性的事务，他们的形态直接由国家中心的行政力量来塑造。[①] 现代民族国家的一个重要基石是行政力量的强化，而行政力量又包括对社会信息的储存与对人们行为的直接监督两方面。[②] 警局、保甲、区所等控制体系，正是在此背景下施行的。

1902 年 7 月 30 日，光绪帝颁旨，下令各省设警，闽浙总督许应骙计划以练军制兵改办巡警。因调任他处，未及实施。续任者认为"绿营窳惰无用，久为世诟"，而"王道之行，必自筹警察始"，绿营兵难担大任，且设立巡警，"居民铺户均须立门牌，编籍册，有清道之举，有贸易之场，大抵系关地方之事故，部署之法，亦与防军大异"。遂于 1903 年 11 月在福州设立警察总局，臬司朱其煊充当总办，将城守中军及副将所带之巡警

---

① 转引自王铭铭《溪村家族：社区史、仪式与地方政治》，贵州人民出版社，2004，第 85 页。
② 转引自王铭铭《溪村家族：社区史、仪式与地方政治》，贵州人民出版社，2004，第 88 页。

军，各拨出一队，凡四百人，除去绿营兵籍，并设立警务学堂，专门训练。"凡旧设之保甲、缉捕、清道等局，一概裁撤，同浚河丁夫，均归警务总局经理"，现在"城内已于三月初一日，南台已于四月初一日，陆续派兵站街，实行警察之政"。①

虽然用心良苦，却收效不佳，"闽省创办警务业已历三年，未见成效"，以致"当道为改良局务起见，从严约束巡兵"，颁令禁止八种行为："舞弄木棍、与人谈笑、携执伞扇、买食零物、站街吸烟、衣冠不整、照灯不擦、任意坐卧。"② 七种议罚，最后一种议办。从此八条禁令，可见当时警察素质之低。

辛亥革命后，都督府沿袭清制，设警务部，后改称警察局，管辖范围甚大，"掌卫生警察之事，凡清道、防疫、检查食物、屠宰、考验医务、医科及官立医院各事项皆属之"。③ 1929年，福建警察厅改为省会警察局，下设分局、警所，因市政府尚未设立，警局职权较民初并无缩小，增添移风易俗、整改建筑等职能，几类于市政管理机构。但警力不足，全市共设五分局，共有警官153人、警长118人、警士989人，④ 如此力量，难以维系政府运作，更为糟糕的是，"一般警士，多数出身不甚正当，一旦身着制服，则恃势凌人，鱼肉乡里，为所欲为"。对于"自己之任务及警察常识，均不明了"，以致"与人民隔阂，甚至发生恶感"，⑤ 警民关系如此，其社会管理能力可想而知，故需其他体系辅助。

南京国民政府成立后，着手基层组织建设。1930年5月，国民政府颁布《市组织法》，规定："市划分为区、坊、闾、邻，除有特殊情形者外，邻以五户、闾以五邻、坊以二十闾、区以十坊为限。"区设区公所，设区长一人，由区民大会选举产生，办理本区自治事务；坊设坊公所，设坊长一人，由坊民大会选举产生，办理本坊自治事务。闾、邻均通过居民会议选举产生闾长或邻长。在实施过程中，福州划成五个区⑥（见图4-2），分别设立区公所，而闾、邻制却未见施行。从制度层面看，区坊制领导通过

---

① 《署闽督李奏闽省设立警务》，《北洋官报》第350册，1904年，第3页。
② 《闽省整顿警务条规》，《北洋官报》第1143册，1906年。
③ 《闽中政事之进行》，《左海公道报》第13期，福州美华印书局，1911年，第13页。
④ 《内政统计季刊》第2期，1937年1月。
⑤ 吴锦涛：《福州社会调查》，《警高月刊》第2卷第3期，1935年，福建省图书馆特藏部铅印本，第65页。
⑥ 分别为大根区、小桥区、鼓楼区、台江区、仓山区。

选举产生，体现国家推行地方自治的努力，是训练人民行使四权的准备。①

图 4-2 1945 年福州市区区划

---

① 《为筹办地方自治敬告父老兄弟诸姑姐妹书》，欧阳英：《指导闽侯自治第一次报告书》，1931 年 6 月，福建省图书馆特藏部铅印本。

1932 年 12 月，国民政府推行保甲制。根据 "10 户为甲，甲设甲长，10甲为保，保设保长" 的原则，"甲" 成为社会组织的实体单位，通过 "甲" 的编制，使分散的人与户整合为 "一体" 的社会性单元，使各层级组织拥有了确切的权力作用的范围。① 保甲长权力极大，"一切基层的、政治的、经济的、文化的、军事的、社会的各种工作，都在保长的职责范围之内"。②

保甲制推出，主要是为了 "围剿" 苏区的军事需要，这在福建尤为明显。根据时人调查，"在过去时代，并无保甲法之实行"，直到 1933 年 9月，红军 "攻陷延平，威吓省垣时"，福州治安大受影响，于是各乡镇先后成立联甲公所，在各街巷出入口设置木栅或铁栅，选取壮丁巡逻，发现可疑之人，附近住户，须立即报告警察区署及警备司令部，联甲制实行，"对于警察辅助之功，实非浅鲜也"。③ 受此鼓舞，次年 8 月，福州开始正式推行保甲，由警察局负责，全市分为五区，以各分局局长兼任区长，各自派出巡官兼任联保主任，组织编查委员会，选举各区保甲董，"保董之推举，由各甲董公推，本局加委。甲董之推举，由各户长公推"。如果遇到 "更动辞补，均按照修正剿匪区内编查保甲户口条例规定"。④

表 4-3 1935 年福州保甲统计

区别	联保	保	甲
第一区	5	58	633
第二区	6	61	954
第三区	5	93	954
第四区	5	84	556
第五区	5	55	556
合计	26	351	3533

资料来源：福建省会公安局编《福建省会公安局业务纪要》（1934 年 2 月 15 日至 1937 年 2 月14 日），福建省图书馆特藏部铅印本，"行政篇"，第 2 页。

---

① 王先明：《从自治到保甲：乡制重构中的历史回归问题——以 20 世纪三四十年代两湖乡村社会为范围》，《史学月刊》2008 年第 2 期，第 71~80 页。

② 高亨庸编著《保甲长之任务》，张研、孙燕京主编《民国史料丛刊·社会·农村社会》第 684 册，大象出版社，2009，第 18 页。

③ 吴锦涛：《福州社会调查》，《警高月刊》第 2 卷第 3 期，1935 年，福建省图书馆特藏部铅印本，第 63 页。

④ 福建省会公安局编《福建省会公安局业务纪要》（1934 年 2 月 15 日至 1937 年 2 月 14日），福建省图书馆特藏部铅印本，"行政篇"，第 2 页。

　　较之区坊制，保甲制是军事动员的产物，受政府控制，联保长由警局巡官担任，保董虽是公推产生，需要"加委"方才合法，官办色彩浓厚。保甲制设立不久，红军北上长征，军事威胁缓解，因此尚未严格实施，一方面，保董由民众推选产生，代表民意，在地方上与强势集团斗争。另一方面，政府官员对保甲未予以重视。根据条例，保甲编查后，保长应召开会议，协商规约，共同遵守。保甲长将绘制所管区域的地图，连同规约，呈交政府备案。1937 年，闽侯县各区的保甲虽已编订，皆未见具报，有流于形式之嫌。地方当局为"督促保甲实施任务起见"，下令各区长，立即命令各保长，召集保甲会议，制定规约，"连同各保甲区域略图，户数人数，尽本月底报区汇呈察核云"。①

　　抗战爆发后，鉴于人口大量流动，当局认为"整编保甲，不但能防止奸宄活动，以保治安，且可进一步分别良莠，利便检查"，② 开始强化保甲，警备司令部下令闽侯县政府与福州警察局，重新编查市区保甲，新迁入居住者均应填给居留证，流动性质者填给流动证。1939 年元旦，高登艇（时任福建省民政厅厅长）发表演讲，"在此时期中，我们有两种最重要的任务，第一是自治，第二是自卫，完成这个任务的工具，就是保甲，军训与民教。""保甲是现在人们组织的基础，由自卫导入自治的阶梯。"③ 在政府推动下，保甲体系不断渗透基层，构建了县政府—区公所—保办公处—甲办公处—户的权力机制。

　　尽管官员充满理想，积极效仿西方，建设国家政权，然而制度层面的设计，未能达到预期效果。特殊的时势，使本应为群众性自治的保甲制，成为基层政权性组织，承担攫取资源的重任。且在推行过程中，多因袭旧制，稍加变通，乡村保甲"大多敷衍公事，组织很难健全"。④ 城市保甲亦是如此，由于保长、甲长主要承担征夫、征税等动员任务，且为"义务职"，县里有事则饬区署，区署必饬保甲长，因此保甲长几为事事重心，

---

① 赵益谦：《保甲与清查户口》，《闽政月刊》（民财建辑）第 1 期，1937 年，第 8 页。
② 《省政史料，一月来省政要闻》，《闽政月刊》第 4 期，1939 年，第 56 页。
③ 高登艇：《保甲与军训民教的联系问题》，《闽政月刊》第 5 期，1939 年，第 12 页。
④ 陈洪进：《国难期中的乡村团体组织》，《中国农村》第 1 期，1937 年，转引自王先明《从自治到保甲：乡制重构中的历史回归问题——以 20 世纪三四十年代两湖乡村社会为范围》，《史学月刊》2008 年第 2 期，第 78 页。

"事烦食少，谁肯甘心"，[①] 德才兼备者不愿出任，而恶劣之徒却不惜采取贿选手段，谋充此职，视为牟利之道。1947年，福州市政府尚未颁发命令，而区公所乃至保甲长已经开始"强拉壮丁"了，"非法挨户摊派壮丁安家费，数额之多寡，由保甲长酌情定之"，[②] 甚至制造血案，逼死不受征召者，以致民怨沸腾。时至今日，许多八九十岁的老人仍对此记忆犹新。

现代民族国家的构建过程中，政府形式上通过警局、区所、保甲实现了基层控制，并建立区民大会作为民意诉求机关，其设计颇为严密，然而行政力量并未因此强化，缺乏文化凝集力和物资资源，加之内在的先天性缺陷，使精妙的制度徒有其表，逐渐沦为谋取私利的工具，声名狼藉。故救火会作为民间组织，仍有存在的空间，在诸多事务上，当局只有借助火会，与警局、保甲相结合，方能推行政令。如在防火检查活动中，"正副督导员由警所所长巡官及区公所员等分别担任之，正副组长由保长及警员担任之，警员，除原有巡守勤务外，应协助正组长办理检查工作，组员由救火会临警及各甲长担任之"。[③] 每年冬赈，亦是通过救火会与基层行政体系结合实现。如1944年，市救济协会向贫民发放救济物资，西洪镇公所"派榕西救火会代表陈谦祥、区分部代表林登炳，镇公所代表李琪前往，按贫户民册分发，领米九百五十市斤"[④]。总之，若无救火会存在，福州市政必瘫痪。

保甲体系的建立，对救火会在基层的地位造成冲击，其职能有所萎缩，1934年之前，救火会可以裁决辖境内事务，权力较大。保甲制建立后，成为官方在基层社会的代言，承担诸多职能。但民众每有诉求，仍通过救火会进行，而非借助保甲。这折射两者影响力差异，但亦有合二为一的现象，如救火会领导成员中常有保长、甲长。此外，在许多情况下，保长、甲长对救火会颇为畏惧，笔者在调查中发现，40年代，某救火会会员被保长当壮丁抓走，其他会员蜂拥至保长家理论，保长只好放人。总之，

---

① 《提高保甲长待遇》，《华报》1935年11月15日，第4版。
② 《政情一斑》，《申报》1947年1月7日，第3张第9版。
③ 《市警察局关于防火宣传、检查工作的训令、呈文》，1946年12月，福州市档案馆馆藏民国档案：902-6-575。
④ 《省府、市政处关于本市社会救济事业办理情况，冬令救济，收容工作及市社会救济协会成立报告表暨组织规则等的呈文、训令、指令》，1944年2月，福州市档案馆馆藏民国档案：901-3-66。

救火会在地方社会中居于主导地位，有其深刻根源。首先，随着士绅阶层衰落，传统善堂日渐式微，新兴公益机关鱼龙混杂，难以赢得公众信任，且善社各自为政，未能实现资源整合，以致"社会事业落后"。救火会扎根社区，得到商家大力支持，发展迅速，并承担施善职能。其次，社会动荡不安，亦使商会沦为政府摊捐对象，难以真正独立，尤其集体性事件发生后，商会会长为保护自家安全，常采取中立态度，导致商界弥离分散，诸多事务难以协调，各商帮遂依托社区，设立商事研究所，网点遍布全市，逐渐演化为基层自治机关，最终因对抗政府，遭到取缔。而学联借助全国反帝浪潮，异军突起，冲击传统地方权力结构，然而活动多带有政治色彩，最终蜕化变质、迅速消亡。与此同时，官方力量向基层延伸，建立保甲体系，却变成简单的资源动员工具，征夫、征税成为其主要内容，保甲长更借此谋利，造成社会紊乱，民心尽失。

结　语

民国时期，福州救火会承担都市消防重任，活跃于赈灾、调解、治安等诸多领域，多次组织市民发动集体性运动，与地方政府、电业公司相抗争，维护市民的利益，并掀起福州反日风潮，凸显其在地方社会的强大影响力。尽管近代福州地方力量此起彼伏，商会、学生社团、善堂善社曾兴盛一时，但均先后衰败。南京国民政府成立后，大力推行保甲制，作为官府基层行政体系，终究未能在地方上占主导地位。而福州救火会通过与其他社会力量密切配合，威望得以不断提升，弥补基层权力真空，发展成为社区自治组织，成为维护地方社会稳定的中流砥柱。

较之其他力量，福州救火会的优势较为明显。首先，近代福州火灾问题严峻，而官办消防队伍薄弱，救火会有其存在空间，所以在30年代初的抗捐风潮中，政府将商事研究所解散，却不敢轻易取缔救火会。其次，消防是共同性行动，在火场，队员需要齐心协力，共同合作，方能减少伤亡，而日常防火，需要调动社区之力，防患于未然，方有效果。而救火联合会的设立，使分散的救火会构成有机整体，有效整合资源，应对非常事件。再次，救火会可弥合各阶层差异。由于饱受火灾威胁，各阶层均参与救火会，官员予以鼓励支持，商人向其捐资，担任主要领导，而普通群众则加入会中，成为灭火主力，围绕消防关系，社会形成共同体。最后，长期防火畏火的社会心理和民间习俗，使救火会契合本地文化、迎合民心，有助于其提升声望，赢得民心。各种因素交织，使救火会与地方力量互动频繁，或吸纳融合，或相互配合，或兴衰嬗变，最终奠定在地方的中心地位。

从某种程度而言，救火会的自治性，承袭于传统。明清时期，福州民众以社境为单位，开展神事活动，街庙"不仅是社区活动的中心，还是社区民间意识与公共意见的表述地"。① 民国之后，政治体制变革，并没有彻底改变人们的思想，迷信之风依然兴盛，即使是实业家亦不例外，如电光刘曾任火帝庙的首事。政府为能破旧立新，传播革命理念，多次严禁迎神赛会，却收效甚微。即使是新生活运动，也未能洗涤思想。政府举措无效，在于民众善于变通，将社境转入秘密状态，与救火会融为一体，所以两者在空间分布、社会功能上颇为类似，也正是以神缘为依托，救火会才能够获得更多认同，凝聚力更强。

---

① 王铭铭：《村落视野中的文化与权利——闽台三村五论》，生活·读书·新知三联书店，1997，第291页。

第五章

闽南救火会与清末
变革下的地方社会

——以天安寺事件为个案分析

　　清末民族主义运动风起云涌，已引起学界高度重视，研究成果较多，[①]侧重从宏观角度论述其"反帝反封建"的阶级性质与意义，较少关注背后的地方性与社会网络，以及与晚清自治的内在关联，并较少置于地方发展脉络中考察。本书将以1909年天安寺事件为例，探讨1908年《结社集会律》颁布后，闽南救火会如何发动群众，取得交涉的胜利。它与社会变迁有怎样的潜在联系，折射地方权力变动？在福州救火会百年发展史上，闽南救火会开启新风，承前启后，具有重要地位，有必要深入探讨，对个案进行分析。

[①] 清末民族主义运动研究成果较多，尤其在20世纪七八十年代，更是成为史学研究重点，但注重对史实的澄清和历史脉络的梳理，运用阶级斗争分析法，视之为"反帝反封建的爱国主义运动"。步入21世纪，研究者开始从新的视角，运用新的理论加以阐述，称之为"民族主义运动"。其代表作如桑兵《拒俄运动与中等社会的自觉》（《近代史研究》2004年第4期）、王立新《中国近代民族主义的兴起与抵制美货运动》（《历史研究》2000年第1期），主要集中论述1903年拒俄运动、1905年抵制美货运动，而较少重新审视其他地方性事件。1908年，清廷颁布《结社集会律》，打破了结社集会的禁网，目前尚未见探讨其与民族主义运动两者内在关联的论述。

第一节　天安寺事件缘起及经过

天安寺坐落于南台岛藤山北端峰顶，初建于宋崇宁二年（1103），[①] 内设藏六庵、双江台、明极堂等。寺外十里，梅树绵延，风景绝佳，使仓山有"琼花玉岛"之称，凭台远眺，不仅可览榕城的风光，更可观端午"竞渡"之风景，每年踏青观光者络绎不绝，成为福州一大胜景。北宋诗人陆游有诗云："九轨徐行怒涛上，千艘横系大江心。寺楼钟鼓催昏晓，墟落云烟自古今。"[②] 文中的"寺楼钟鼓"即天安寺。南宋抗金名臣李纲被贬后，曾寓居寺内，读书赋诗，直至逝世。后人常来此凭吊，缅怀其爱国壮举。谢汝奇《观竞渡》诗："屈原才死李纲亡，此地此时俱断肠。"特殊的地理人文因素，使天安寺成为福州民众爱国精神的寄寓。

明清时期，南台成为商业重镇，除木材、大米外，盐也是重要的商品，天安山地处孔道，山下地势平坦，安置盐仓百余所，盐业荟萃，故盐商对天安寺颇为眷顾。嘉庆十二年（1807），僧人法机募缘重修寺庙，"蒙海防分府查捐番二十元，闽县言捐番十元，侯官萨龙光捐番五十元，阮长魁捐一百元，善信商船捐四百元，重修大殿用……复蒙阮檀那邀请诸盐馆商主萨丰裕、兼山馆谢福裕、素兰馆暨诸盐船捐番一百元"。在捐款名单中，萨龙光与萨丰裕均属雁门萨氏，早在明代，该家族即在福州经营盐业，历数百年而不衰，成为当地望族。萨龙光考取进士后，仍"治盐策以赡族戚"，[③] 以名士闻名。捐款最多的阮长魁，文中虽未说明其身份，但他能邀请诸盐馆、诸盐商捐款，显然是盐业的领袖。除捐款修缮外，盐商还提供日常经费，从嘉庆二十四年（1819）至道光间，"复蒙诸盐馆商主暨补题各善主公议劝捐，溪船帮每运每船捐灯油钱卅文，以为佛前永远香灯"。[④] 各盐馆之所以"公议题捐"，主动筹措各项经费，可能是由于天安

---

① 天安寺初名万寿禅寺，与万寿桥，均为时任郡守王祖道修建。万寿桥即今天的解放大桥，历经千年岁月洗礼，被视为福州城市的象征。
② 陆游：《度浮桥至南台》，邹志方选注《陆游诗词选》，中华书局，2005，第8页。
③ （清）朱锦星修，郑祖庚纂《闽县乡土志·侯官县乡土志》，《耆旧录一（德行）》，海风出版社，2001，第79页。
④ 《法机募化诸行栈劝捐客船善信碑》，碑现立于福州仓山天安寺旁厢内。

寺为盐帮的聚议场所，在神祇的监督下，盐商能以祭祀活动团结同人，杜
绝欺骗行为，维持商业信用。

开埠之后，随着茶叶贸易的兴盛，盐业盛况不再。[①] 天安寺难以得到
商人资助，困难重重，僧人流失殆尽，其宗教色彩淡化，逐渐成为乡间公
共场所。乡人或寄寓其间，或开办私塾。马江海战期间（1884~1885），福
州设立团练局，分东、西、南、北四厂，以防患于未然。天安寺因"毗连
六铺"，地处南台商业区与仓山租界区接壤地带，形势紧要，遂为南厂驻
地所在，庶吉士郑淑璋出任团董，率领团丁日夜操练，官府也派潮勇一营
入驻寺内，保护洋人。

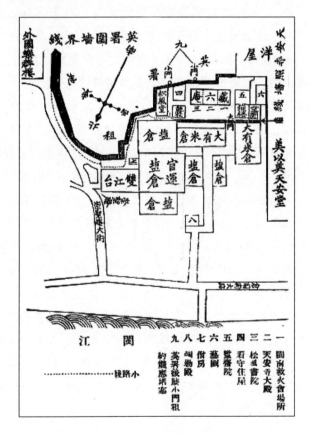

图 5-1　天安寺示意

资料来源：《英领事混争天安寺纪实》，《附录》，上海图书馆古籍部铅印本。

---

① 萨氏家族此时多改做他业，与盐业关系不甚密切。

战争结束后，潮勇撤去，团练停办，天安寺庙又恢复往日风采，乡人或将"藏六庵"出租，或假"艺圃"授课，情形较为混乱。1890 年，黄声训出资重新修整后，呈请闽县县令发布告示，"不准闲杂人等，混寓其间"。黄声训身份不得而知，或许是"乡董"之类的精英，具有声望，能处理地方事务，所以才会出资修寺，保护地方公产。绅士对天安寺控制未能持久。随着经济繁荣，南台流动人口增加，棍徒横行，商民动辄罢市，社会管理不易。官府虽设立保甲局，然力量有限，委员被殴不断，遇到突发事件，只能从城内调兵，平息事态，但南台距城十里之遥，军队难以及时赶到，有必要驻兵，维护地方秩序。天安寺地处南台核心区域，且面积宽阔，屋舍颇多，所以从 1899 年至 1902 年间，官府两度派福胜营等军队入驻其中，一旦南台火灾，即出兵赴援，若是"间遇有灾旱歉收"，① 则以天安寺为公所，开仓平粜，散赈施粥。

从现有资料来看，晚清时期，地方公产基本由乡董代为管理。咸丰五年（1855），仓前乡曾将天安寺周边土地，向英国领事馆出租，"每英月租钱五十千文"，租钱按照季度，"凭摺支取"，租期五年，自租之后，"听凭掌管建盖房屋，地内原植果木，去留听便，此系本铺官山，与别铺绅民无涉"。立租约人为"天安铺绅耆李光策"。② 根据上述记载，天安山属于"官山"，产权在官，但官府控制基层能力有限，遂由"绅耆"代表乡间管理，自行向英领事馆转让使用权。但谁能代表乡间，则变数较大。咸丰十年（1860），仓前乡与英领事再立租约，立约人为"天安铺联董洪范、郑恒丰，乡耆洪起原、陈道昌、洪孔富、黄利宜"，③ 较前人数增加颇多。如此，极易造成管理紊乱。天安寺情况则更为复杂，原为寺产，后僧侣散尽而转为地方公产，又地处要冲，官兵时常入驻其中，产权不清，管理不易，为后来"混争"埋下隐患。

1904 年，随着南台"警察之政"推行，福胜营使命终结，遂调往他处。天安寺管理再度真空，齐伯奇、张泉泉、曹定丰等三人乘机侵占寺

---

① 《天安寺官绅各界历年办公之历史》，上海图书馆古籍部特藏部铅印本，第 6 页。
② 《仓前乡与英领事订立租约》，《英领事混争天安寺纪实》，上海图书馆古籍部铅印本，第 5 页。
③ 《仓前乡与英领事订立租约》，《英领事混争天安寺纪实》，上海图书馆古籍部铅印本，第 5 页。

屋。其中张、曹二人均与英国人有密切关系,张泉泉为英领事馆听差,负责跑腿、打杂事务。曹定丰为大挑知县,其叔曹士元为英领事馆效力几十年,为老员工。由于职位较低,他们难以入住英领事馆(见图5-2),只好搬入毗连的天安寺,以求便利,从而出现"三家霸庙"的局面。

图 5-2 清末英国驻福州领事馆

资料来源:福州市档案馆馆藏照片,授权使用。

1908年,林雨时等人筹建闽南救火会,经综合考虑,也把会址设于天安寺内,通知曹张等人搬离,① 双方矛盾激化。6月20日,曹氏叔侄,"突然到会,摔毁公物,辱打坐办员",② 引起公愤,受到联名控诉,后"经公亲处息",曹家愿意限期迁离,并签约存照,事态暂时缓和。然而曹、张两人企图借助英国人势力,令救火会另迁他处。9月5日,张泉泉声称奉英领事佩福来(G. M. Playfair)谕令,要求救火会"所有救火器具,一切

---

① 清末新政以及由此推进的地方自治制度,使公益社团能够合法占有乡村社会的公共权力与公共资源。参见王先明《制度变迁、革命话语与乡绅阶层——20世纪前期乡绅阶层消退的历史轨迹》,桑兵、赵立彬主编《转型中的近代中国》下卷,社会科学文献出版社,2010,第748页。

② 《海外内华洋交涉案卷》,《华商联合报》第19期,1909年,第4页。

限于下礼拜三，即行搬离"，林雨时致函询问真伪，英领事予以否认。但数日后，英领事态度大变，要求救火会领导人前去拜见，措辞强硬："尔等何故擅行侵占大英国政府之租界情由，本领事不得不照会地方官严饬尔等遵照，尔等犯有极大背约之重罪。"① 林雨时予以回绝。于是英领事向洋务局控诉，如果"不立饬搬离，必致酿成巨案"。② 救火会也通过商会向督宪上禀，请求"拒绝侵占，以保地权，而扶公益"。③ 一场普通的民事纠纷，演化为事关国体的主权之争。

面对两份控文，督抚颇感棘手，一方是有影响的地方力量，代表民意，若处置不公，则可能激起民怨，背负卖国罪名。一方是外国领事，代表英国，稍有不慎，则可能酿成巨案，受到朝廷严惩。只好先下令调查，洋务局于是"饬传天安寺地保片请该铺绅者"，将所立租约，逐一查验，并会同绅者实地勘察，确认"藏六庵实在租约之外，并无缪辖"。④ 即便如此，督抚仍不敢秉公办案，而是力图调解，派人劝说救火会暂时迁离，或更换名称，以缓和英领事的逼迫。林雨时则以"救火会迁徙之日，即天安寺失地之期"，⑤ 不肯让步，双方相持不下。

福建地方官吏无力解决，救火会遂寻求更为广泛的支持，以打破僵局，一方面上书咨议局筹办处、外务部等中央部门，请求出面干涉，却石沉大海，未见回音。另一方面，向社会披露实情，向国人求助。此举颇收奇效，京沪等地报刊详细报道事件的经过，形成强大舆论压力，外省福建同乡会纷纷来函，以示支援，福州民众亦不断罢工、罢市，游行集会，以示抗议，一场全国性的反英浪潮蓄势待发。英国驻华公使唯恐事态激化，紧急特派参赞麻穆勒与上海工部局员赴闽调查，经过实地勘察，麻穆勒承认"天安寺非在英署租约之内，闽南救火会以闽人公产办地方公益，经该乡众认可，自可毋庸迁徙"。⑥ 风波始告平息。

整个事件历时一年又三个月，曲折颇多，呈愈演愈烈之势，由普通的

---

① 《英领事答函》，《英领事混争天安寺纪实》，上海图书馆古籍部铅印本，第3页。
② 《英领前后致洋务局函》，《英领事混争天安寺纪实》，上海图书馆古籍部铅印本，第6页。
③ 《救火会上禀督宪禀》，《英领事混争天安寺纪实》，上海图书馆古籍部铅印本，第7页。
④ 《洋务局准英领来函委派高大令庆铨履勘前后申详督宪文》，《英领事混争天安寺纪实》，上海图书馆古籍部铅印本，第9页。
⑤ 《救火会上福防分府禀》，《英领事混争天安寺纪实》，上海图书馆古籍部铅印本，第10页。
⑥ 《福建天安寺案最后办法》，《东方杂志》第13期，第六年，第482页。

民事房产纠纷上升为关系主权的中外交涉，由自行调解至督抚过问，最终惊动朝廷，由地方性事件，逐渐波及全国，险酿反英风潮。在整个事件中，曹、张二人虽然地位不高，却凭借私人关系，使英国领事介入，而福建地方官员或推诿，或拖沓，不敢依法处理，闽南救火会却能冲破阻力，借助官府之外的社会力量，发动群众，取得交涉胜利。这反映社会权力结构正发生悄然变化。为何闽南救火会具有如此实力，能与强权抗衡？

第二节　混争事件中的闽南救火会

闽南救火会初创于 1908 年 3 月，为福州第二个救火会，[①] 晚于木帮彬社将近二十年，却具有承前启后的重要地位，在其带动下，福州各救火会纷纷成立，短短三年内，达十七会之多。闽南救火会的创办，得益于清末地方自治的推行，林雨时在上督抚禀中，即阐明两者的关系："况救火会为地方行政之一部分，现今明诏煌煌，催办地方自治，若稍有萌芽，即被摧折，富强之基，何自而始？"[②] "救火会者，非奏定地方自治章程所准其设立者乎"，[③] 借助"地方自治"名目，救火会得以在政府批准立案，获得合法性，其救火行动也得到官府支持，闽县县令曾出示晓谕，禁止借救火受损为名，赴会婪索行为，以利于救火会开展业务，减少无谓纠缠。救火会也呈请"警务总局严禁花炮"，[④] 以借用公权力杜绝火患。救火会兴起并非个别现象，受政策宽松影响，其他的社团也成立颇多，如求援会、文明社等，种类繁多，难以计数。[⑤]

闽南救火会的发起人共有 26 位（见表 5-1），为该会的主要支持者，包括主要成员与支持机构两部分。其中会员共有 24 位，根据背景不同，可

---

① 此根据革命党人自叙，因清末福州官府文件基本销毁，具体情形无法考证。第一个创办的救火会为 19 世纪 80 年代创办的木帮彬社救火会，但其救火范围只局限于木帮。

② 《救火会上禀督宪禀》，《英领事混争天安寺纪实》，上海图书馆古籍部铅印本，第 7 页。

③ 《华商联合会报》第 5 期，1910 年，第 12 页。

④ 《林雨时清宣统元年日记钞》，徐天胎编著《福建民国史稿》，福建人民出版社，2009，第 449 页。

⑤ 参见路子靖《清末地方社团的政治参与及官府的应对——以福州地区为例》，《福建论坛》（人文社会科学版）2006 年第 2 期，第 45~49 页。

分为三类人，其一，具有一定地位的进步人士。如林雨时早年在英华书院（美以美会创办）求学，曾赴台追随林森，后加入"旅沪福建学生会"。郑祖荫曾与黄乃裳一起创办《福报》，主张变法，亦为"旅沪福建学生会"骨干。林叩安为塔亭医院（圣公会创办）第一位中国医生，曾向英国女王上书，表示要为同胞坚决戒毒。他们多接受新式教育，深受进步思潮影响，追求社会变革，虽然具有各类官头衔，但主要通过捐纳、表彰途径获得，只是荣誉性称号，未担任实职。在救火会中，他们居于核心地位。其二，在乡间具有威望的人士。生员陈毓鑫，为光绪十八年（1892）壬辰科进士，在官绅中有影响力。王位中为"乡耆"，即乡里年高德劭的人，类似于里甲制"老人"，能够处理乡间事务，常为各类善举的倡领者。他们的参与，扩大了救火会的群众基础，能有效协调地方上各种关系，保障自身的权益，顺利开展会务。其三，社会地位不高的进步人士。在救火会中，有多位会员家境贫寒。如刘元栋，出生于仓前街小商人家庭，因家庭困难辍学，以拳术闻名，后参加反清复明的会党组织——共和山堂，与林斯琛等人为挚友。1905 年，共和山堂领导人设立藤山文明社，刘元栋随之加入。在救火会中，他们虽然身份不高，通常为职员，但深受先进思想熏陶，冲锋在最前线。如刘元栋"遇警则立率多人驰援，必扑灭而后已，人咸德之"。[①] 各种力量的参与，使救火会既能整合传统的社会精英，又能吸引底层进步青年充当主力，因此颇有号召力，迅速成为地方上的重要力量。

表 5-1　闽南救火会主要成员及支持机构

五品衔林雨时	县丞郑守馨	生员陈毓鑫	益闻社学堂	桥南公益社
知府林树菜	职员陈能光	职员许绍琪	乡耆王位中	五品顶戴赵承禹
按察司照磨郑嘉璧	考职典史郑祖荫	武举王成球	塔亭医院医员林叩安	生员王起
职员吴世榕	监生林端	监生欧在球	法政毕业生刘杰	监生王鸿慈
监生王翼翔	生员陈纪琨	职员林斯琛	职员刘元栋	职员施宗泽
同知衔林大琼	允孚税典	永昌税典	泰成税典	升和钱庄

① 吴适、林家注：《黄花岗纪事》，卢美松主编《福建辛亥革命史料选集》，海风出版社，2011，第 372 页。

晋丰税典	杨崇余钱庄	厚余钱庄	元亨利米行	云章公司
仁元钱庄	元经公司	源生钱庄	新太记公司	陈金丰酒库
资寿堂药栈	陈复兴栈	瑞记公司	公和钱庄	和记栈
瑞兴洋货栈	德记公司	德泰胜酱园	裕记粉栈	王大盛烟行
恺记油栈	黄公记栈	林启源栈	福美协布庄	泰丰酱园
义源布庄	诊寿堂西药房			

资料来源：《闽南救火会征信录》，1908 年，福建省图书馆特藏部铅印本。

闽南救火会的成立，与火灾频繁有关，据《征信录》记载，1908 年 7 月至 1909 年 12 月，闽南救火会共灭火 21 次，分别为 1908 年 6 场、1909 年 15 场（见图 5-3），从发生时间来看，以秋冬季节居多，应验"秋季火帝出动"之谚语。从发生区域来看，城内 5 场，城外 16 场（见图 5-3），以南台火灾最为频繁。闽南救火会虽地处仓前山，但救援区域颇广，几乎涵盖全市。由于距城有十里之遥，且需要渡江，耗时甚多，① 救援队伍尚未到达火场，火即已经熄灭，以致有"城内救援至中洲而返""城内救援至南门下而返"的相关记载。可见，此时救火会数量不多，未规划辖区，逢火必救。救援区域广泛，也能获得更多的群众支持，产生更大的社会影响。

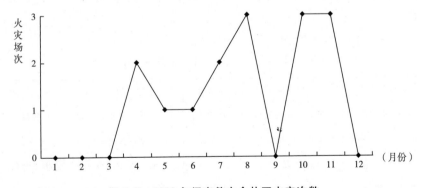

图 5-3　1909 年闽南救火会扑灭火灾次数

① 闽南救火会无汽龙设备，全靠脚力，且需要携带笨重的救火器械，粗略估计，从鸣锣召集人手，至奔赴城内，需要三个小时。

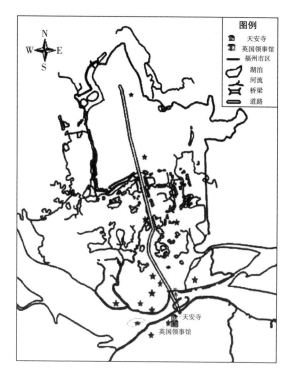

图 5-4 1909 年闽南救火会救援区域

闽南救火会系"照泰西新法研究",其章程"仿照外国消防队",[1] 这与创办人经历有关,林雨时、郑祖荫等人均曾在上海学习生活,目睹英法租界洋人救火会先进,[2] 决意效仿,所以闽南救火会现代色彩较浓,组织架构采取会董制,实行科层管理(见表 5-2)。林雨时出任会董,郑季明、陈丙台为副会董,三人均为社会名流,身兼数职,如林雨时同时担任益闻社、去毒总社领导,无法全身心投入会务,因此又设有驻会帮办与副帮办,作为专职人员。领导层下设经济、督援两大部,经济部主要是征收会费及购置办公用品,督援部则负责灭火,两部共有 33 人,占总人数 66%。此外,救火会还下设庶务员、稽查员、评议员、书记员、医员,分别负责行政、后勤事务,人数不多,占总人数 20%,却扮演监督者、评判者、救助者

---

① 《天安铺上洋务局之公禀》,《英领事混争天安寺纪实》,上海图书馆古籍部铅印本,第 4 页。

② 上海租界创办救火会,成为沪上风景,西式文明象征,在《沪游纪闻》等均见记载,小浜正子亦做过较为详细的论述,详见《近代上海的公共性与国家》,葛涛泽,上海古籍出版社,2003。

等重要角色。合理的行政体系，使救火会能够协调运作，具有较强的凝聚力。

表 5-2　1908 年闽南救火会会员

职务	姓名				
正会董	林雨时				
副会董	郑季明	陈丙台			
驻会帮办	刘元栋				
副帮办	易伯华	许莪官	陈清清		
经济部	叶国瑞	林芝轩	林瑾如	庄涛松	杨朝旭
	庄翊础	陈鸣岐	黄道生	陈松友	李郁斋
	许襄侯	施锡如			
庶务员	许莪官				
稽查员	陈秀榕	王鸿慈			
评议员	林温如				
书记员	郑兰孙	庄质夫	郑钟麟	王政常	叚安东
医员	江绍琪				
督援部	郑勤明	陈维钦	邹祐祈	陈宝铭	李炎璋
	王可星	刘孝宜	洪桃桃	叚松年	林义茂
	刘葆萱	林观韶	陈步云	刘澄铭	叶明庆
	李灿如	张铨铨	张朝庸	刘梅骥	王秀钦
	王拱陞				

资料来源：《闽南救火会征信录》，1908 年，福建省图书馆特藏部铅印本。

闽南救火会通过募捐筹集经费，根据来源不同，可以分为两种类型。其一，商号捐款。众商久受火灾困扰，渴望消防组织的出现，加上地方头面人物号召，所以大力支持救火会。1908 年，捐款商人 26 家，捐款金额 203 元，至 1909 年，数目已增加至 103 家，总捐款 1040.13 元（含私人捐赠），数量大增，而且募捐方式日益规范化，按月纳捐，如华通保险公司月常捐为 5 元，共缴纳 8 个月，合计 40 元。从行业分布来看，钱业、药业、纸业等数十个行业均有纳捐，以煤油业纳捐最多，除特别捐外，还须根据营业额缴纳抽捐，如信远堂 17 家铺号缴特别捐 100 元，又止售油 79680 连，抽捐 159.36 元，合计 259.36 元。① 煤油业"特别"，与其易燃

---

① 《闽南救火会征信录》，1909 年，福建省图书馆特藏部铅印本。

性质有关。其二，私人捐赠。1908 年共捐赠 290 元，占收入总数 37%。36名捐赠者，有 17 位是救火会或桥南公益社会员。随着征收制度完善，私人捐赠比重下降，至 1909 年，捐赠者只有 12 位，所捐金额只有数十元，且较少为会员，显示救火会日益走向成熟，能够通过征收机制维系运转，而无须依赖会员的捐赠。

闽南救火会并不是纯粹的公益机构，真实身份为革命党人的掩护机构。1900 年，在藤山清安境（今仓山下渡）行医的林斯琛加入复明山堂，[①] 负责联络其他反清会党。1902 年郑权、郑祖荫共同发起文明社，以下渡十锦祠为会址，借阅报为名，传播新知，林斯琛随之加入，革命社团与会党日益融合，形同一体，引起清廷注意，被迫解散，主要骨干纷纷潜逃。1905 年，同盟会成立，次年，福建设立分会，林斯琛为会长，林雨时、郑祖荫等人为骨干，以丙午俱乐部作为活动地点，为便于行动，遂趁结社便利之机，向清政府申请成立桥南公益社，下设体育社、阅读社、去毒四局、救火会等机构。烟毒、火灾为晚清福州地方主要问题，因此"去毒救火，尤受称道"，"桥北各境受鼓动，亦相继设立公益社"，并以事业关联，在桥南社内设立"社会办事处"，作为联系机构。此外，桥南公益社还创办《建言报》，宣传革命道理。1911 年，武昌起义爆发后，桥南公益社成为同盟会的总机关部，策反新军，指挥学生队、炸弹队攻打旗营，迫使总督松寿自杀，推翻清廷福州政权。1912 年，孙中山卸任临时大总统后，前往桥南公益社视察，题写"独立厅"牌匾，以表彰其在辛亥期间的贡献。

总之，闽南救火会颇具时代特色。一方面，它是先进知识分子针砭时弊，借鉴西方经验，设立的新式社团，因契合社会需求，所以能整合力量，吸引地方精英加入，获得地方群众的支持。与此同时，先进的管理体系、日益完善的筹资渠道，也使救火会能顺利运行，在乡间威望不断提升，效仿者颇多。另一方面，闽南救火会以消防为名，行革命之实。1908年之前，革命团体与会堂组党只能秘密联络，可能遭到取缔，《结社集会律》颁布之后，革命党人借机创办公益社团，通过向官府注册获得合法

---

① 复明山堂为福建哥老会最大组织，其宗旨为反清复明。邹燕庭最先加入，林斯琛、刘元栋、黄光弼、严汉民等随后加入，在驻榕清军中有较大影响。

性，得以公开活动，地方官员虽有所耳闻，试图取缔，却受律令束缚，无可奈何。在新的历史条件下，闽南救火会精英荟萃，颇具实力。

第三节　闽南救火会的斗争策略

在天安寺事件中，闽南救火会克服阻力，打破僵局，取得交涉胜利，除自身实力外，还得益于各种策略的成功运用。

（1）争取地方民意。与英国领事馆对峙中，闽南救火会获得地方民众支持，工人罢工，商人罢市，学生走上街头，游行演讲，全城处于骚动之中。民情激烈，与特殊时局有关。20 世纪初，民族危机深重，闽南救火会提出"保地权，扶公益"，对民众触动极大，且天安寺为福州历史象征，蕴含屈原、李纲等爱国志士的文化符号，易激起群众共鸣。加之，救火会中的地方精英，素有威望，对民众有号召力，其消防之举，受到民众欢迎，许多社境群起效仿，并在桥南公益社设立联络组织——社会办事处，互通声气，因此英国领事馆虽能凭借武力向官府施压，却因触动地方的基层网络，遭到强烈抵制。

（2）发动报刊舆论。清末，报刊成为重要的舆论阵地，尤其是民办报刊"立意作为民众的'向导'与'喉舌'，通过公开报道与评论，即将所报道事件置于社会公共生活空间之中，引起广泛关注，成为公众言谈、讨论的话题"。[1] 作为中西文化交汇之处，近代上海成为中国的报业中心。据统计，1911 年以前，全国共出版中文报刊 1753 种，其中有 460 种在上海出版，占 26.24%。[2] 以《申报》影响最大，发行遍布国内主要城市，远至桂林、哈尔滨、海参崴等边疆重镇，甚至在日本、英国、法国等地也先后设代办处，[3] 每月发行量近万份。为能获得媒体的支持，闽南救火会将相关材料汇编成《英领事混争天安寺纪实》，印发五百册，发送上海等地，效果颇佳。《申报》《华商联合会报》《东方杂志》等报刊以连载的形式，刊发相关内容，报道最新进展，各地媒体也竞相转载，如创办于三原的

---

① 方平：《清末上海民间报刊与公众舆论的表达模式》，《二十一世纪》2001 年总第 63 期。
② 参见史和、姚福申、叶翠娣编《中国近代报刊名录》，福建人民出版社，1991。
③ 徐载平、徐瑞芳：《清末四十年申报史料》，新华出版社，1988，第 73 页。

《陕西》杂志，即在第一期刊登《旅沪闽人电争天安寺案》。通过媒体的报道，天安寺事件引起民众关注，成为公共话题，构成舆论压力，督促清政府和英国大使馆采取行动，公正、客观地解决冲突，防止民族矛盾激化，诱发排外风潮。

（3）利用同乡网络。近代上海成为全国经济中心和文化中心，福建人前来求学、经商者，络绎不绝，势力颇大。许多闽籍名人也定居上海，在新闻界颇有影响，如郑孝胥、严复、邹韬奋等福建人乡土观念极重，族群意识相当浓厚，[①] 且颇具血性，敢为天下先。1905 年抵制美货运动，即是由闽商曾铸发起，震动海外，迫使美国放弃续约要求。闽南救火会的主要领导人均有旅沪经历，与同乡交游密切，因此在天安寺交涉中，上海闽人颇为关注，以各种形式声援，如发表函电，[②] 派遣学生代表回闽协助等。尽管他们并非官员，但在经济、文化界有影响力，又处于全国核心地区，若振臂一呼，即可使抗议运动席卷全国。各地新闻媒体之所以对天安寺事件密切关注，即与同乡网络的支持有关。

（4）分化官府大员。晚清时期，围绕洋务问题，福建地方官员分歧颇大，一派以总督松寿为代表，和洋人来往频繁，主张和为贵，在其带动下，一些官员以对外迁就为能事，如南台洋务巡查委员高庆铨在处理中外冲突时，"虽无领事照会及洋务局公文，但凭某经理之函、某洋行之片，便奉为金科玉律，拿人勒诈，无所不至，既得饱填欲壑，又得见好外人"。[③] 与洋务局会办吕渭英狼狈相倚，以交涉颟顸闻名。另一派则以按察使鹿学良为代表，他出身世家大族，又有进士身份，主张对外强硬。在苍霞学生与德国烟商冲突中，为维护学生利益，不惜与总督交恶，请求辞职，经他人转圜方才作罢。天安寺事件期间，林雨时深谙官员矛盾，于是"趋诉鹿廉访，鹿谕不必迁徙"，松寿接到英领事申诉后，"遂檄委候补道前往驱逐"，林雨时再次到臬台衙门申诉，而鹿学良"仍持公论，不准迁徙"。[④] 为能获得更多官员的支持，林雨时还"致函陈阁老、林太史，告急

---

① 参见高红霞《上海福建人研究（1843~1953）》，上海人民出版社，2008，第 66 页。
② 《旅沪闽人电争天安寺案》，《申报》1909 年 8 月 10 日，第 2 张第 2 版。
③ 《闽省交汇颟顸汇闻》，《申报》1908 年 4 月 15 日，第 2 张第 2 版。
④ 《榕垣院司交恶之真相》，《申报》1909 年 6 月 26 日，第 2 张第 4 版。

救火会之事宜"。① 陈阁老指陈宝琛，此时奉召入京，任总理礼学馆事宜。②
林太史为林炳章，③ 时任福建高等学堂监督。二人均为福州巨绅，在官场
人脉颇广，与闽南救火会往来密切。各种力量结合，令松寿忌惮颇多，不
敢采取强硬措施，并逐渐转变态度，最终以"天安寺非在英署租约之内。
闽南救火会以闽人公产办地方公益，经该乡众认可，毋庸迁徙"等三款，
照会英国参赞，就此结案。

（5）获取会党支持。救火会只有数十人，实力有限，但作为革命党人
大本营的桥南公益社，势力颇大，在军界、政界互通声气者颇多。④ 如在
悼念陈天华烈士仪式上，通判彭寿松来到社中，痛苦流泪，发表演讲，被
时人谓为"陈烈士死后之知己"。⑤ 在天安寺事件中，桥南公益社积极参
与，秘密组织网络，提供帮助，使救火会不仅能获得福州官府内部信息，
如英国领事馆诉状，更能与其他地方的革命党人互相呼应。⑥ 桥南公益社
全力支持，不仅是因为救火会为其下属机构，涉及切身利益，更希望借此
提升威望，扩大影响。每逢涉外事件，公益社常是策动者，如阻止法人贩
卖华工、斥日人经营自来水业之阴谋，以此打击清政府威信，提升桥南公
益社的声望。

总之，闽南救火会在天安寺事件中，并非孤军奋战，它成功运用策
略，获取各方面支持。在本地，救火会凭其义举，威望颇高，通过提出
"保地权，扶公益"口号，成功发动民众，形成三罢斗争，并利用会党网
络，洞悉官府行为，分化官员力量，迫使督抚大员无法采取强硬举措。在
外埠，闽南救火会发动同乡，向京沪等地求援，经过媒体报道，形成舆论
声势，使天安寺事件成为公共焦点，迫使英国大使馆派人调查，避免民族

---

① 《林雨时清宣统元年日记钞》，徐天胎编著《福建民国史稿》，福建人民出版社，2009，第
449 页。
② 陈宝琛，出身螺江陈氏，同治七年（1868）中进士，选翰林院庶吉士，授编修。后出任
内阁学士、礼部侍郎，为"清流四君子"之一，而在中法战争中误荐张佩纶，在榕赋闲
20 余年，1909 年重新入京，任溥仪老师，有太傅之称。
③ 林炳章为陈宝琛女婿，是林则徐曾孙。
④ 清末福建驻军中，除满人旗兵外，湘军占绝大多数，他们与哥老会关系密切，如彭寿松、
孙道仁等。辛亥革命期间，80%的福州军警均加入同盟会。
⑤ 《陈烈士死后之知己》，《申报》1907 年 7 月 14 日，第 12 版。
⑥ 晚清上海报业中，革命分子颇多，以致清朝遗老将上海报馆视为清亡的重要原因。参见
王敏《上海报人社会生活（1872~1949）》，上海辞书出版社，2008。

矛盾激化。丰富的社会资源、灵活的斗争策略、有效的运转机制，使闽南救火会能够战胜强权。对于林雨时等革命党人而言，抗争不仅仅是为了保住会址，更具有"持公理、争国权"的时代意义，所以坚持不懈，使事件不断升级，奠定革命党人在地方上的权威。

第四节　天安寺事件与神光寺事件比较

天安寺事件是福州人民反抗英国领事馆的群体性事件。无独有偶，1850 年 6 月，英国驻福州领事馆代理领事金执尔（William Raymond Gingell）带领两名英国籍传教士、医生，向南门乌石山神光寺僧人租屋居住，引起地方士绅的不满，抗议不断，书院学生也以"神光寺系各生童会课之地，难容夷人租住"为由，入寺与英人理论。结果震动朝廷，导致总督刘韵珂、巡抚徐继畬仕途折戟。两次事件颇为相似，也存在诸多不同，通过比较，能对天安寺事件的时代性有更为深刻的认识。

（1）组织的群体不同。在神光寺事件中，组织者是林则徐为首的地方士绅。他们均具有功名，虽退隐在家，却在地方上势力颇大。时人张集馨即曾评论："福州省会，素称人文，惟绅士把持政务。"[①] 英人入城时，士绅即试图阻止，人数达二百名之多，此后更不断向督抚施压。他们并没有正式的组织，"通过联姻、行善、书院和诗社等实践和组织"，[②] 形成复杂的关系网络，林则徐凭借个人威望，一呼百应，统领群绅。在天安寺事件中，组织者主要是新式知识分子，他们通过合法的社团——闽南救火会，与英国领事馆抗争。组织者变化，反映地方权势的转移，1905 年废科举、设学堂，"从制度上切断了传统乡绅与国家权力联系的管道，从而引起乡村社会结构和权力结构的重构"。[③] 新式知识分子遂介入地方权力，成为公益事业主力，借此成为群众信仰之中心。尽管没有如林则徐一类的领袖人

① （清）张集馨：《道咸宦海见闻录》，"庚申六十一岁（咸丰十年）"，中华书局，1981，第 274 页。
② 参见 Joseph Esherick and Mary Rankin eds. , *Chinese Local Elites and Patterns of Dominance*, University of California Press, 1990, pp. 17-22。
③ 王先明：《制度变迁、革命话语与乡绅阶层——20 世纪前期乡绅阶层消退的历史轨迹》，桑兵、赵立彬主编《转型中的近代中国》下卷，社会科学文献出版社，2010，第 748 页。

物，却能通过社团形式，凝聚众力，与强权抗争。

（2）发动的方式不同。在神光寺事件中，士绅主要通过揭帖宣传，利用群众对洋人陌生和恐惧的心理，传播谣言。或云"夷人携用十数人杠抬大箱笼进城，内系暗藏炮位"，或云"夷人收买万人坑内尸虫，二千钱一枚，用制火药，其毒异常"，或云"有闽安海口大炮四尊，被夷人钉塞火门者"，等等，"此等谣言，叠出不穷"，①使英国人形象被妖魔化，成为群众攻击的对象，全城处于骚动之中。在天安寺事件中，则采用新的传播方式——报纸，报道事件真相，公布交涉文书，力求客观准确，使信息畅通，并通过"保地权，扶公益"口号，获得民众支持，发动三罢斗争。较之前者，民众颇为理性，这主要是由于开埠之后，随着中外交流的增多，民众或皈依天主、加入教会，或充当买办，视野得以拓宽，对西方事务已有更为全面的认识，对英国人称呼由"夷人"到"洋人"，已不轻易为谣言所惑，在1901年义和团运动期间，福建全省各地教案频频，省城却极为宁静。随着列强侵略的加剧和西方民族思潮的传入，"以民族国家观念和主权意识为基调的民族主义逐渐流行"，②地处开放前沿的福州人对此体会更深，初步具有"国家、国权"理念，加之近代城市化进程中，对消防需求迫切，也使群情鼎沸。

（3）斗争的方式不同。神光寺事件，主要是在福州发生，士绅们除"公禀地方官，并致信夷人"，③极力扩大声势，并企图借鉴广州经验，施加兵威，迫使英国人退出神光寺，另在城中张贴数十张"取夷人首级帖子"。④而官员则担心"民夷争执，激成事端"，与洋人貌似和气，暗中"邀集绅耆，嘱令密约居民铺户，公立议单，不与夷人来往货买及开市"。⑤企图令英国人知难而退。虽然目标一致，但斗争的方式不同，加之沟通不

---

① 《闽浙总督刘韵珂等奏陈英人租住神光寺往来交涉及官绅不合实情折》，中国第一历史档案馆、福建师范大学历史系合编《清末教案》第1册，中华书局，1996，第71页。
② 王立新：《中国近代民族主义的兴起与抵制美货运动》，《历史研究》2000年第1期，第21页。
③ 《给事中林扬祖奏陈英人租住福州神光寺一事应妥商速办折》，中国第一历史档案馆、福建师范大学历史系合编《清末教案》第1册，中华书局，1996，第52页。
④ 《福建巡抚徐继畬为英人租居城内传教等事覆林则徐等士绅函》，中国第一历史档案馆、福建师范大学历史系合编《清末教案》第1册，中华书局，1996，第55页。
⑤ 《闽浙总督刘韵珂等奏陈办理英人租占福州神光寺始末情形片》，中国第一历史档案馆、福建师范大学历史系合编《清末教案》第1册，中华书局，1996，第48页。

便，以致士绅认为"督抚但知将就夷人，不思团结百姓，动辄抑民以顺夷，以致夷情愈骄"，①向朝廷"迭次呈控"，使中外纠纷演变为官绅斗争。在天安寺事件中，林雨时等人根据租约，据理力争，扩大声势则是作为辅助手段，迫使英国人遵守条约。在对待官员的问题上，尽管松寿等人崇洋倾向明显，但闽南救火会并没有与之正面冲突，而是争取同情官员的支持，同时利用士绅力量，使松寿逐步改变立场，依法办事。较之前者，后者斗争策略更为灵活。且旅沪的经历，也使林雨时了解西方法律制度，与英领事交涉文书，以英文书写，显示新式知识分子较之传统士绅，更具有法律意识和宽阔的眼界，能够理性反抗，避免重蹈义和团的悲剧。

（4）影响的范围不同。在神光寺事件中，林则徐等人为向总督刘韵珂、巡抚徐继畲施压，发动京城的同乡，群体弹劾。如御史何冠英即上奏，指控其"既委曲以顺夷情，有事复不能振作以胜疆寄"。②道光帝闻之大怒，下令密查"是否办事有误"，此后何等人更不断上奏"夷人填塞炮眼，阖城士庶哗然"等各类传闻，③使刘、徐渐失恩宠。除京城政坛外，其他地方影响甚微。在天安寺事件中，林雨时亦发动同乡网络，但政界人士甚少，多是工商界和学界中人，以上海影响最大，并逐渐扩散至其他地方，京城反倒较为平静。此种差异反映区域空间关系的变化，开埠之前，各地虽然形成统一的市场网络，但主要是经济来往，社会活动上的联系较少，如灾荒发生后，极少有跨区域赈济，京城作为统治中心，通过政治网络掌控全国，决策地方事务。开埠之后，随着信息媒介的传播、全民国家观念的形成、交通体系的完善，社会活动跨区域趋向明显，如"丁戊奇荒"发生后，义赈组织普遍出现。④与此同时，伴随着王朝统治的衰落，北京作为政治中心，城市地位下降，对地方控制减弱；而上海作为经济中心，城市地位上升，商人作为社会中坚，对公共事务有较多话语权，因此

①《两广总督徐广缙奏为遵查闽省情形并请将该督抚先予薄惩折》，中国第一历史档案馆、福建师范大学历史系合编《清末教案》第1册，中华书局，1996，第91页。
②《御史何冠英奏英人恃强构衅，巡抚徐继畲一味畏葸折》，中国第一历史档案馆、福建师范大学历史系合编《清末教案》第1册，中华书局，1996，第59页。
③《掌湖广道监察御史何冠英奏报闽省英情叵测，请简大员迅赴查办折》，中国第一历史档案馆、福建师范大学历史系合编《清末教案》第1册，中华书局，1996，第83页。
④参见朱浒《地方性流动及其超越——晚清义赈与近代中国的新陈代谢》，中国人民大学出版社，2006。

在天安寺事件中，上海成为重要的策源地。

（5）各界的反应不同。在神光寺事件中，福州官民一致对外，但表现不同，林则徐为首的士绅态度强硬，这不仅仅与个人经历有关，更是由于其社会角色。作为乡梓守望者，他们害怕洋人入城，图谋不轨，所以极力排斥。官员虽企图逼走洋人，但主要是履行家臣义务，维护皇朝稳定，立场不尽一致，遂使官绅不合。诚如刘韵珂所言："即远近传布而言事者，但知情关桑梓，不顾安危之大局。"① 包围神光寺的主要是书院生童，他们与士绅多有师生情缘，所以"随声应和"。普通民众反倒较少参与，多为谣言所惑，盲目排外，且较为被动。而在天安寺事件中，福州官民态度并不一致，英国领事馆之所以卷入其中，即是张泉泉、曹士元依仗其势所致。而总督松寿等官员则倾向洋人。林雨时为代表的先进知识分子则态度坚决，他们抗争，不仅仅是为了保会址，更是为了争国权，通过民族主义，获得地方民众的认可。在其号召下，民众积极参与其中，发动三罢斗争，进行响应。社会群体态度的差异，反映面对民族危机，社会阶层分化，部分官僚与洋人勾结，成为利益集团，而革命党人则团结普通群众，通过民族运动，让清政府失去威信。

总之，两起事件，均为福州民众为抵制英国领事馆而发生的群体性运动，其性质却有所不同，前者是地方排外情绪的宣泄，后者则具有民族主义运动色彩，事件差异折射社会变迁对地域社会的影响。在地方权力上，随着科举制度废除，传统士绅日趋没落，难以再对地方事务发挥决定性影响，而自治运动的推行，使公益社团得以崛起，逐渐成为地方权力中心。在对外交涉上，《辛丑条约》签订后，清朝统治者对外和善，以求国内稳定，导致权威不断丧失，商民阶层则日渐崛起，对外交涉由官府控制型向商民主导型转变。在地域观念上，伴随着西方思潮的传入，传统的天下观日渐崩析，国家民族观念深入人心，人们打破狭隘的地域观念，将自己与国家民族紧密相连。上海凭借经济影响力与新闻传播力，成为集体运动的中心。时代背景的转变，使涉外斗争方式由向京城控告，争取皇帝支持的绅官斗争，转为向上海同乡求救，发动商民的集体运动。随着对外交流的

① 《闽浙总督刘韵珂奏覆英人租居神光寺一事徐继畬所办并无不当片》，中国第一历史档案馆、福建师范大学历史系合编《清末教案》第1册，中华书局，1996，第76页。

增多，国人对西方国家也日渐了解，精英熟悉法律，依法办事，以理服人，而不是以声势恫吓。民众也消除了对洋人的陌生与恐惧，他们不再轻信谣言，在"保地权，扶公益"的口号下，参与理性抗争。在民族危机深重的情况下，社会阶层分裂，革命党人通过系列的民族运动，声望大增，而统治集团对外政策由排斥转为亲和，合法性不断丧失，凸显统治危机的到来。

结　语

近代福州涉外事件颇多，但产生全国性影响的仅有数起。天安寺事件之所以凸显，一方面与该寺所处的地理空间有关。从宋迄清，天安寺的角色数经转化，见证了南台的发展，成为区域象征，名相李纲在寺中的读书经历、每年寺前端午竞渡的举行，使其蕴含爱国文化。近代开埠后，天安寺地处要冲，与租界毗连，更颇为敏感。另一方面，由于种种原因，明清以来，福州火灾频频，成为城市的主要威胁。民众除祈祷神灵外，还诉诸其他方式应对，日积月累，对地方民风习性影响深刻，畏火、惧火成为社会的普遍心理，闽南救火会出现，打破行业限制，有火必救，无疑契合民众需求，受到极大欢迎。因此英国领事馆染指天安寺，与闽南救火会对抗，则极易触发民情，这是闽南救火会得以成功抗争的基础。

闽南救火会是西风东渐的产物，为林雨时等人效仿上海租界设立的新式社团组织，它成功整合社会各阶层的力量，运用科层制管理，开会议决事务，并征收租金，获得稳定的经费来源，颇有凝聚力。而晚清自治的推行，也使救火会获得制度的支持，能够合法存在，开展各项业务。作为桥南公益社的附属机构，闽南救火会的核心成员均是革命党人，他们多接受新式教育，具有宽阔的视野，企图通过延续传统士绅行善的方式，获得民众支持，并发动系列涉外案件，以提升威望，因此在天安寺事件中，闽南救火会能以法理社团形式，进行坚决抗争，并得到会党秘密网络的支持，这是交涉成功的有力保障。

尽管天安寺事件发生在福州，但上海在其中扮演着重要角色。作为近代中国经济中心和对外中心，上海成为中西文化交汇之处，不断将西方文明传输到国内，推动近代化进程。与此同时，它还是各种集体运动的策源地，凭借四通八达的商业网络，新闻报刊能运销沿海与内陆各埠，使上海商界精英颇具影响力，掌控全国舆论。[①] 闽南救火会通过同乡网络与革命网络，获得上海各界的支持，形成巨大的舆论声势，使抗争扩展到全国，迫使英国外交人员和平解决冲突。这是交涉成功的关键所在。

天安寺事件具有鲜明的时代性。清末实行新政，废除科举、推行自治，一系列的制度变迁，使社会的基层形态悄然发生变化，官绅共同治理地方的模式渐告终结，市民阶层日渐崛起，他们通过社团自我组织，以法律为依据获取自己的利益，以报刊为媒介，吸引公众广泛参与其中，形成公共舆论，凸显晚清公民社会正在形成。[②] 而列强侵略的加深，西方文明的传入，推动近代民族国家观念的形成，人们开始冲破乡族传统界限和思维方式，普遍认同国家共同体，地域空间关系日益紧密，这表现在集体运动上，即民族主义取代传统的乡土意识，成为动员民众的精神号召，使地方性冲突有可能升级为全国性公共事件。近代社会在内外因素的影响下，不断变迁，使集体行动的目标和方式均发生改变。

---

① 根据熊月之研究，20 世纪初，上海社会精英阶层频繁出没于张园，形成特殊的交际网络，将有形的公共空间（张园）与无形的公共组织（会馆公所）、公共领域（报刊）奇妙地重合在一起。其中以闽县人郑孝胥最为活跃，游园次数达 108 次（1882～1916 年）。参见熊月之《张园：晚清上海一个公共空间研究》，张仲礼主编《中国近代城市企业·社会·空间》，上海社会科学院出版社，1998，第 355 页。

② 美国政治学家柯亨和阿拉托在《市民社会与政治理论》中认为，市民社会是"介于经济和国家之间的社会相互作用的一个领域，由私人的领域（特别是家庭）、团体的领域（特别是资源性的社团）、社会运动和大众沟通形式组成"。转引自刘增合《媒介形态与晚清公共领域研究的拓展》，《近代史研究》2000 年第 2 期，第 240 页。

第六章
福州救火会的地域特性
——与京沪等地救火会之比较

根据 1935 年内政部警政司的统计，在北上广等 38 座城市，救火会共 310 处，[①] 但实际远不止此，救火会遍布大江南北，数以千计。[②] 那么相较其他地方，福州救火会有怎样的区域特色，在全国居于怎样的地位，将是本章所要探讨的问题。

第一节 全国救火会的发展脉络及特点

清代民间救火组织早已存在，名目繁多，有"水龙局""水局""水会"等称呼，如康熙年间，杭州城内的盐桥、仙林桥各坊组织"义民"，专司灭火，内部有"司龙""司庙""司筹""司烛"之分，火势熄灭后，众人齐声呼喊一声，锣鼓一通，名为"太平锣"。[③] 与后世救火方式相似。至道光年间，苏州人沈钰，任大城典史，"又率父老为救火会，火患息，庚子海防戒严征调急令"。[④] 可见在庚子年（1840）之前，"救火会"称呼即已出现，并非清末方才出现的新型组织。民国时期，民间消防组织，或

---

① 参见包明芳编著《中国消防警察》，商务印书馆，1935。
② 详见附录 4。
③ 邹怡：《清代城市社会公共事业的运作——以杭州城消防事业为中心》，《清史研究》2003 年第 4 期，第 23 页。
④ （同治）《苏州府志》卷 170，《人物三十四》。

为在政府登记备案，或为迎合潮流、便于协调，陆续更名为救火会。但只是改称，运作并无较大变化，虽然上海等地救火会制定章程、配备先进汽龙，但各地情况不同，有的救火会虽制定章程，却形同虚文，且装备简陋，扑救方式和清代中期差别不大。即便到民国，水局、龙社仍大量存在，称呼复杂。因此为行文需要，本书将此类组织统称为救火会，它体现的是一种社会关系，即民间力量参与消防。

一　全国救火会的发展脉络

笔者通过检索爱如生方志、申报数据库，[①] 并翻阅方志和其他近代期刊，结合文史资料等史料，共发现 300 余条相关记载，兹制成附录 4，以梳理救火会的发展脉络。由于文献记载不多，且较为零散，加之数据库所收方志不全，该表有待完善，只能总体上反映救火会的发展趋势。可以分为以下阶段。

（1）康乾时期。早在宋代，民间救火组织就已创设，绍兴二十八年（1158），福建延平府"依山而建，民多楼居，瞰虚凭高，薨连栋接，民或不戒于火，扑灭良艰"。鉴于此种情况，郡守胡舜举创立了冷铺、水铺，"每十余家辄置一所，蓄灭火之具，以备缓急"。此外，"有倡义之人创立义社，敛资财，饬器具，鸠工匠，籍丁壮，皆听命于社首，平时有赛神之犒，遇警有运水之资"。共有东、西、中、北四隅，"脱有缓急，彼此相应，不号召而集，不顷刻而至，不争功，不邀赏，此义社规约也"。[②] 温州等地也出现类似组织。可惜的是，经验未能传承，在元明文献中未见记载，直至清康熙年间，方有"芦商武廷豫创立同善救火会"。[③]"芦商"指天津长芦盐商，救火会重现，并非偶然，其背景是"明末清初善堂善社的兴起"。[④] 且此类堂社均属都市型组织。[⑤] 灭火因"救己恤邻"，亦被视为

---

① 检索词分别为水龙局、水龙公所、水龙会、水局、救火会、火龙会、救熄会。
② （明）黄仲昭修纂《八闽通志》卷 61，《恤政》，福建人民出版社，2006，第 602 页。
③ （光绪）《重修天津府志》卷 7，《恤政》。
④ 夫马进先生从两方面阐释兴起原因：讲学为目的的各种协会性组织冲破村落局限逐渐结成；明末乡绅势力的抬头以及以府州县城为核心而形成的乡绅、生员的网络等。参见〔日〕夫马进《中国善会善堂史研究》，伍跃译，商务印书馆，2005，第 151 页。
⑤ 参见〔日〕夫马进《中国善会善堂史研究》，伍跃译，商务印书馆，2005，第 151 页。

善举之一，倡办者多是善人，如武廷豫"每岁腊及严冬雪夜，必率仆携钱，遍历闾巷，散给之，不使人知其名"。① 此时，天津正从传统军镇卫所转型为商业城市，经济发展，火灾频发，消防能力亟待提升，故较早设立救火会。奇怪的是，此后近百年，社会秩序稳定，出现所谓"康乾盛世"，但救火组织只在泰州、杭州、南京、常州、杭州、嘉兴等地零星分布，这或许是城镇发展不足所致。

（2）嘉庆道光时期。从道光年间开始，救火会网点增多，在短短50年间，常熟、高邮、大城、景德镇、宝应、海陵、沅陵、丰润、静海、德县等地相继成立，以江南居多，共有5所，直隶4所，而内陆地区仅2所，均为地处水陆咽喉的商业重镇。它们或由邑绅捐办、或由官府创办，名称多为水龙局、水会，多附设善堂。较之前阶段，此时救火会发展迅速，尤以直隶地区更为典型。

（3）同光宣时期。经历太平天国运动和第二次鸦片战争，京畿和江南地区备受蹂躏，官府力量衰退，绅权上升。② 与此同时，随着开埠贸易的发展，都市化进程的加快，③ "交通日辟，居人日盛，举凡用具，日异月新，电汽煤油等物，尤为引火之媒介，偶一不慎，辄致成灾"，④ 致使火患频频。受诸多因素影响，救火会大量出现，尤其从1860年至1900年40年间，增长极快（见表6-1），直至20世纪，增速方有所放缓。从区域来看，京畿和江南两地发展迅速，不仅网点增多，而且日趋密集，成为地方上重要的慈善团体。如京师1850年出现第一个水龙局，短短数年，局数增加到15所，承担消防、赈灾、巡捕等重任，多次受到嘉奖。在京畿各县，救火会也普遍设立，形成网状分布。在江南，情况相似，如苏州1881年出现第一个水龙公所，至清末，已发展至50余所。水龙局遍布江浙城乡。为能定期维修设备，交流经验，各局每年联合操演，使原本祈雨抗旱的水龙会演化为消防节庆。除此之外，救火会还向长江内陆和沿海两翼延伸，沿江城

① （清）黄掌纶：《长芦盐法志》卷17，《人物》。

② 杨国强：《论晚清中国的绅士、绅权和国家权力》，《华东师范大学学报》（哲学社会科学版）2011年第1期，第100页。

③ 参见邹振环、黄敬斌主编《明清以来江南城市发展与文化交流》，复旦大学出版社，2011。

④ 京师警察厅消防处编《消防汇编》，龙向洋主编《美国哈佛大学哈佛燕京图书馆藏民国文献丛刊》第26册，广西师范大学出版社，2010，第224页。

镇如沙市、汉口、巴陵、湘潭、长沙、宜昌、庐江、怀宁等地，水龙局先后设立，数量远超前代。地处东北的营口、昌图、奉化、牛庄、梨树，水会陆续出现，弥补此前空白。地处华南的广州、福州，救火会亦已出现，但数量很少。

表 6-1　清代中后期救火会分布

1850	京师、保定、宝山县
1860	丰南、嘉定县、如皋、溧水、江浦、铜山县、金坛县、无锡、淮安、怀宁县、繁昌县、庐江、甘泉县、温州
1870	文安县、宁波、扬州、句容、海门县、高淳、武进、汉口、兴化、桐梓县、周口县
1880	连县、营口、昌图县、奉化县、梨树县、巴陵县、巴县、湘潭、江都、泰兴、大冶县、陆城、太湖县、福州
1890	通州、潞河、广州、揭阳、牛庄、沙市、宿迁、安庆、宁国、舒城、潞城、榕江县、沙县、奉天
1900~1907	辽阳县、长沙、宜昌、当涂、赣州、梧州、济宁

（4）民国时期。救火会向纵深发展，网点延伸至新疆迪化、云南下关、贵州桐梓等边疆城镇，增速不亚于同光年间，但各地情况不同，在直隶地区，都市中的救火会受到官府的压制，萎靡不振，京师水局被官办消防队取代，渐趋消亡。天津救火会遭到整治，实力大减。而在涿县、清远县等周边市镇，水会活跃依旧。在江南地区，救火会继续发展，表现在以下方面，首先，上海救火会崛起，组织严密、技术精良，成为全国典范。其次，随着网点增多，救火会从分散走向联合。上海、苏州、无锡、嘉善、宁波、盐城、江都等地均成立救火联合会，彼此往来，联成一体。最后，救火组织开始近代转型。旧式水龙升级为帮浦汽车、会董制变革为科层制、士绅取代商人成为领导者，救火组织不再附属于善堂善社，而是作为公益团体独立存在，许多水龙局改称为救火会。在华南地区，福建救火组织异军突起。南平、顺昌、厦门、永安均建立救火会，其中包括以经济繁荣著称的"四大镇"（石码、金峰、涵江、安海），沿闽江和海岸分布，虽然网点增多，但多呈零星分布，彼此间互动较少，且装备落后，难与江

南媲美。30 年代，国家控制加强，各地救火会均不同程度出现"半官僚"化的现象，办事须层层审批，如南京、南昌等地。① 虽然受到诸多限制，救火会仍有发展。

表 6-2 民国时期各地救火会分布

1907～1910	川沙县、辽阳县、南昌、下关
1911～1920	开原县、长沙、丹阳、建瓯、顺昌、迪化
1921～1930	金山县、梅县、韶关、四会县、安东、怀德县、丹东县、保靖县、海宁、镇江、盐城、屯溪、长乐、厦门、龙溪
1931～1940	涿县、清远县、郁南县、嘉善县、玉山、安顺县、贵县、南平、涵江、永安、建阳、福清、温江
1941～1949	余姚、马鞍山

表 6-3 1949 年新中国成立前夕部分城市救火会情况

序号	城市名称	救火会名称	会数	人数	主要消防器材
1	上海	救火联合会	4 个救火分会	450	消防车 4，拖泵 6
2	南京	救火分会	15 处	208	消防车 10，消防泵 3
3	北平	救火会	6 处		人力消防泵
4	广州	义勇消防队	18 个中队	267	消防车 16，拖泵 12
5	福州	市救火会联合会	36 个分会	300	消防车 10，拖泵 10
6	南昌	市联合救火会	2 个分会	53	消防车 2，拖泵 2
7	武汉	市联合救火会	6 个分会	300	消防车 37，轻便泵浦 19
8	成都	义勇消防大队	13 个中队		消防车 6，手抬泵 4
9	重庆	义勇消防总队	8 个分队		消防车 28，消防艇 2
10	杭州	救火会	16 个分会	100	消防车 1
11	长沙	救火会	30 个分会		消防泵 30
12	南宁	民众消防委员会	6 处分会	53	消防车 2，机动泵 2
13	无锡	救火联合会	6 个分会	53	消防车 23，机动消防车 42

---

① 白纯：《抗战后的南京救火会》，《民国档案》2007 年第 1 期，第 104～110 页；彭志军：《民国时期南昌消防事业研究》，硕士学位论文，南昌大学，2008。

续表

序号	城市名称	救火会名称	会数	人数	主要消防器材
14	宁波	救火联合会	18个分会		消防车5，消防泵5
15	昆明	救火联合会	4处分会	31	消防车2，消防泵5
16	贵阳	救火联合会	3处分会	28	消防车1，消防泵3
17	太原	水会	4处分会		消防车2，消防泵4

注：此表数据可能有误，如福州救火会，人数仅有300，不符合实际情况，但会数符合，有参考价值。

资料来源：蒋永琨、肖大威、蒋亦兵：《城市消防规划与管理技术》，地震出版社，1990，第53页。

（4）新中国成立后之后。解放初期，各地救火会接受人民政府整顿，呈两极分化的态势。在一些内陆县市，政府因消防力量不足，动员人民成立救火会。以闽北为例，1952年和1953年，松溪县、政和县先后建立义务消防队，至1955年底，南平10县均建立义务消防队。而在重要都市，救火会多被接管。1949年8月，上海市公安局在消防处增设民防科，下令登记民办救火会，分期分批接收。1953年，天津市政府发文，撤销市区的水会，只保留郊区的11个。1958年，南京"民办救火会经费短缺，无力维持，经市政府批准，全部撤销"。①

总之，救火会肇始于明末清初，名目繁多，被视为善举，零星存在于省会城市。同光年间，江南、直隶救火会数量众多，并衍生相应的节庆，随着长江与东南沿海通商口岸的增多，救火会逐渐在内陆和沿海地区设立。至民国时期，救火会作为地方自治的重要内容，在全国普设，成为应对火灾的重要方式。如某村发生火灾，区长即"召集本村士绅及保甲长开会，讨论组织救火会事宜，决于最近成立敦厚救火会，购置各种救火用具"。② 各地新中国成立后，作为民间组织的救火会，或被改造，或被接收，逐渐消失。

二 各地救火会发展特点

近代救火会数量众多，遍布全国各地，总体上存在共性，兹根据附录

---

① 南京市地方志编纂委员会：《南京公安志》，海天出版社，1994，第383页。
② 植庭：《组织救火会》，《农村服务通讯》第23期，1937年，第31页。

4，整理如下。

（1）地域分布呈"条中有块"特点。从条来看，救火会主要分布在沿海及长江流域一带，西北、西南等地较少。这反映近代中国经济格局的变迁，开埠之前，江南为全国经济重心，以富庶闻名，而直隶为统治中心，荟萃四海精华，因此两地救火会云集。开埠之后，随着商贸兴盛，长江内陆地区与东北、东南沿海地区发展较快，通商口岸成为区域聚集中心，大量人口涌入，城市规模扩大，火灾严峻，亟须设立救火会。从块来看，救火会在若干区域密集，如京津、江南、武汉等地，除中心城市外，周边市镇普遍设立，形成火会圈。由于地缘和商缘关系，各地救火会互有往来，尤其是江南等地，更是关系密切，有融为一体的趋势。①

福建救火会亦呈条中有块的分布特点，福州、泉州、厦门等沿海地区，南平、水口等沿江要镇，有零星设置，而在内陆闽东、闽西等地，救火会较少。从块来看，救火会以福州最为密集，其下属八县中，长乐、福清、闽清、永泰、罗源等五县均有设立，约占全省半数，而在厦门，市内虽设立救火会十余所，未能在周边市镇普及。

救火会"条中有块"的分布特点，反映各地经济发展和开放程度的不同。首先，从需求来看，随着经济发展，城镇化进程加快，各地火灾趋于严重，如1896年，京师"火灾层见叠出，愈于往年数倍，人心惶惑"，②1908年汉口大火，"汉镇精华、至此殆尽"，消防为社会急需。其次，从实力来看，救火会运行，需要财力和人力，一些地方官员倡办水龙局，但民间财力匮乏，难以维系。只有在繁华城镇，设置救火会方有可能，如地处上海西部的真茹镇，"近来市面日盛，而无救火会之设，虽有木龙数具，一旦遇有火警，实属不敷"，于是"各商家集议募得款项，拟再购置洋龙合组一救火会"，开筹备会时，"来者甚众"。③随着城市规模的扩大，救火会网点亦随之增多，如常熟建新镇，光绪季年，"水龙会之载于志乘者，凡二十有五"，到了20世纪30年代，"近岁江湖不靖，四乡之移居入城

---

① 当时前来祝贺的地区有镇江、苏州、常熟、吴江、无锡、松江、吴淞、武进、奔牛、扬州、无锡、嘉兴、海宁、嘉定、兴化。参见上海南区救火会编《上海南区救火会报告册》，1925年，上海图书馆近代文献阅览室铅印本。
② 《神京新语》，《申报》1896年5月19日，第1页。
③ 《真茹镇组织救火联合会》，《申报》1921年3月10日，第3张第11版。

者，踵接于道，向之荒芜僻壤，不转瞬而夏屋云连，殷殷阗阗，鳞次栉比"，于是"讲求防火之法，设备日周密，救火会之会，亦岁有增益"。① 因此救火会可视为近代市镇发展的标志，其数量多寡反映地方的富庶程度。②

（2）参与者日渐多元化，以商界人士为主。早先的民间救火组织多由善绅创办，附属于善堂。随着火患增多，地方官员借鉴善堂模式，提倡设立。如咸丰九年（1859），辰州知府沈元泰创办水龙局，"以团练余赀六百缗作经费，交邑绅张本廉等管理，书序定章程，以始其事"。其续任者"命将水龙局移设府育婴堂，即令堂首事经理命募捐，以充经费"，并添置房产，置本生息，冀望"一如育婴事将数百年与堂并存可也"。③

开埠之后，社会日趋异质化，各股力量参与消防，西方人士堪称表率。同治年间，上海英法租界的外国人创办救火会，国人群起效仿。传教士也抨击中国火政的弊端，提倡改良。商人力量逐渐凸显。同光年间创办的救火会，明确记载的有 40 所，其中商人自发创办的 14 所，或为商民，或为铺商、行商，反映商人阶层的崛起，参与公共事务。此外，官绅仍然是重要力量。根据附录 4，此段时期官办（含官设）10 所，而绅办 9 所，表明官绅仍是社会主导力量，面对频繁火灾，官员力图调动民间力量，倡设水龙局。此外，宗族、教会也参与其中。如镇海水会多由家族创办，温州基督三公会合组救火会，"一切经费均由基督徒担任之"。④ 在这些地方，传统势力强大，地方精英或为族长，或为会首，有守望乡土之责，所以创办水会，以应对火灾。

民国时期，救火会由商界主办。1904 年，清廷颁布《察定商会简明章程》，下令组织商会，截至 1912 年，全国商会达 794 个，成为地方上重要的民间组织。时势动荡，官办消防队形同虚设，救火会为社会急需，故商会创办颇多。据附录 4 统计，民国时期的救火会，明确记载创办者的共有 38 个，其中商会 16 个、商户 15 个，两者合计占总数 81.58%。在边远内

① 徐兆玮：《建新救火会记》，《虞社》1933 年第 200 期，第 2 页。
② 此论断受谭其骧先生《浙江省历代行政区域——兼论浙江各地区的开发过程》（1947）一文的启发。可以视为"一地方至于创建县治，大致即可以表示该地开发以臻成熟"的更小地域尺度的表述。
③ （同治）《沅陵县志》卷 12，《仓储·附育婴堂·放生》，第 12 页。
④ 《瓯江基督徒救火会之组织》，《兴华》第 16 期，1919 年，第 21 页。

陆地区，商人更在救火会中居功厥伟，如迪化商会（主要是旅疆天津商人）成立当年，即筹建"安平水会"，除领导层是富商外，普通会员也多是商铺伙计。可见两者关系之密切。值得注意的是，一些救火会仍由"本地长辈和士绅"，或者"有声望，热心公益人士"创办，显示传统权威影响犹存。

救火会参与者的变化，折射社会转型。近代之前，官绅为社会主流，商人只能依附其下，缺乏话语权，且火灾尚不严峻，绅士创办"水局""水会"，以善堂形态运营，即足以应对。近代之后，各地火灾频发，引起各阶层的关注，官府倡设水龙局，获得士绅响应。商人亦日益崛起，参与消防事务。与此同时，外来势力倡导变革，引入新式消防器具，推动消防事业的发展。民国时期，官权衰微，绅权没落，商人借助商会，介入公共事务，成为社会中坚。火灾对商界威胁最巨，所以商人大力支持救火会，但他们仍视此举为善事，奉行"慈善之本旨"，[①] 集慈善家、实业家、火会领导人于一身，如上海首任火联会会长李平书，兼任商团公会会长，还捐资创设龙华孤儿院，被视为慈善界领袖。

（3）上海、天津成为南北两大辐射中心，经营模式迥异。救火会在发展过程中，形成两大中心，北方为天津、南方为上海，风格不同。在天津，民间救火组织多为水会、水局，"局内有文善、伍善等职，文善出资，伍善出力"，[②] 文善多为绅商富绅，而武善"半属负戴、贸易之人"。[③] 均为义务职，没有人领取固定报酬。会所的厅堂，常供奉"火德星君"，以求火神庇佑。每年春或秋要"开贺打醮"，名为摆会，时间多定于农历六月二十三日（火神生日），其目的是筹措资金，参与者均要出钱赞助。[④] 近代天津作为北方的主要通商口岸，有强大的经济辐射力，救火会借此扩散到周边地区，如青县、保定、通州等地，甚至连新疆也深受影响，如迪化原本无火神信仰，后从天津传入，当地救火会也主要由津籍商人创办，也有文武善之分。[⑤]

---

① 《消防警察》，上海世界书局出版，上海图书馆近代文献阅览室馆藏铅印本，第 19 页。
② （民国）《青县志》卷 3，《杂置》，第 36 页。
③ （清）张焘：《津门杂记》卷上，天津古籍出版社，1986，第 43~44 页。
④ 赵耀双：《天津近代民间消防组织——水会》，《民俗研究》2003 年第 3 期，第 125 页。
⑤ 天津与新疆关系密切，参见樊如森《天津与北方经济现代化（1860~1937）》，东方出版中心，2007。

在上海，救火会多命名为水龙局，绅商除捐资外，还出任董事，或雇用人员组成专业队伍，或号召普通民众入会，在火会中居于核心。每年五月廿日为"分龙日"（龙神诞辰日），所有救火会均须参加演龙比赛，布置庆贺排场，公布账目，设宴招待董事，慰劳人员。近代上海作为最大的通商口岸，对沿海及长江腹地影响巨大，成为各地效仿的对象，如汉口救火会，除借鉴规章制度外，其消防器械也是从上海引进。每年有大批外地人士前来上海救火联合会的会所参观学习。

比较上海和天津救火会模式，差异颇大。首先，是捐资人和出力者的地位不同。在天津，文善只是捐资，并不参与具体管理，武善虽然社会地位较低，却能把持水会，以致后来，"创始之人无士大夫为之倡首，率皆里巷游惰者为之"。① 而在上海，绅善不仅捐资，而且参与实际管理，凭借个人声望号召民众参与，对火会有较强的控制力。其次，天津的水会笃信火神，视其为行业保护神并在其诞辰劝募资金，多是独自进行，少有联合举办。上海的救火会则笃信龙神，以其诞辰作为演龙之期，群会毕集。江南为水乡之地，龙王信仰流行，而水龙喷水，寓意灭火，所以龙神受到尊崇。演龙密切各会交流，提升协作能力，使江南各会联系更为紧密。

总之，近代救火会的发展，与商业关系密切。通商口岸的陆续开放，推动城镇化进程，导致火患不断，而上海与天津作为两大中心，通过经济辐射，不断传播救火会理念，形成风格迥异的运营实态。商人阶层成为社会主流，借助商会，参与公共事务，而救火会附设其下，难以独立发展。

第二节　北京、天津、上海的救火会

前文大致梳理全国救火会的发展概况，阐述其总体特征，但各地的情况颇不相同，因此下文选取北京、天津、上海，加以具体分析，以能实现宏观与微观结合。之所以选取这三个城市，在于消防本质上反映国家与社会互动，体现统治力的强弱，而北京、天津、上海分别是近代统治的中心与南北的经济中心，有较强的代表性。

_____

① （光绪）《重修天津府志》卷7，《恤政》，第21页。

一 北京水局

明清时期，北京是最高权力中心，统治者对火情惕然，出台相关法令，严惩失慎者，追究官员的责任。并在紫禁城内组建"火班"，官兵轮流值宿。一旦发现火灾，立即赴援。双管齐下，基本控制火情。救火会无须成立，故史料中未有提及。

近代之后，西风东渐，煤油进入北京民众的日常生活，"贫家以价廉而喜购，继而富室亦复燃用，今则街市贩竖、挑买食物者，亦且弃烛而用油"，以致"烛铺生意大为减色，屈指京城内外售油之铺，现有百数十家，年中所销火油，亦在数万斤以上"。① 煤油畅销，加之城市化进程的加快，北京火灾"层见叠出，愈于往年数倍，人心惶惑"，民众祈求神灵，"多公议祭火神，以弭灾变"。凡祭祀者"皆在本境火祖庙延僧设坛，哗经一日，住户铺户诸信士，各请香烛前往，默祷平安，午后鼓乐、卤簿，导引在前，后抬纸龛，安放神牌，送至宽敞僻静处焚化"，此类活动络绎不绝，堪称盛典，"十八九等日，前门大街连朝有送神者经过，皆送至天桥，迤南二十三日，东西牌楼祀火神者，尤形热闹"。②

火神信仰流行，凸显火灾成为公共问题，消防力量亟待提升。清廷却因内忧外患，国力耗尽，驻京军队无力承担消防重任。水局由此兴起。1853 年，煤市街首设公义水局，并迅速传播，以致吏部出面干涉，"每城以四局为限，不得加至四局以外，除中城设立四局，其东南西北各立两局"。③ 此处五城，当指外五城，④ 因为 1889 年的《申报》有如下报道："京都内城向无民办水会，前年众士商协力请办，蒙福中堂恩允。"⑤ 前年应为 1887 年，"福中堂"当为福锟，其间正好担任内务府大臣。至 1896

---

① 《火油畅销》，《申报》1880 年 8 月 30 日，第 2 页。

② 《神京新语》，《申报》1896 年 5 月 19 日，第 1 页。

③ 《光绪七年六月二十六日京报全录》，《申报》1881 年 8 月 2 日，第 3 页。

④ 从明代开始，北京城即分设五城，以便于管理的需要，五城之下设坊，共计三十六坊，清承明制，但变动较大，根据民族不同，有内外城之分，内城为满人聚居地，外城为汉人聚居地，形成京城旗民分城而居的格局，人称"满汉分城"。内城、外城均有五城之分，共计十城，且行政社区的功能基本丧失，作用远不如前。参见刘凤云《清代北京的城市社区及其变容》，《法国汉学》第 9 辑，中华书局，2004。

⑤ 《水会蒙赏》，《申报》1889 年 4 月 29 日，第 2 页。

年，外城水会达 20 余处之多，[①] 人数上千人。

水局发展迅速，得益于清廷支持。起步之初，官员尚持疑惧态度，限制颇多，随着火情加剧，水局作用凸显。1880 年，紫禁城失火，正阳门"令速将城外五城水会局放进，盖因城内水龙不能合用故也"。[②] 外城十五处水会得以破例，进入宫廷救火。此后，一旦内城火势失控，步军统领即下令开启城门，警锣顿发，召集诸会入城灭火。鉴于水局功绩卓著，官府遂转变态度，鼓励创办，如前门外大栅栏为最繁华之处，"向来并无水会"，后来屡次发生火灾，中正司官员苏某，面谕"街上各铺户仿照他街水会章程"，募集千金，派人赴天津购得汲桶五架，安置于临汾会馆，成立义善水会，并"亲率各会首"，[③] 试演后，演戏恭祀火神。

北京水局多由绅士主持，尤其是城外十五处水会，"一切经费由绅铺董商捐助以成"，[④] 商人在救火会中占主导地位，一些底层官吏也加入其中，虎坊桥东首三善水会首事王某，"系工部河防科经承，与工部堂官司员均系相识"。[⑤] 经承即各部院役吏的泛称。[⑥] 商人与官吏创建水会，除应对灾害外，还与朝廷的鼓励有关，根据 1874 年颁布章程，京师水局"每届三年请奖一次"，"每局酌保十人"，[⑦] 许多会首由此成为"顶戴之身"。除制度性规定外，水会如果参与内城救火，更能受益匪浅。1888 年，太和门失慎，幸被扑灭，事后，军机大臣面奉谕旨，"出力扑救之水会十五处，赏银一万两"，各会首分别授予"五品顶戴""守备衔"等身份，此举"足使身受者感恩，闻风者鼓舞矣"。[⑧] 创办水会，不失为晋身捷径，故商人、官吏均颇为踊跃。

京师水会创办之初，"原为救火之需，本无巡缉之责"，随着影响扩大，功能不断延伸。1875 年，据水局绅董提议，朝廷同意其参与治安巡逻，"除冬十月至春二月中，由各水局绅雇丁外，其八九月及三四月，由

---

① 《户部失慎》，《申报》1896 年 4 月 15 日，第 1 页。
② 《火警续述》，《申报》1880 年 11 月 29 日，第 2 页。
③ 《兰掖清风》，《申报》1889 年 6 月 20 日，第 2 页。
④ 《太和门灾后余闻》，《申报》1889 年 2 月 17 日，第 2 页。
⑤ 《京师火警》，《申报》1899 年 12 月 23 日，第 2 页。
⑥ 参见《清会典·吏部九·验封清吏司》："部院衙门之吏，以役分名：有堂吏、门吏、部吏、书吏、知印、火房、狱典之别，统名曰经承。"
⑦ 《光绪七年十一月十八日京报全录》，《申报》1882 年 1 月 28 日，第 3 页。
⑧ 《水会蒙赏》，《申报》1889 年 4 月 29 日，第 2 页。

各城察看情形，酌拨经费办理"。① 此时水局尚处次要地位，主要负责冬防，地位逐渐凸显。1892 年，五城城宪鉴于"京师乱后，盗风不靖"，召集水会绅董，下令"每局添募勇丁四十名，每名日给口粮、京蚨一千文"，由各董率领，昼夜巡逻，"以辅官力之不逮"。② 此令颁发于 7 月，已非冬季，可见水会巡逻开始常态化。如逢动荡时期，水局更成为维护治安的重要力量。1894 年 7 月，甲午战争前夕，京城局势紧张，水会各局首，雇募夫役巡夜，被视为"畛域无分，与地方联为一气，本系仿照团防之法，为互相保卫之资"。③ 可见此时水会具有准军事团体性质。

除巡捕、查盗外，水会还成为民间赈灾的主力。1890 年，京畿水灾，城内善士前往施赈者，"不一而足"，"惟五城水会十六处，及黄慎之殿撰等，间日轮往各处散赈，或予馒首，或给饼张，或放粮米，均于附近处散放，按口授食"。④ 值得注意的是，以往水灾，官府常会拨发钱物，委派官员施赈。此则史料，未提及官府行动，基本由民间自救。在清末北京，官方对基层的控制较弱，民间水会得以快速发展，活跃于诸多领域，但未能涉足司法等行政领域。1882 年，有一老叟至南城水局喊称拿贼，局勇即前去捉拿，后查明是民事纠纷，局绅将人移送南城坊署处理，可见水局虽兼有巡捕之责，"若民间词讼，则非所预也"。⑤

北京官府出台激励举措，嘉奖水局灭火、缉盗、赈灾等行为，引导其参与城市管理，虽在短期内弥补"官力不逮"，却势难长久。随着水会活动的频繁，"授衔"等嘉奖方式逐渐失效，如 1889 年，太和门失慎后，朝廷拨发"恩赏银一万两"，各绅董婉拒，后官员"欲改请奖叙"，各会"复以绅商等已各有顶戴荣身"为由，请求"钦赐各水会颁字样，赏用龙旗"，⑥ 以获得更多的合法性资源。至后期，官府对水局管理乏术，致使其势力不断扩大。与此同时，水局业务上也存在不足，"此种消防虽简便少靡经费，而临事究不免有张皇失措之弊，平日既无练习之精术，又无纪律

---

① 《巡视中城御史臣额图洪额等跪走为遵议捕务章程，以重地方恭摺，仰祈圣鉴事》，《申报》1875 年 5 月 4 日，第 4 版。

② 《凤城瑞蔼》，《申报》1892 年 7 月 26 日，第 2 页。

③ 《光绪二十年五月十九日京报全录》，《申报》1894 年 7 月 1 日，第 13 页。

④ 《续述京畿灾状》，《申报》1890 年 8 月 26 日，第 2 页。

⑤ 《都门近事》，《申报》1883 年 1 月 1 日，第 1 页。

⑥ 《太和门灾后余闻》，《申报》1889 年 2 月 17 日，第 2 页。

以绳之，其不为乌合之众者鲜矣，其能收效者更未之有也"。只能"在乡村小镇，通融酌用"，至于"商埠繁盛之都会，人烟稠密之地方，决不适用此也"。① 受上述因素影响，1903 年，京师筹设消防队，全城区分为 6 个消防区域，各设一分队，定额队兵 100 人。水局的影响力逐渐消失，在文献中记载较少。

水局没落，在于京师为全国政治中心，能以行政命令调集全国资源。当水局尚处萌芽阶段时，官府因势利导，加以扶植，以弥补自身力量的不足。当水局势力凸显，难以约束时，官府则增强自身力量，以消除隐患。扶植存废，均以维护京师稳定为要，只是策略不同。其他政治中心情况也是如此，如乾隆年间，南京就已设立水龙局，以白衣庵为总局，分设水龙86 所，后"遭乱无存"，直到同治六年（1867）才恢复，仍以白衣庵为公所，共计三十五局。② 1928 年，国民政府定都南京，成立民办救火会整理委员会（附设于首都警察厅内），取消各水龙局执照，改组为救火会，登记资产人员，整顿其衣着、训练、经费，以提升业务水平，规范会员行为。在政府的强力督导下，各救火会沦为附庸，甚至秉承警局命令，督饬会员奔赴郊外排水抗旱，③ 几无自由空间。而在革命肇兴之地广州，1890年成立水龙局，发展迅猛，1935 年 1 月，公安局以慈善救火会"队兵素乏训练，管理无方，杂支多于消防饷项"等为由，宣布取消，遣散闲员。④总之，在政治中心，救火会难以发展，当其势力膨胀过度时，或遭撤销，资产被政府接收，或沦为附庸，难以独立行动。

二　天津水会⑤

天津，地处海陆交汇之处，为北京门户，元明时期，虽有商人活动，但主要驻扎军队，故称天津三卫。步入清朝，天津作为华北漕运、盐运、

---

① 京师警察厅消防处编《消防汇编》，龙向洋主编《美国哈佛大学哈佛燕京图书馆藏民国文献丛刊》第 26 册，广西师范大学出版社，2010，第 229 页。
② （同治）《续纂江宁府志》卷十四之九，《人物》，第 30 页。
③ 《命令训令》，《警察月刊》第 2 期，1934 年，第 15 页。
④ 郭华清、陈亨冬：《民国时期广州的消防机制》，《民国档案》2007 年第 2 期，第 72 页。
⑤ 关于天津救火会的研究成果颇多，如赵耀双《天津近代民间消防组织——水会》，《民俗研究》2003 年第 3 期，第 123~130 页。

海运的中心，南北交通的枢纽，成为商业重镇，因此清雍正三年（1725），改天津卫为天津州，后又升级为天津府，从军镇卫所转型为商业都市。

盐业是天津支柱产业，时人云："津门之地本斥卤，第一生涯性醝贾。"以致两大盐务机构——巡盐御史公署和长芦盐运署分别从北京、沧州迁移至此，标志天津成为盐务总汇之处。随着经济繁荣，"津邑多火灾"，民间救火组织随之产生。康熙初年（1662），武廷豫"出赀备具"，创立同善救火会。① 值得注意的是，武氏祖籍山西大同，其父率军驻守天津，为"辽阳都司"，后"业芦醝"，武承袭家业，是一位盐商，并且善举颇多。其个人家世经历，见证天津都市的变迁，彰显盐商在城市发展中的重要地位。

同善救火会创办，开风气之先，"厥后人烟稠密，往往不戒于火，灾渐多"，官府遂倡率水会。雍正三年，盐臣莽鹄立"捐置救火具，津邑士民之踵而兴者，续立救火会四五十所"，参与者"概属负戴贸易之人"，被视为"一方所最赖为善举者"。② 每年"或春或秋"，各局首善设席，以答谢捐资文善与救火伍善。除民间捐资外，官府亦有拨款，长芦运库"每岁助银共约一千余"。在官民的共同努力下，救火会日渐普及。

近代开埠之后，天津成为仅次于上海的全国第二大工商业和港口贸易城市，在北方更是首屈一指，成为连接华北各地的经济纽带。③ 经济飞速发展，仅在1865年至1898年，进出口贸易增长5倍，出口贸易增长9倍。并产生人口聚集效应，1860年，天津人口不过19万，至1903年，城区人口36万，比1840年增长81.6%。④ 伴随着城市的扩张，火灾日趋严峻，借此之机，救火会发展迅速，至1892年，达到80余所之多。

除消防外，天津救火会还活跃于诸多领域，地方上出现紧急情况，"如地震、风患以及突然暴发的事变"，水会均会鸣锣击鼓，预为应付。⑤

---

① （光绪）《重修天津府志》卷7，《恤政》。
② （清）黄掌纶：《长芦盐法志》卷19，《营建》。
③ 罗澎伟：《中国城市的历史发展与天津在中国城市史上的地位》，刘志强、张利民主编《天津史研究论文选辑》，天津古籍出版社，2009，第828页。
④ 张利民：《论近代天津城市人口的发展》，刘志强、张利民主编《天津史研究论文选辑》，天津古籍出版社，2009，第934页。
⑤ 参见陈连生《天津早年的水会》，天津市文史研究馆主编《天津文史丛刊》第2期，天津市文史研究馆，1985，第43页。陈连生为天津文史专家，在文中，虽有言及水会应对自然灾害，惜未能引用史料，加以论证。

尤其战争时期，更是如此，太平军北伐时，水会奉令改编为团练，参与作战。甲午战争期间，京师告急，李鸿章"照团练章程"，紧急从水会中挑选精锐一千人，日夜训练，以作防护。① 城厢各水局"亦建立大旗上写团防字样"，② 壮大声势。在平日，"凡地方公议之事，水会均有涉及"，③ 总之，功能丰富是天津水会的一大特色。

天津水会地位的凸显，与城市特性有关。在转型过程中，官方体制未能变革，无法应对社会结构不断分化而带来的各种问题，社会调控机制薄弱，诸多层面实际处于"虽分门别户，事权究合而不分"或"无为而治"的状态。19、20 世纪之交，津冀成为义和团运动的中心地区，也与当地官府的行政僵化有一定关系。④ 社会事务有赖民间组织的参与。且作为"舟楫之所式临，商贾之所萃集，五方之民所杂处"的新兴城市，天津绝大多数居民为外来人口，根据统计，1840 年城区有 198724 人，土著只有 646 户。⑤ 在如此情况下，天津急需新的整合机制，凝聚人心，水会作为"一方所最赖为善举者"，成为重要的社会组织。因此官府予以表彰，提升其威望，并向每会发放公牌一面，作为传令聚众之用，以实现对城市的管理与控制。⑥

随着实力膨胀，加之社会变迁，水会构成日益复杂。开埠之前，水会处于绅士控制之下，开埠之后，搬运业日渐兴盛，行脚（搬运工人）人数激增，多属痞棍之流。时人记载："天津土棍之多，甲于各省。有等市井无赖游民，同居伙食，称为锅伙，自谓混混儿，又名混星子，皆悯不畏死之徒，把持行市，扰害商民，结党成群，籍端肇衅。"⑦ "动则挥拳持械，

---

① 参见《光绪二十一年正月初四初五日京报全录》，《申报》1895 年 2 月 18 日，第 11 页。
② 《津郡防倭》，《申报》1895 年 1 月 20 日，第 2 页。
③ 陈连生：《天津早年的水会》，天津市文史研究馆主编《天津文史丛刊》第 2 期，天津市文史研究馆，1985，第 45 页。
④ 参见徐永志《开埠通商与津冀社会变迁》，中央民族大学出版社，2008，第 87 页。
⑤ 参见《津门保甲图说》，来新夏、郭凤岐、李福生主编《天津通志·旧志点校卷》（下），南开大学出版社，2001。
⑥ 根据当时报道，天津 80 余水会均有公牌一面，"每遇应议事件，即以牌邀集会中人，先后毕集，不得迟延额"，后某水会用牌邀会中人，"斗殴肇讼"，结果吊牌销缴。水会人等遂"无传牌众"，极不方便，只好恳请县令，保证不再滋事，方才重新得牌。参见《津事纪要》，《申报》1888 年 4 月 4 日，第 2 页。
⑦ （清）张焘：《津门杂记》卷下，《混星子》，天津古籍出版社，1986，第 87 页。

两不相下，谓只争行市。"① 许多行脚加入水会，至 19 世纪 80 年代，水会"与盐法志所云大不相同矣"，②"创始之人无士大夫为之倡首，率皆里巷游惰者为之"。往往"因睚眦成械斗"，彼此矛盾渐深，难以协同救火，1899年，各会"忽改定章程，各守疆界，如在界外，不容越雷池一步，故一遇火警赴救者，颇觉寥寥"。③ 其消防功能渐渐丧失。一些水会甚至对抗官府，1900 年，聚善水会和胜水会结仇，"齐在桥北列队备战"，各官道宪闻讯后，带兵弹压，数名勇丁被殴伤。随后，道宪率同府县各官前往聚善水局，"见刀矛森列"，在县署充当皂头的会首乔某，"声称此事非大人所能管"，道宪大怒，"饬即拘获，带回发县究办"。④ 以上迹象表明，水会力图将隐性权力显性化，成为社区的控制者。权力结构失衡，传统的地方治理模式难以维系。

为此，天津官府着手治理水会，"始拟整饬"，后"谕禁再增"，然士绅"病其浅辍"，打击力度不断加大。与此同时，时任直督的袁世凯推行警政，奏设天津四乡巡警总局，取代保甲制，收效显著，地方治安"渐臻静谧，宵小不至横行"，⑤ 被誉为天下第一，并向全国推广。受此影响，救火会迅速萎缩，至 1903 年，全市只剩下 40 余所，并接受商会的领导。民国时期，天津城市人口增多，官办消防队力量有限，⑥ 水会虽有灭火之举，但社会认可较少。

总之，作为从军镇卫所发展而来的商业都市，天津官府未能建立有效的整合机制，只能依托民间力量进行社会管理，水会得以承担诸多职能，在基层中影响颇大。开埠之前，水会多由士绅创办，与善堂善社相似，对社会裨益甚多。开埠之后，随着城市规模扩大，火灾加剧，水会网点增加，然而"盖多则成杂，久则生弊"，会务逐渐由行脚把持，滋事不断，被官府整肃。由于官办消防力量不足，水会仍得以零星存在，但影响不

---

① （清）张焘：《津门杂记》卷下，《脚行》，天津古籍出版社，1986，第 14 页。

② （光绪）《重修天津府志》卷 7，《恤政》。

③ 《析津鱼素》，《申报》1899 年 5 月 19 日，第 2 页。

④ 《水会纷争》，《申报》1900 年 5 月 9 日，第 2 页。

⑤ 廖一中、罗真容整理《袁世凯奏议》，天津古籍出版社，1987，第 615 页。

⑥ 1936 年 4 月 23 日，天津市公安局共有消防警察 109 名，经费短少，警服须自备。参见《冀察政务委员会消防警察调查表》，天津市档案馆，专题档案，http://125.39.116.188/tjdag/wwwroot/root/template/main/ztda _ article. shtml？ id = 379&typeid = 250。

大。水会势力的消长，既反映城市发展变化，也体现官民互动，当两者力量平衡，则能相互裨益，共同维系社会秩序，当民间力量过度膨胀，则受到压制。

三　上海救火会

上海，地处长江与东海交汇之处，南宋设镇，元至元二十九年（1292）设县，1553 年筑城，为长江下游地区重要贸易港口，[①] 有"江海通津"之称。1842 年，《南京条约》签订，上海成为五口通商口岸之一，对外贸易量上升，城市地位提高，尤其太平天国运动爆发后，江南等地难民涌入租界，华洋杂处，上海飞速发展，取代广州，成为中国最大的对外港口。

伴随着经济繁荣，火灾成为上海主要的灾害。时人谓之"沪上之民不困于水、不困于旱、不困于刀兵，而独罹此祝融氏之浩劫哉"。火灾频繁发生，民众习以为常，"报警之钟，时闻于耳畔，被毁之户，密比繁星"。[②]租界外国人率先组织救火会，每年夏秋间集会，演习水龙，修筑火警钟，"昼则悬旗，夜则挂灯，以示方向"。[③] 被视为沪上风景。与此同时，华界的同仁、辅元、果育等善堂也将"灭火"视为善举，添置水龙，募集夫役，一旦发生火情，即召集人员。随着城市规模扩大，出现以街道或行业建立的救火会，达到 42 家之多。[④]

华界救火会数目众多，但杂乱无章、器械落后，每年分龙之日，方才"群集校场演试"，技术不够娴熟。租界洋人救火会，组织严密、器械精巧，救火效率颇高，"众钦西人火政之善"。[⑤] 华界发生火灾，常需要租界救火会支援，以致洋人借此要挟地方官员。1894 年，杨树浦织布局失火，租界救火会以"失火不在租界之内"，不肯赴救，导致"百余万赀财，尽

① 参见张仲礼、熊月之、沈祖炜主编《长江沿江城市与中国近代化》，上海人民出版社，2002，第 11 页。
② 《修火政说》，《申报》1894 年 4 月 8 日，第 1 页。
③ 葛元煦著、郑祖安标点《沪游杂记 淞南梦影录 沪游梦影》，上海古籍出版社，1989，第 16 页。
④ 据（光绪）《上海县续志》卷 2，《建制上·救火》。
⑤ 《上海南区救火会报告册·序文》，1925 年，上海图书馆近代文献阅览室铅印本，第 5 页。

成灰烬"，事后，工部局声称"今以惩前毖后之计"，向中国大宪提议"开拓租界"，① 以扩大在华权益。

为维护民族尊严，地方士绅"乃就各处原有消防集社，从事改组，由分而合，弃己之短，师人所表，一再更变"，至 1923 年，全市火会分东南西北四区，"以联合会总其纲"，管理上借鉴西式火会，向英国订购最新式救火器械，业务臻臻日善，"视租界有过无不及，西人亦相惊叹"。② 队员分义务与雇佣两种，受雇队员，常驻会所，随时准备出动。到 1949 年初，全市火会共计 2000 余人，拥有救火车、救护车 92 辆。

早期水龙会经费，主要是"故于各业中择其生意之大者，曰洋广货、洋货、洋药、押当、广帮、绸、钱、丝、茶，如九业以每年外国三月为期，共收银一千五百两"。③ 随着火险普及，"近则十六铺以南及城内各店铺无不可保"，上海官员要求将火灾赔偿额"三分之一助救火会经费"。④ 此后救火会还向辖区内居民征收救火季捐、月捐、特捐等，并获得官府认可，如上海东区救火联合会成立，合并原先诸会，害怕"分别收取，历经多年，今一旦改由东区名义，统一收捐，或恐铺户不察，难保无阻碍"，认为"捐输情事，非请求官厅该示布告，殊不足以昭慎重"。⑤ 于是呈函上海知县，请求布告，统一收捐。可见，官权是救火会顺利征捐的重要保障。南京国民政府成立后，名义上废除救火捐，但财政拨款较少，火会仍依靠劝募筹款。

上海救火会分工明确，以川沙县⑥为例，设置总司令一人，平日检验设备是否完好，一旦火情发生，即指挥众人灭火。设置司龙、司灯、司水等若干人，分别负责各项事务，以维护火场秩序。由会长会同司令员"预为派定发给腰牌为证"，评议员负责"机关往来信札""一切庶务兼轮收捐项"等行政事务。每年二、五、八、十一月二十日会操，操演后由会长邀

① 《译织布局与工部局往还函牍》，《申报》1894 年 7 月 6 日，第 3 页。
② 《上海南区救火会报告册·序文》，1925 年，上海图书馆近代文献阅览室铅印本，第 5 页。
③ 题名不详，《教会公报》，1874 年，上海图书馆近代文献阅览室馆藏资料，第 238 页。
④ 《隐弭火患》，《申报》1899 年 2 月 23 日，第 3 页。
⑤ 《函请上海救火联合会转呈上海县知事统一收捐文》，《上海东区救火会报告册》，1922 年，上海图书馆近代文献阅览室铅印本，第 7 页。
⑥ 川沙县为上海下属县之一。

齐赞助员及各项职员"集会公议修改事宜"。① 该规章体现民主制与科层制的原则。

在上海，救火会仍被视为善举，如东区救火会声称"慈善事业之至亟者，则莫如火政"，并与其他善举区分，"盖普通慈善、济弱、赈贫、矜孤、恤寡，此不过仅及于一时，或一隅无告之编氓"，而改良火政，"实与地方居民生命财产，无论随时随地，相维相系，有须臾不容，或缓之势，是以火政良窳，关乎闾阎安危，至巨大也"。② 因此，救火会的领导人，如王一亭、朱葆三、李平书均是著名慈善界人士。尤其是曾任救火联合会会长的王一亭，更有"王善人"之称，创办诸多慈善机构。1921年，日本关东大地震，王筹措善款，前往赈灾，传为美谈。此类慈善家多为工商巨子，在社会上颇有声望，所以能够成为救火会的领导。

众多精英的加盟，使救火会得到各界的支持，这从庆典活动可见一斑，上海南区救火会成立时，本埠出席的"有浙江卢督办代表顾姓泉君、江苏齐督军代表沈蕴石君、韩省长代表苏州关刘玲生监督、财政厅长代表钮传谦君、何护军代表孙梓琴君、淞沪警察厅陆芷汀厅长、闸北工巡局许简青局长、沪海道尹代表余芷君、上海县沈知事、吴淞商埠局颜璧城局长，以及绅商学界名流数百人，先后莅至"。③ 卢督办指浙江督军卢永祥、齐督军指江苏督军齐燮元，均是著名军阀。

除本埠外，上海救火会与周边同类组织来往密切，这同样体现在重大节庆上。如上海南区救火会成立时，杭州、嘉兴、枫泾、兴化、海宁、镇江、武进、常州、无锡、苏州、奔牛、松江、青浦、嘉定、横林、吴淞、江湾、周浦等处火政团体，均列到会，赠送牌匾、贺词。业务上，上海救火会也与周边救火会互动频繁，救火联合会会长毛子坚常应宁波方面要求，前去指导。沪、苏、松、锡四地救火会商议举行联席会议，实现火政共进，④ 颇有区域一体化的迹象。救火会间的区域互动，与历史传承有关，明清时期，江南各地善堂来往频繁，形成育婴圈。⑤ 救火会属于慈善事业，

---

① （民国）《川沙县志》卷21，《警务志》。
② 《上海东区救火会报告册》，1922年，上海图书馆近代文献阅览室铅印本，第1页。
③ 《上海南区救火会报告册》，1925年，上海图书馆近代文献阅览室铅印本，第25页。
④ 《再志苏沪松锡火政之共进》，《申报》1916年6月16日，第3张第10版。
⑤ 王卫平：《清代江南地区的育婴事业圈》，《清史研究》2000年第1期，第75~85页。

所以沿袭传统风格。

精英的加盟，官绅的支持，与周边盟友的互动，使上海救火会影响力扩大。1909年，上海城厢自治公所决议，"沪城救火会全体会员未有纳捐资格，而历事一年以上者"，均具有特别选民资格。① 辛亥革命爆发后，在李平书等人发动下，自治公所接管地方行政，由火会与商团共同维持社会治安。自治公所撤销后，救火会势力不减，如闸北巡警局所办的消防机构，即因作用甚微，不得不并入闸北救火联合会。尽管强势，然上海救火会专注消防，较少对抗官府，两者关系融洽，如上海警察局时常应救火会之请，禁止燃放烟火、捉拿偷窃消防器具的不良分子。即使与其他社会团体冲突时，救火会也常诉诸调解，而非以暴力的方式解决。如自来水公司水价甚高，救火会屡次要求降价，以利消防，均遭拒绝，后会董入股自来水公司，矛盾方告解决。

南京国民政府成立后，加强对火会控制，废除救火捐，改由财政补助，除插手救火会人事外，还干涉其业务，如汽龙报修，"必须呈报市公安局派员查勘后，再转请市政府核准，辗转耗时，并需托关系、讲人情，方能获批"。② 由于监督过多，许多精英不愿受制于官员，逐渐退出救火会，会员整体素质下降，活力渐失。虽然束缚颇多，上海救火会仍具有一定的独立性，如金城大剧院经营有方，"似乎已成为华商戏院之魁首之势"，实力雄厚，但因后台消防设备不完善，救火会勒令中止出演，经交涉后，勉强运营，"如果金城不把后台改装，以后不准演舞台戏"。③ 在整个事件报道中，警察局未有提及，可见当时救火会仍可行使消防监督权，其命令仍有效力。

上海救火会强势，且器械精良，与城市的特点有关。作为远东最大的城市，上海华洋杂处，消防关系国家主权，故地方精英不惜重资，采购先进器械，精益求精，以维护民族尊严。上海作为近代中国的经济中心，国家极欲控制，但面对错综复杂的地方权力结构，难有作为。作为移民城市，上海社会管理模式与传统都市迥异，居民更多与会馆、行会发生联

---

① 《特别选民资格》，《申报》1909年8月14日，第3张第3版。

② 董致和：《旧上海救火会撷忆》，上海市政协文史资料委员会编《上海文史资料存稿汇编》第11辑《社会法制》，上海古籍出版社，2001，第231页。

③ 《金城不能演舞台剧　为了后台设备不全》，《影与戏》1937年1月，第103页。

系，较少关注政府事务，故在此特殊环境下，救火会声望较高。

近代开埠之后，伴随着经济发展，火灾成为上海最大的威胁，租界洋人创办救火会，以高效、迅捷著称。华界士绅积极效仿，火会网点遍布全市。1905 年，救火联合会成立，得到各界支持，成为重要的民间组织。南京国民政府成立后，上海救火会受到监督，活力渐失。较之其他地方，上海救火会以业务精湛著称，不仅器械精良，规章完善，成为许多地方效仿的对象，而且专精其业，极少涉足赈灾、济贫等领域。这主要是由于上海各类社会组织众多，慈善事业发达，有慈善团之设，无须借助救火会。

总之，北京、天津、上海三地情况迥异，故救火会颇有不同。作为统治中心的北京，水局在政府倡导下进行，弥补行政力量的不足，从事消防、治安，扮演辅助者角色，虽发展较快，但若官府改变政策，即可能迅速消亡。天津作为新兴城市，官府未能建立有效的管理体制，因此水会较早产生，随着城市的发展而不断壮大。由于各种原因，士绅不愿出面主持，水会成分复杂，遭到整肃，势力大减。而在经济中心上海，救火会最早在租界产生，并迅速推广，除消防需求外，特殊的地方权力结构、为民族争雄的社会心理，使上海救火会得到绅商大力支持，发展迅速，器械精良、制度严密，堪称全国鼎范，后因政府控制加强，许多精英不愿参与，救火会活力渐失。因此，救火会运行，取决于官府和社会合力，如果官府放任不管，业务难以开展，并有可能蜕化。若官府监督过严，也可能压缩社会空间，束缚其发展。此外，精英加盟，亦是救火会得以成功的重要因素。

第三节　福州救火会之区域特色

与全国总体情况相比，福州救火会地域特色鲜明，这主要表现在以下方面。

第一，起步较晚，发展迅速。早在嘉庆道光时期，江南、直隶地区，水会水局已陆续设立，至同光年间，两地网点增多，并逐渐扩散至长江沿线、东北地区等。而福州直至 19 世纪 80 年代，方才设立木帮彬社，此后20 余年，无新会设立，直到 1908 年，结社集会律颁布后，救火会才得以普及，于 1919 年设立救火联合会，至 30 年代，全市共达到 37 所，成为最大的民间组织。反观北京，至 1896 年，水会 20 余处，1903 年后，趋于萎靡。天津，水会早在康熙年间就已创办，1892 年，达到 80 余所，后减至 40 余所。上海，清末龙社达数十所，至解放时，共有 22 会，人员 2000 多人。而苏州，1903 年，城区有龙社 30 余个，1913 年达 67 个，[①] 此后数目略减。无论是从全国发展趋势来看还是和其他城市比较，福州救火会起步较晚，却后来居上。

从会员人数来看，至 1949 年解放，福州救火会为 37 个（锡铸救火会被裁），援丁临警达 4420 人，[②] 而城区人口 349950 人，[③] 平均 80 人中有一名救火会会员。反观苏州，1949 年，市区人口 115 万，共有 51 个救火会，会员 966 人，[④] 平均每千人中约有一名救火队员。1949 年，上海人口为 4630385 人，[⑤] 共有 21 个救火会，共有职员 400 人、队员 1500 人，平均约 2400 人有一名救火队员。[⑥] 从上述数据来看，福州救火会会员所占人口比例远高于上海、苏州，其他城市因缺详细数据，暂时难以分析。人口比例高低，亦折射出救火会在城市中的影响。

同光年间福州火灾频发，而救火会却停滞不前，这与城市近代化受挫有关。从该时期情况来看，救火会分布和埠际贸易存在联系，如长江内陆和东北等地开辟通商口岸后，中心城市兴起，人员活动增加，易生火患，而官办消防机制未能及时调适，因此出现救火会。反观福州，虽为首批开埠口岸，但直至 19 世纪 60 年代才得以崛起，繁华景象持续二十年，又迅速衰落，以致"省城别的生意，都是非常冷淡，单单聚春园、亦乐天、碧

---

① 《苏州市公安志》编纂委员会编《苏州市公安志》，内部资料，第 6 页，转引自彭志军《官民之间：苏州民办消防事业研究（1913~1954 年）》，博士学位论文，上海师范大学，2012，第 61 页。

② 《本会组织概况、组织法、名单》，1950 年，福建省档案馆藏档案：88-4-19。

③ 《1928~1949 年福州市户口统计表》，《民国福建各县市（区）户口统计资料（1912~1949）》，福建省档案馆，1988，第 42 页。

④ 夏冰：《苏州的龙社》，《档案与建设》2002 年第 4 期，第 53 页。

⑤ 民国内政部人口局：《民国三十七年上半年全国户口统计》的《全国户口统计总表》，转引自侯杨方《中国人口史》第 6 卷（1910~1953），复旦大学出版社，2001，第 278 页。因 1949 年数据未能寻到，故以 1948 年数据替代。

⑥ 转引自〔日〕小浜正子《近代上海的公共性与国家》，葛涛译，上海古籍出版社，2003，第 286 页。

兰亭各酒馆，一天到晚就热闹非凡"。① 商业凋敝，民间力量不足，加之受结社令影响，木帮彬社出现后，二十余年未能普及，这大致符合福州开埠后的经济发展趋势。且福州为省城，明代火患已成为严重的社会问题，因此地方大员重视消防，多次向朝廷请示汇报。近代之后，保甲局将消防作为工作重心，采取诸多措施，取得一定成效。清末民初，官权衰微，火灾失控，必须动员民间力量方能应对，因此救火会得以兴起，吸纳广大市民参与其中。

第二，功能多元，存续时间长。如上所述，近代福州救火会职能颇多，涉及消防、治安、赈灾、慈善等领域，在地方事务中发挥重要作用，多次代表市民利益，发动集体运动，在政府与民间之间扮演中介者角色，有类于基层自治组织，新中国成立后仍然较为活跃，至今仍有零星存在，存续时间长达百年。反观其他地方救火会，以消防为主，表现略有不同。在中小城市，② 救火会较少涉及消防之外的事务。如常熟救火会数目达到10个，会员数百人，只有在新中国成立前夕，救火会才派人在水陆要道设岗，防止恶意纵火。③ 其他活动不见记载。④ 在京津沪等大城市，救火会涉及治安、赈灾等公共事务，但维系时间不长。北京，水局除灭火外，承担巡捕、赈济灾民等事务，官办消防队成立后，均遭解散。天津，水会曾达70余所，实力雄厚，"凡地方公议之事，水会均有涉及"。⑤ 其势力不断膨胀，后被地方官"限制数目，不得额外添设"，⑥ 沦为帮派组织。上海，在非常时期，救火会短暂参与治安，平日业务基本以消防为主。

其他地方救火会功能单一，与国家力量和当地民间组织的构成有关。大都市作为统治枢纽，人烟辐辏，火灾易发，威胁公众安全，救火会以其

---

① 《论说》，《福建白话报》申辰年九月初一日，《中国早期白话报汇编》第 5 辑，全国图书馆文献缩微复制中心，2008，第 32 页。

② 中小城市救火会在报刊、方志等史料中，记载不多，而《文史资料》有较大篇幅的描述，多为当事人或其子孙追忆，有参考价值。

③ 王介心：《常熟消防事业的发展史》，常熟市政协文史资料委员会编《常熟文史资料辑存》第 7 辑，1980，第 150 页。

④ 这或是官府不欲彰显其功的缘故，如果救火会在地方举足轻重，功能颇多，通常会在各类风潮中扮演重要角色，备受关注，文献中此类报道只见一起，为无锡救火会与军队发生纠纷，市民未参与其中，难以代表民意。

⑤ 陈连生：《天津早年的水会》，天津市文史研究馆主编《天津文史丛刊》第 2 期，天津市文史研究馆，1985，第 45 页。

⑥ （光绪）《重修天津府志》卷 7，《恤政》。

义举，赢得人心，且植根基层，当官府力量不足时，常会借助其力，维护治安、救济灾民，一旦势力达到某种程度，不利于政府统治，即遭整顿。如天津水会，已涉足诸多领域，在地方上甚有影响，以致连李鸿章等督抚大员亦须向其求助，后因对抗官员，遭到取缔。在中小城市，火患略轻，商会主持各类事务，救火会常附属其下，难以独立行动，影响力有限，难以成为地方权力中心。

福州虽为省会，但近代政府统治衰微。北洋政府时期，福建各路军阀混战，省府更换频繁，财政困窘。南京国民政府成立后，福建省府统治力有所提升，却因抗战爆发，两度内迁。战后，福州物价爆涨、米荒严重，省府财政紧张，以致将救济院转由民办，在如此情况下，须由民间辅助，弥补政府不足。而福州商会从创办伊始，即疲于应对官府借款，难以领导群商。各商帮后创办商事研究所，逐渐演化为基层自治机构，因抗捐遭到解散。救火会契合长期防火畏火的社会心理，依托民间祭祀组织，获得民众支持，通过与地方力量的互动，功能不断扩展，成为独立于商界、代表市民利益的基层自治组织，直到三大改造完成后，官办消防队增强，救火会才逐渐消失。

第三，依托社境组织，以庙为址。福州救火会主要由社境组织嬗变而来，会址多设于神庙，会员笃信神灵、组织迎神赛会。反观其他地方的救火会，有类似之举，如天津水会供奉"火德星君"，在火神诞辰日集会，筹措资金。上海等地救火会以龙神诞辰为演龙之期。总体而言，各地救火会各有特点，江南等地水局与慈善事业渊源颇深，附属于善堂善社，民国时多改名为救火。① 在上海，救火会仍被视为善举，如东区救火会介绍本会沿革，声称"慈善事业之至亟者，则莫如火政"，并与其他善举区分。② 在天津，水会原本被视为"一方所最赖为善举者"，③ 参与者"概属负戴贸易之人"，至 19 世纪 80 年代，"率皆里巷游惰者为之"，往往"因睚眦成械斗"。④

① 1927 年，苏州龙社全部改成救火会。参见彭志军《官民之间：苏州民办消防事业研究（1913~1954 年）》，博士学位论文，上海师范大学，2012，第 78 页。
② 《上海东区救火会报告册》，1922 年，上海图书馆近代文献阅览室铅印本，第 1 页。
③ （清）黄掌纶：《长芦盐法志》卷 19，《营建》。
④ （光绪）《重修天津府志》卷 7，《恤政》。

此种差异，与各地基层组织的实态不同有关。明清时期，江南慈善事业发达，① 善会、善堂数量首屈一指，② 多由士绅创办。到了清代中后期，"越来越多的小型善会善堂设在乡镇及县城内的小社区，这些善堂的运作，一方面得依赖小社区较强的认同感，同时也反过来加强了社区的认同感"。③ 福州慈善机构较晚出现，多为官办，如育婴堂，"雍正二年奉文闽、侯二县公设在城北遵截铺地方，巡抚黄国材捐置田五百四十余亩，又拨盐耗银两，充为堂中乳哺衣药之需。布政使赵国麟复拨公费银五百两，以备不足"。④ 直到光绪年间，数量才增多。慈善事业发育迟缓，主要是巫风盛行所致，社境作为基层社会主要组织形式，除祭祀外，还承担诸多功能，境庙成为社区议事中心，士绅借此参与地方事务，故无须创设慈善机构。此亦是福州救火会到 19 世纪 80 年代，方才出现的原因之一。而天津开埠后，搬运业兴盛，行脚数量增多，城市人口构成显著变化，而官府管理无力，水会作为社会整合机制，吸纳行脚加入，逐渐蜕化变质。各地救火会依托不同的传统地方组织，各具特色。

宗教的基本功能就是"提供一个，可以超越经济利益、阶级地位和社会背景的集体象征，以便为形成民众对社区的凝聚力创造条件"。⑤ 依托社境组织，福州救火会整合各阶层，并能长期维系，通过利用"敬畏神圣的集体利益象征"，使成员的"关怀超越个体单纯的物质利益境界"，⑥ 即养成守护桑梓的责任感和对福报的追求，因此福州救火会的社会声誉良好，极少有不法行为，虽有数起斗殴流血事件，却是为抢先救火，对社会并无危害。与民众关系融洽，如倪林和平家中失火，得到救火会援助，"那时我就尽量招呼救火会的需要，也给他们一点赏钱，大家尽欢而散，而我的

---

① 王卫平先生认为，明清江南慈善发达主要有三方面原因，其一，商品经济繁荣，使城居地主增多。其二，士绅力量强大。其三，人口的快速增长带来的生存压力。参见王卫平《明清时期江南地区的民间慈善事业》，《社会学研究》1998 年第 1 期，第 86~99 页。

② 王卫平：《明清时期江南地区的民间慈善事业》，《社会学研究》1998 年第 1 期，第 84 页。此外，夫马进、梁其姿、星斌夫对此也有精辟研究。

③ 梁其姿：《施善与教化——明清的慈善组织》，河北教育出版社，2001，第 317 页。

④ （清）徐景熹修、鲁曾煜纂《福州府志》，海风出版社，2001，第 331 页。

⑤ 〔美〕杨庆堃：《中国社会中的宗教——宗教的现代社会功能与其历史因素之研究》，范丽珠等译，上海人民出版社，2007，第 86 页。

⑥ 〔美〕杨庆堃：《中国社会中的宗教——宗教的现代社会功能与其历史因素之研究》，范丽珠等译，上海人民出版社，2007，第 81 页。

心更是何等的快乐啊"。^① 至今流传谚语"旧社会啥都是假的，只有救火会是真的"。亦因如此，官府未将其取缔，反予以各种支持，以维系社会的稳定。

第四，源于上海，又有所不同。开埠之前，福州无水局、水会之设，直到19世纪80年代，木帮方才设立彬社救火会，因为木材为榕沪贸易中的大宗商品，木商频繁来往于两地，很有可能借鉴上海救火会，在福州推行之。而第二个成立的闽南救火会，则是曾经旅沪的先进知识分子"仿照外国消防队"章程设立，^② 因此福州救火会出现，可视为榕沪互动的产物。此后，福州救火会曾派人到上海救火联合会观摩，购买消防器械，深受影响。

两地救火会渊源颇深，但运营形态存在显著不同。上海救火会器械精良，从英国购买先进的灭火器械，并投重资修造会所，如东区救火联合会"计造三层楼洋房四栋，以下层储存各种救火车辆为办事室，三层为宿舍，上建瞭望台，估定工料价银五千七百两"。^③ 雇用专业人员，驻扎会所，准备随时出动。其财力雄厚，仅在1926年，上海南区救火会收入"银四万一千四百七十四元一分"，共支出"银七万八千九百九十五元七角"。^④ 而福州救火会多使用腕力龙、木桶、绳索等简陋器械，虽然有数部灭火车，但多由废旧汽车改造而成。经费仅能勉强维持开支，援丁多为店铺伙计和普通市民，训练较少。从救火过程来看，福州救火会也较为原始，鸣锣召集人员，举牌匾辨别身份，较之清中叶的杭州义集，并无较大差异。

运营形态的差异，凸显两地经济差距。随着茶叶贸易衰落，福州与外界接触渐少，受近代化冲击有限，风气闭塞，时人指出："我们福建本来是个通商最早的口岸，论起风气，该是先开的了，为什么到如今，还共各省比较不过呢？这却也有几层缘故，第一，是商业不兴。第二，是水陆路

---

① 《火灾》，《恩爱标本——倪林和平姊妹见证》，福建省图书馆特藏部资料。

② 《天安铺上洋务局之公禀》，《英领事混争天安寺纪实》，上海图书馆古籍部特藏部铅印本，第4页。

③ 《函请上海救火联合会转呈上海县知事统一收捐文》，《上海东区救火会报告册》，1922年，上海图书馆近代文献阅览室铅印本，第7页。

④ 《临时收入》，《上海南区救火会报告册》，1926年，上海图书馆近代文献阅览室铅印本，第129页。

交通不便，所以开通的只有老底子那一部分人，其余的仍旧闭塞。"① 民国时期，福州凋敝更甚。商业上，粮食仰赖闽北及南洋的接济，许多日用品须从上海输入，"是一个在贸易上入超的城市"。工业上，只有一些简单的轻工业和手工作坊，"没有大工厂，除了一个电力公司的烟囱之外，找不到第二家有烟囱的工厂了"。工商不景气，就业市场狭窄，"劳力显得特别低廉"，许多人"只得出省工作去"，留在福州的眷属"靠着汇回来的款子生活"，汇费昂贵，② 加之辗转多时，所以"大部分福州市民却过着极苦生活"。③ 至解放时，市区仍未通自来水，电力亦分区轮流供应，有人做过比较："以上海之文明，较之纽约，应差半个世纪，又以福州与上海比，亦落后五十年，此说虽不能十分精确，大体谅已相去不远。"④ 两地经济悬殊，所以福州救火会虽源于上海，却难以全盘效仿，须与社境组织结合，经历本土化历程。

总之，福州救火会独特的发展轨迹，凸显特殊环境下，城市对消防的急需，反映经济兴衰、政治变革，对民间力量的影响。明清时期，福州巫风盛行，社境成为基层主要组织，未设立水局、水会。开埠之后，商业兴盛，火灾增多，木帮创立彬社救火会，但由于茶叶贸易衰落，未能推广，二十余年未有新会设立，直至清末变革，在地方自治等诸多有利因素推动下，救火会兴起，并在动荡的民国时期不断发展，新中国成立后仍较为活跃，在全国同类组织中实属罕见。由于近代化受挫，福州一方面受现代化冲击有限，风气较为闭塞，另一方面经济凋敝，民间财力困窘，因此福州救火会虽源于上海，却难以全盘借鉴，而须经历本土化历程，与社境组织结合，方能维系运转。特殊的地理环境、畏火惧火的地方民性、衰微的地方政权、笃信神灵的社会风气，各种因素彼此交织，使救火会成为颇具特色的基层自治组织。

---

① 《缘故·（一）》，《福建白话报》申辰年九月初一日，第9页。
② 当时从京沪汇千元到福州来，手续费350元，且辗转多时。
③ 《入超的城市》，《申报》1949年5月11日，第1张第4版。
④ 《疏散声中闲话福州》，《申报》1949年2月1日，第2张第5版。

结　语

　　总之，民间救火组织肇始于明末清初，名称繁多，被视为善举，零星存在于省会城市。近代开埠之后，江南、直隶救火会数量众多，形成网状分布，逐渐向长江内陆、东北、闽粤地区普及。晚清推行地方自治，将设立救火会列为重要举措，推动其发展，至民国时，救火会在全国普设，成为应对火灾的重要方式。新中国成立后，随着私有制的消灭、人民消防力量的提升，多数救火会或被接收，或被解散，只在少数地方延续。总体而言，近代救火会呈现"条中有块"的分布特点，反映近代中国经济格局的变迁和各地的商贸关系，其参与者日益多元，折射社会转型。上海、天津成为传播救火会理念的两大中心，凸显两城在南北的重要地位。总之，救火会作为近代兴起事物，体现国家权力沉浮和社会经济层面变迁。

　　民间救火组织在各地的情况不同。在北京，同光年间，随着火油使用，火灾呈增加趋势，官办消防机制未能及时变革，水局由此兴起，达到二十余家，主要由士绅主持，多次参与宫廷救火、赈灾、治安，受到朝廷嘉奖。1903年，官办消防队成立后，水局渐趋消亡。天津，作为从军镇卫所发展而来的商业都市，官府调控社会的能力较为薄弱，水会承担诸多职能，在基层中影响颇大。开埠之后，水会网点增加，行脚替代士绅，把持会务，后遭官府整肃。上海，作为近代中国的经济中心，救火会领导均为商界精英，获得各界支持，器械先进、规章完善，堪称全国鼎范，并与周边地区的救火会频繁互动，随着政府控制的加强，精英人物的退出，救火会活力渐失。三座城市特点各异，民间救火组织颇有不同，反映城市结构的变化和官民力量的消长。

　　福州救火会颇具特色，起步较晚，却迅速崛起，吸引广大市民加入，借助民间信仰，凝聚力较强，其功能不断扩展，演化为基层自治组织，弥补地方权力真空。而官府由于自身力量不足，亦须借助民间力量，所以予以各项支持。各种因素交织，使福州救火会活跃于近代，延续至今。

结　论

　　总之，本书以福州救火会为例，探讨明清以来，民间力量如何自发组织，应对灾害。阐释在社会变迁的背景下，传统祭祀组织自我调适，嬗变为救灾组织，与各种力量相博弈，拓展功能，实现社区自治。除置于地方脉络考察外，本书着眼全国，将福州救火会与京沪等地同类组织相比较，从而既能把握区域特性，又能透视更加具有普遍性、一般性的问题。对福州救火会这一经典个案的多维度考察，不仅有助于加深对灾害与社会等问题的理解，更能为当今社会管理创新提供借鉴。

一　灾害　民间组织　地域社会

　　明清时期，特殊的地理环境，导致福州灾难频发，涝灾、疫灾相互交织，风灾、火灾彼此互长。为达到驱瘟避邪的目的，瘟神五帝信仰盛行，民众时常举行迎神赛会，形成社境组织。随着城市人口的增多，明万历年间，火灾已成严峻问题，此时民间力量尚不发达，巡抚庞尚鹏着手强化城市的里甲制度，与火军相互配合，协力灭火。迄至清代，在朝廷督促下，福州地方官员对火情惕然，基本由军队承担救火之责。与此同时，科举兴盛，福州士绅数量众多，势力强盛，尤其在嘉道年间，更臻至顶峰，为获取公共身份，维护桑梓稳定，他们主持各类事务，如浚湖修桥、救济灾民、输送粮食，甚至"把持政务"，在地方上扮演重要角色。值得注意的是，此时福州民间慈善机构较少，见于文献者寥寥。

　　开埠之后，福州社会形态变化较大。随着商品经济的发展，城市规模的扩大，火灾频率骤升，对民风习性影响深刻，火帝信仰受到商人推崇，"谢冬"习俗盛行，"纸裱福州城"谚语广为流传，凸显火灾破坏之惨烈。为此，官府推行联甲制，依托社境组织，应对火灾，此后设立的保甲局，也采取诸多举措，取代军队，成为消防主力。与此同时，商人阶级日益崛起，参与公共事务，商帮较为活跃，为赋税收入的主要来源。虽然受到新兴势力冲击，士绅仍在地方上有重要影响力，他们刊印医书、应对鼠疫、创办善堂善社、主持本地赈灾，并参与江南义赈。尽管在光绪朝中期，木帮就已创立彬社救火会，但由于诸多原因，未能推广。

　　清末新政，促进福州社会的变革，重构地方权力结构。科举制度的废除，切断了士绅产生渠道，陈宝琛等巨绅亦迁居京沪，福州士绅阶层渐趋没落，拯婴局、协赈所等绅办善堂陆续消失。借助地方自治的推行，革命党人通过创办桥南公益社，合法介入地方权力，进行天安寺事件交涉。与此同时，地方官府统治能力弱化，社会管理与缓冲机制衰落，各种问题层出不穷，商人罢市、地棍横行、火灾失控，社会处于失序状态，因此闽南救火会创办后，迅速推广，1912 年，福州救火会已有十三个。

　　民国时期，福州战乱不断，局势混乱，尤其在 20 年代，省府主席频繁更换，财政紧张，以致无法发放公务人员的薪水。官办消防队规模极小，形同虚设，救火会遂发展迅速，网点遍布全市，并成立救火联合会协调各会行动，多数救火会从社境组织嬗变而来，是后者在新的历史时期的表现形式，因此在空间分布上较为相似。借助民间信仰，救火会整合社会各阶层，自我管理、自筹经费，其功能不断扩展，逐渐发展成为基层自治组织，多次代表市民，发起集体运动，向强权抗争。救火会虽然与商界关系密切，但并非商会下属机构。故代表商界利益的商事研究所从中分离，功能与救火会类似，却因抵制捐税而被解散。

　　从 30 年代起，政府加强对救火会的控制。抗战期间，救火会被整编为准军事力量，随同政府内撤，参与反攻作战，损失惨重。战后，须时常向政府请示会务，获批后方可进行，独立性有所削弱。与此同时，政府推行保甲制，延伸统治。受此影响，救火会职能萎缩，未能再发动集体性运动。然而官方基层行政体系弊端重重，未能加强统治，以征夫、征税为主要任务，保甲长更借此谋利，声名狼藉。故救火会在地方的中心地位未受动摇，在诸多事务上，当局只有借助火会，方能推行政令。

新中国成立之后，救火会未立即消亡，仍在地方上发挥重要作用。随着三大改造的完成，公有制的建立，救火会经济基础消失，难以筹募经费。居委会与单位作为一种社会整合与控制机制，成为基层的主要组织形式，取代救火会原有地位。随着"破四旧"风潮的兴起，游神等地方仪式的禁止，旧有的民间意识被摧毁，从而割裂救火会的信仰纽带。持续不断的阶级斗争，使传统意义上的地方精英难以自保。与此同时，1957年，随着政权的稳固，福州市公安局建立消防大队，添置数十辆汽龙，提升灭火的能力，有效遏制火灾。受上述因素影响，救火会逐渐退出历史舞台，直至80年代，伴随着改革开放，商品经济的发展，方才再次复苏。

通过梳理福州救火会的发展脉络，可见环境对地域社会影响深远。频频发生的火灾，不仅改变民风习性，而且造成官府施政重心的转移，塑造地方组织的形态。近六百年来，福州各种势力频繁更替，各种思潮接踵而至，但消防始终是城市的发展主题。近代福州先后出现各种民间组织，如善堂善社、公益社、商事研究所等，均不能持久，甚至连商会也较为弱势，而救火会却能迅速崛起，吸收广大市民加入，演化成为社区自治组织，影响至今犹存。除特殊的地方权力结构外，长期以来畏火惧火的地方民性亦是其发展的深层次原因。

二 民间组织与基层自治

明清时期，我国行政区划实行省府县三级制，县处于统治末梢，被视为一切政事的起点。虽然"皇权未下县"，但官府仍在县下设立系列的基层行政组织，如维护治安的保甲组织、征收赋税的里甲组织、登记土地的都图组织等，它们是基于各种统治需要而对社会关系的重构，其功能随着社会变迁而演化，存在交叉现象，如徽州保甲组织后来也用于征收赋税。当面临灾害、战乱等重要变动时，官府出于实际需要，还会新设名目。如明中期，福州火灾频繁，巡抚设立火甲，组织民众应对。可见此类系统形式多样，较为复杂。但它只是官府社会管理的方式，并无专职官吏负责，时常存废，对基层影响有限。

民众对官方区划缺乏认同，多依托乡缘与血缘、业缘，划群归类。在华南乡村地区，人们多聚族而居，宗族为主要的基层组织。在城市中，人员流动频繁，血缘联系相对较弱，不同地区的人们依托相应纽带，组成不同形态的基层组织，自我管理。根据前辈学者的研究，大致可分为以下三种类型。其一，慈善团体。在江南等地，善会、善堂数量极多，由绅士主持，多设置城镇之中，强化社区的认同感。在地方事务中发挥重要作用，如夫马进指出，杭州善举联合体是一个综合性的善堂组织，其业务几乎涉及都市生活的每一个方面。上海同仁辅元堂则在长期运营中保持着自发性，成为"近代地方自治的出发点"。① 其二，会馆联合体。在重庆，清初外省移民各自建立会馆，后联合起来，共推首事，集议公断，渐有八省会馆之称，其活动波及社会诸多领域，在城市管理中发挥着重要作用，其势力可用"显赫"来形容。施坚雅认为其作用"有点像市政府"。② 其三，商业行会。罗威廉考察清代汉口，指出"早在19世纪初，行会及其他民间力量就已担负社会协调与社会福利功能"。③ 其后职能不断拓展，涉及社会诸多方面，武昌起义期间，全汉口行会组成各会馆公所联合会，"有能力代表整个城市社会，并对它负起责任"。④

而在明清福州，社境组织的影响较大，此类团体具有轮番制与共议制，存在公共的性格。⑤ 不仅筹划迎神赛会，而且参与诸多公共事务，如制定乡规民约、保护本境利益，其效力等同法律⑥。境庙成为社区议事中心，形成"集庙议事"传统，成为地域认同的标志。⑦ 福州基层组织形态与上述城市不同，主要是由经济发展的差异所致，明末清初之际，慈善组

---

① 〔日〕夫马进：《中国善会善堂史研究》，伍跃译，商务印书馆，2005，第602页。
② 参见谯姗《专制下的自治：清代城市管理中的民间自治——以重庆八省会馆为研究中心》，《史林》2012年第1期，第1~9页。
③ 〔美〕罗威廉：《汉口：一个中国城市的商业和社会（1796~1889）》，江溶、鲁西奇译，中国人民大学出版社，2005，第410页。
④ 〔美〕罗威廉：《汉口：一个中国城市的商业和社会（1796~1889）》，江溶、鲁西奇译，中国人民大学出版社，2005，第408页。
⑤ 〔日〕涉谷裕子：《关于徽州文书所见"会"的组织》，日本《史学》第67卷，1997年9月，第45~75页。
⑥ 〔美〕卢公明：《中国人的社会生活》，陈泽平译，福建人民出版社，2009，第368页。
⑦ 除福州外，其他地方也有类似情况，如在徽州绩溪，"五隅"原本是组织迎神赛会的组织机构，后来衍化成为处理超越单个家族公共事务之基层组织。参见王振忠《迎神赛会与地缘组织——明清以来徽州的保安善会与"五隅"组织》，《明清以来徽州村落社会史研究》，上海人民出版社，2011，第238页。

织最先出现在江南，与当地商品经济发达密不可分。① 重庆人口多为外来移民，以经商居多，所以会馆影响较大。而汉口作为"华中地区主要的商业城市，是世界上最大的都市之一"，② 外来商帮众多，"地缘组织逐步转变为排他性的同业组织"。③ 因此行会地位凸显。而清代福州因"海禁"政策束缚，经济较之江南等地，尚有差距，因此直到开埠之后，民间慈善机构才大量出现。此外，疫病肆虐、崇信鬼神的社会风气，亦是社境组织形成的重要原因。

步入近代，随着现代化国家的建立，社会形态变化较大，一方面国家权力不断向基层渗透，通过警察局、区公所等制度，力图控制社会空间，这在城市表现得尤为明显。另一方面，随着结社集会律令的放开，地方自治运动的推行，各种社会关系重新建构，传统民间组织，以社团的形式登记备案，获得合法性，并积极参与公共事务。值得注意的是，近代的国家政权虽不断向下沉，效果却不尽如人意，尤其在动荡的 20 世纪 20 年代，政府衰微至极，民间组织势力大张，活跃于社会诸多领域，出现了一批功能丰富的社区自治组织，以苏州市民公社和福州救火会较为典型。④

苏州市民公社与福州救火会相似之处颇多。从创办时间来看，两者均肇始于清末自治运动，福州的闽南救火会创办于 1908 年，至 30 年代，全市共有网点三十余处。而苏州最早的观前大街市民公社，成立于 1909 年 7 月。至 1928 年，全市共设立 27 处网点，覆盖主要城区。从参与者来看，福州救火会的领导者主要是商人，并吸引广大市民参与其中，每会数十人不等，会员应为"在本区域范围内商民或住户"，且"本会会员二人以上

① 梁其姿认为济贫机构出现，在于经济发展改变了社会分类的观念及方式，施善成为社会精英阶层为维护旧有价值而又不抗拒新价值的一种折中形式。参见梁其姿《施善与教化——明清的慈善组织》，河北教育出版社，2001，第 81 页。王卫平亦指出明清江南地区慈善事业发展，与商品经济有密不可分的关系。参见王卫平《明清时期江南地区的民间慈善事业》，《社会学研究》1998 年第 1 期，第 94 页。

② 〔美〕罗威廉：《汉口：一个中国城市的商业和社会（1796～1889）》，江溶、鲁西奇译，中国人民大学出版社，2005，第 1 页。

③ 〔美〕罗威廉：《汉口：一个中国城市的商业和社会（1796～1889）》，江溶、鲁西奇译，中国人民大学出版社，2005，第 399 页。

④ 巴黎公社与苏州市民公社名称相似，笔者以为这是翻译方面的原因，巴黎公社作为外来词，译者借鉴中国语境加以转换，"社"即为传统的民间祭祀组织，在苏北等地亦有分布，"公"即为区分"私"，以公字冠"社"即体现社之公共性，反映近代公权观念的兴起，因此苏州市民公社，应与巴黎公社无直接关系，只是名称相似而已。

之介绍"。而苏州市民公社以商人为主体，而且隶属商会，每会五六十人。社员须为"居住本街或营业本街一年以上者，并须有本社社员介绍"。① 从管理上看，福州救火会领导层由理监事构成，通过选举产生，下设宣传科、总务科、财务股等部，开会议决会务。而苏州市民公社，设评议长若干人，由全体社员选举产生，下设干事、评议、庶务、书记等部，会务亦须投票决定。② 从经费来源看，福州救火会经费主要来源于向辖区民众征租、会员捐赠等两大部分，官方几无拨款，因辖区不同，各会实力悬殊，并每年制定征信录，取信公众。而苏州市民公社亦划地为界，经费来源于征捐、社员社费、社会捐赠，官方有少量拨款。③ 每年均发布收支报告书，因辖区不同亦有穷社、富社之分。从功能来看，福州救火会以消防为主，涉及救灾、慈善、治安、调解等诸多公共事务，并代表市民多次反对政府捐税。而苏州市民公社亦与消防有着极为密切的关系，苏州最早成立的观前大街市民公社，正是当地商民"其回思宫巷之灾一告再告，非不群焉！而奔救之，而汲水乏地，督龙乏人，竟不能少遏融回之势者，宁非以备之无素欤"。于是"以救火会为下手之方，推及于疏沟、修道、蠲除污浊等事"。④ 此后成立的市民公社，也将救火视为主要职能，设立消防部，随着影响的扩大，其业务逐渐扩大到市政、慈善、治安等诸多方面，并下设商团，训练武装人员，积极参与各类重大事件，维护市民利益。因此，福州救火会与苏州市民公社均是植根于基层的民间自治组织，它们均借晚清社会变革之机兴起，以火政为缘，自筹经费、自我管理，逐步壮大，形成功能丰富、网点众多的自治网络。福州救火会与苏州市民公社如此相似，在于近代社会转型过程中，地方政局紊乱，政府统治衰微，难以应对各种社会需求，而晚清新政的实行，为民间组织的发展创造宽松的环境，使其得以参与地方治理，弥补政府职能缺失，从而逐渐演化为社区自治组织。城

① 《苏州郡珠申市民公社试办章程》，苏州市档案局编《苏州市民公社档案资料选编》，内部刊物，第75页。
② 《道养市民公社试办草章》（1910年12月），苏州市档案局编《苏州市民公社档案资料选编》，内部刊物，第51页。
③ 《苏城观前大街市民公社第一届收支一览表》，宣统元年初八日起，十二月三十日止，苏州市档案局编《苏州市民公社档案资料选编》，内部刊物，第207~216页。
④ 《观前大街市民公社办社缘起》（1910年6月），转引自苏州市档案馆《苏州观前大街市民公社相关档案（一）》，《民国档案》2011年第3期，第11页。

市火灾的日益严峻、西方社团理念的普及，则是两者外在形式与运作机制相似的关键所在。

两者尽管较为相似，但命运有所不同。1929年3月，苏州市民公社被市政筹备处下令撤销，前后存续不足二十年，福州救火会到中华人民共和国成立后，仍颇为活跃，至今仍有一寸。这可能与下列因素有关，首先，所处区域不同。苏州毗连南京，地处统治核心，国民政府对其颇为重视，积极开展市政建设，先后建立民政、公安等职能部门，取代市民公社的原有功能。而福州地处海疆边陲，政府统治较弱，虽设有职能部门，但缚于财力，难有作为，加之时局动荡，政府须借助火会，方能维系统治。其次，抗争策略不同。苏州市民公社创办初期，"专办地方公益事宜，辅佐官治为主"，① 与地方官员相处融洽，但从1914年始，公社与商会、行政机关，关系紧张。1927年，国民革命军刚到苏州，成立"清党委员会"，邀请公社参入，遭到拒绝，因此将其取缔。而福州救火会与政府冲突较少，与官员素有往来，② 协助政府开展各项市政，参与收复福州作战，即使当局力图控制，救火会也未强硬反抗，得以苟存。最后，内部构成有所不同。苏州市民公社"所注重的通常是社会的中上阶层，而在很大程度上忽略了占社会大多数的中下层人士及届内中小商"，③ 群众基础较弱，以致受到时媒抨击："缺乏民众自治之精神……专为贵族的结合者。"④ 而福州救火会以民间信仰为纽带，依托传统的祭祀组织，整合各界力量，其成员来自社会各阶层，因此凝聚力较强，群众基础扎实。此外，在苏州，火灾威胁较轻，商会在地方权力中居于主导地位，加之国家政权的强化，苏州市民公社的发展空间日益狭小，在福州，火灾为首要威胁，政府统治较弱，地方商会难有作为，民间自治组织以救火会形式出现，获得较大的成长空间。

① 《苏州商务总会为施莹等呈请组织市民公社移自治筹办处稿》（1910年6月），苏州市档案局（馆）编《苏州市民公社档案资料选编》，文汇出版社，2011，第43页。
② 在《榕南救火会征信录》"交际费项下"，有"送陈署员镜"的记载，其他征信录也有类似记载。
③ 李明：《苏州市民公社解体的缘由——清末民初苏州民间社团组织个案研究》，《学术月刊》2001年第12期，第87页。
④ 《我邑之市民公社》，《常熟日日报》1922年4月27日，苏州市档案局（馆）编《苏州市民公社档案资料选编》，文汇出版社，2011，第332页。

各地民间组织自治程度，与所处的地理空间有关。一方面，不同的地区，官府统治力不同，决定民间组织自治程度。在统治核心区域，民间组织发展的空间较小，处于依附地位，且命运跌宕，如北京、南京等地救火会。而在统治边陲地区，民间组织发展的空间较大，相对独立，涉及诸多事务，即使在特殊年代，只要存在社会需求，仍能延续。如"文革"时期，长乐金峰镇的救火会依旧活跃，即与此因素有关。①另一方面，不同的地区，社会需求各有不同，决定民间组织的形式。在水旱频发地区，水利组织有较强影响力。在局势动荡地区，民众多组成民团，自我管理。而在火灾频发的地区，地方精英通过组织救火会，扩大影响力。地理空间的不同，使民间组织空间形态与运营实态存在差异性。

从历史进程来看，勿论在城市抑或乡村，地方治理由政府与民间组织共同维系。明清时期，政府基于各种需求，在基层推行都图保甲制度，但主要依托宗族、社境等民间组织进行，未能实现对社会关系的重构。步入近代，政治环境相对宽松，民间组织以社团的形式，参与各类公共事务，在地域社会中扮演重要角色，其典型代表为苏州市民公社与福州救火会，尽管名称不同，但本质相同，均是社区自治组织，是特殊时代背景下的产物。由于所处的地域空间存在差异，加之受各种地方性因素影响，二者命运有所不同。

三　政府与民间组织关系

在社会调节机制中，政府作为威权代表，掌控行政资源，在公共事务管理中，居于主导地位。而民间组织则拥有相当的社会资源，在公共事务管理中，处于辅助地位。两者的关系颇为微妙。一方面，彼此合作，互补阙漏，共同维系社会有机体运转。另一方面，两者又存在冲突，呈此消彼长态势，处于动态平衡之中。合作与冲突交织，难以割而视之。

民间组织参与公共事务，与政府机制失效有关。以火灾为例，清代中

① 金峰队为何在"文革"时能够存在，而福州市区救火会却大部分消失？笔者曾就此问题分别向金峰镇救火队老队长、福州消防支队政治部主任咨询。老队长说："没有我们队可以吗？若火灾发生，等长乐市消防队赶过来时，都烧得差不多了，就是邻近乡镇有时也得依靠我们帮助。"而主任回答简练："当时没注意，要不早就改造了。"

前期，朝廷对地方官员控制较严，通过行政追责、建立火军等制度，即可有效应对火灾，因此在多数地方无须建立水局。近代之后，开埠贸易使全国经济格局发生较大变化，社会趋于异质性、多元化，传统的社会控制体系渐趋失效，火灾、游民、动乱等诸多问题接踵而至，面对严峻局势，官府日渐衰微，未能有效调整机制，社会处于失序状态。民间组织遂得以兴起，进入公共领域。南京国民政府建立后，较为强势，市政建设颇有起色，民间组织的发展处于停滞状态。

即使在"权力真空"的情况下，民间组织参与公共事务，仍须得到官府支持。晚清福州地方政府力量衰微，救火会仍须登记备案，才能开展业务。在此后发展中，官方支持与保护，更有效提升救火会的威望，推动其发展。上海情况类似，虽然是全国工商业中心，社会力量雄厚，但救火会在官员帮助下，才能有效应对各种冲突，影响不断扩大，因此不存在完全独立于政府之外的民间组织。

在近代化浪潮中，民间组织参与公共事务，政府虽予以鼓励扶持，却多出于无奈。以民国福州为例，地方政府财政窘迫，若不扶持救火会发展，引导其参与社会管理，则城市将陷入瘫痪，因此历任省府大员均予以重视。而北京情况则与此相反，清末官办火政凋敝，连宫廷消防都难以保障，因此各类水局顺势而生，颇为活跃。1903年官办消防队建立后，官府应对火灾的能力提升，各类水局逐渐消亡。这正是官府对民间组织被动思维的体现，反映两者难以完全和谐共存。官府持不信任态度，缘于民间组织的内在缺陷，后者作为有组织的社会力量，又占有各种合法性资源，若缺乏有效的约束机制，则有蜕化变质可能。因此官府须采取各项措施，加以监督制衡，以确保对地方的控制。

官员过度介入，可能不利于民间组织发展。北洋军阀统治时期，各地军阀混战，社会疏于管理，民间组织发展迅速，极为活跃。南京国民政府成立后，出台相关政策，加强监管，却未如人意。各类繁文缛节，使民间组织疲于奔命，难有较多精力钻研业务；对资金严格控制，使民间组织无法多渠道筹措资金，时常入不敷出；对人事的过多干涉，使民间组织对精英缺乏吸引力、领导层劣质化。受此约束，民间组织活力丧失，沦为政府附庸，有"官衙化"倾向，难以发挥调节社会的作用。

社会管理由二元调控机制构成，政府管理失效时，民间力量兴起，弥补功能缺陷，以保障社会稳定。政府常会鼓励扶持，赋予民间组织合法性，推动其发展。若其势力膨胀，则常采取措施约束。因此两者处于动态平衡之中。故在大多数情况下，政府与民间社团在公共领域内呈此衰彼兴的交替格局，或为"弱政府、强社会"，如晚清、北洋政府时期，或为"强政府、弱社会"，如南京国民政府时期，很少出现"强政府、强社会"的理想模式。

　　总之，社会是个有机体，具有自我调适的功能，常根据时代需求，衍伸出形式多样的组织形态，维系稳定。在诸多变异因素中，灾害因破坏力巨大，对社会影响深远，所以各类救灾组织普遍设立，形式多样，遍布城乡。近代之后，伴随着都市化进程的加快，火灾成为严峻的问题，人们以消防为缘，组织救火会，有的借机拓展业务，演变为社区自治组织。与此同时，官方力图向基层延伸统治，却效果不佳，或如明清推行保甲都图等制度，有名而无实，只能依托民间组织进行。故政府与民间共同构成社会的调制机制，针对政府机制失灵，民间组织能有效弥补，而政府会予以支持，在目标一致的情况下，双方彼此依赖，互为表里，处于"共生状态"。然而合作的同时，双方又互有冲突，呈此消彼长态势，居于强势地位的政府若对民间组织过度管控，可能适得其反，如何构建"强政府、强社会"的管理模式，仍有待在实践中探索。

参考文献

说明：

参考文献共分成八个部分：古代文献、民国文献、近代报刊、资料汇编、馆藏档案、近今著作、期刊论文、硕博论文。

古代文献指 1911 年之前编撰、刊印的方志、文集、日记等各类文献，包括后世各种点校本；大致按时间顺序排列。

民国文献指的是 1911~1949 年编撰、刊印的各类文献；大致按时间顺序排列。

近代报刊指的是近代（1911~1940）刊印的各类报刊；大致按时间顺序排列。

资料汇编指的是 1949 年以来选编、刊印的各类史料集成；大致按时间顺序排列。

馆藏档案指的是福建省档案馆、福州市档案馆的各类档案；大致按时间顺序排列。

近今著作指的是 1949 年以来所编撰的各类学术著作；按作者拼音顺序排列。

期刊论文指的是 1949 年以来期刊所刊发的各类学术论文；按作者拼音顺序排列。

硕博论文按提交时间顺序排列。

一 古代文献

1.（宋）梁克家纂、陈叔侗校注《三山志》，方志出版社，2003。

2.（宋）李元弼撰《知县戒约》，《中国古代地方法律文献甲编》第 1 册，世界图书出版社，2011。

3.（明）王应山：《闽都记》，台北，成文出版社，1975 年影印本。

4.（明）谢肇淛：《五杂俎》，台北，伟文图书出版社有限公司，1977。

5.（明）王世懋：《闽部疏》，中华书局，1985。

6.（明）何乔远撰、厦门大学历史系古籍整理研究室《闽书》校点组点校《闽书》，福建人民出版社，1985。

7.（明）叶春及：《惠安政书》，福建人民出版社，1987。

8.（明）黄仲昭修纂《八闽通志》，福建人民出版社，1989。

9.（明）潘颐龙、林燫纂修《福州府志》，书目文献出版社，1990。

10.（明）许孚远撰《敬和堂集》，齐鲁书社，1997。

11.（明）叶溥修、张孟敬纂《福州府志》，海风出版社，2001。

12.（明）喻政主修，林烃、谢肇淛纂《福州府志》，海风出版社，2001。

13.（明）曹学佺：《曹学佺集》，江苏古籍出版社，2003。

14.（明）谢肇淛：《谢肇淛集》，江苏古籍出版社，2003。

15.（明）徐火勃、郑杰、林春溥：《榕阴新检·闽中录·榕城要纂》，海风出版社，2004。

16.（明）顾祖禹撰，贺次君、施和金点校《读史方舆纪要》，中华书局，2005。

17.（明）王应山纂修，陈叔侗、卢和校注《闽大记》，中国社会科学出版社，2006。

18.（清）卞宝第：《闽峤輶轩录》，福建师范大学图书馆藏铅印本。

19.（清）卞宝第：《卞制军政书》，福建师范大学图书馆藏刻本。

20.（清）戴成芬：《榕城岁时记》，福建师范大学古籍部馆藏手抄本。

21.（清）华胥大夫撰《南浦秋波录》，福建省图书馆古籍部馆藏刻本。

22.（清）德福编《闽政领要》，福建师范大学古籍部馆藏刻本。

23.（清）佚名编《闽省时务策论》，福建师范大学古籍部馆藏铅印本。

24.（清）佚名编《闽藩备览》，福建师范大学古籍部馆藏铅印本。

25.（清）新柱等修、虚然等纂《福州驻防志》，福建省图书馆古籍部馆藏刻本。

26.（清）郭柏苍：《闽会水利故》，光绪癸未年刻本。

27.（清）刘孟纯撰《林文忠公乡闻录》，福建省图书馆古籍部馆藏抄本。

28.（清）佚名撰《榕垣时事赋》，福建省图书馆古籍部馆藏抄本。

29.（清）陈金城：《福州团练纪事》，道光二十三年刻本。

30.（清）福建人：《闽警》，福建省图书馆古籍部馆藏铅印本。

31.（清）佚名编《福建水灾赈捐推广请奖章程》，福建省图书馆古籍部馆藏刻本。

32.（清）陈景夔：《榕城景物录》，《闽警》，福建师范大学图书馆古籍部馆藏抄本。

33.（清）惟善社编《福州惟善社征信录》，宣统三年铅印本。

34.（清）福州商务总会编《更定福州商务总会章程》，福州启明公司活版。

35.《宣统戊申年（1908）闽南救火会报告书》，城内利福公司活版。

36.（清）闽南救火会编《福州英领事混争天安寺纪实》，宣统己酉年铅印本。

37.（清）闽侯县议事会编《闽侯城议事会规则》，宣统二年油印本。

38.《宣统己酉年（1909）闽南救火会报告书》，福州启明印刷公司活版。

39.《宣统戊申己酉桥南公益社并附设去毒四局征信录》，福州启明印刷公司活版。

40.（清）闽侯城乡联合会编《闽侯城镇地方自治联合会章程同人录》，福建省图书馆古籍部刻本。

41.《福建省会城市全图》，复旦大学图书馆古籍部馆藏地图。

42.（清）陈云程：《闽中摭闻》，美大书店，1937。

43.（清）魏敬中总纂《福建通志》，台北，华文书局影同治十年刊本，1968。

44.（清）海外散人：《榕城纪闻》，中国社会科学院历史研究所清史研究室编《清史资料》第 1 辑，中华书局，1985。

45.（清）林枫著，官桂铨、官大梁标点《榕城考古略》，福州市文物管理委员会，1980。

46.（清）梁章钜撰、陈铁民点校《浪迹丛谈·续谈·三谈》，中华书局，1981。

47.（清）张集馨：《道咸宦海见闻录》，中华书局，1981。

48.（清）梁章钜撰、于亦时点校《归田琐记》，中华书局，1981。

49.（清）赵翼撰《檐曝杂记》，中华书局，1982。

50.（清）陈衍纂《福建通志》（《景印文渊阁四库全书》第 527 册），台北，台湾商务印书馆，1983。

51.（清）陈盛韶：《问俗录》，书目文献出版社，1983。

52.（清）陈康祺：《郎潜纪闻》，中华书局，1984。

53.（清）周亮工：《闽小记》，上海古籍出版社，1985。

54.（清）施鸿保：《闽杂记》，福建人民出版社，1985。

55.（清）梁恭辰撰《北东园笔录》，中华书局，1985。

56.（清）郭柏苍著、胡枫泽校点《闽产录异》，岳麓书社，1986。

57.（清）曹士桂撰、云南文物普查办公室编校《宦海日记校注》，云南人民出版社，1988。

58.（清）孙尔准：《孙文靖公奏牍》，《近代中国史料丛刊三编》第 61 辑，台北，文海出版社，1991。

59.（清）吴文镕撰《吴文节公遗集》，上海古籍出版社，1995。

60.（清）徐继畬：《徐继畬集》，山西高校联合出版社，1995。

61.（清）梁章钜撰、于亦时点校《归田琐记》，中华书局，1997。

62.（清）刘兆麒撰《总制浙闽文檄》，刘俊文主编《官箴书集成》第 2 册，黄山书社，1997。

63.（清）里人何求：《闽都别记》，福建人民出版社，1997。

64.（清）佚名编《福建省例》，台北，大通书局，1997。

65.（清）高澍然：《抑快轩文集》，广陵书社，1998。

66.（清）林宾日：《林宾日日记》，江苏古籍出版社，2000。

67. 张天禄主编《鼓山艺文志》，海风出版社，2000。

68. （清）徐景熹修、鲁曾煜纂《福州府志》，海风出版社，2001。

69. （清）郭柏苍纂《乌石山志》，海风出版社，2001。

70. （清）朱景星修、郑祖庚纂、林家钟点校《闽县乡土志·侯官县乡土志》，海风出版社，2001。

71. （清）林枫、郭柏苍、郭白阳著，林贻瑞点校《榕城考古略·竹间十日话·竹间续话》，海风出版社，2001。

72. 林则徐全集编辑委员会编《林则徐全集》，海峡文艺出版社，2002。

73. （清）陈宝琛编著《沧趣楼诗文集》，上海古籍出版社，2006。

74. （清）周榮：《闽行日记·闽行续记》，国家图书馆编《历代日记丛钞》第 68 册，学苑出版社，2006。

75. （清）俞樾：《闽行日记》，国家图书馆编《历代日记丛钞》第 87 册，学苑出版社，2006。

76. （清）瞿鸿機：《使闽日记》，国家图书馆编《历代日记丛钞》第 88 册，学苑出版社，2006。

77. （清）沈葆桢：《沈文肃公牍》，福建人民出版社，2008。

78. 顾廷龙、戴逸主编《李鸿章全集》，安徽教育出版社，2008。

79. 〔美〕卢公明：《中国人的社会生活——一个美国传教士的晚清福州见闻录》，陈泽平译，福建人民出版社，2009。

80. 赵春晨编《丁日昌集》，上海古籍出版社，2010。

81. （清）黄宗汉：《晋江黄尚书公全集》，《中国稀见史料》第 2 辑，《厦门大学图书馆藏稀见史料（1）》，厦门大学出版社，2010。

82. 张剑点校《翁心存日记》，中华书局，2011。

83. 刘泱泱等校点《左宗棠全集》，岳麓书社，2011。

84. （清）凌燽：《西江视臬纪事》，《中国古代地方法律文献乙编》第 12 册，世界图书出版社，2011。

85. （清）万维翰：《成规拾遗》，《中国古代地方法律文献乙编》第 12 册，世界图书出版社，2011。

86. （清）福建咨议局制定《福建咨议局第一届议案摘要》，桑兵主编《民国文献资料丛编·辛亥革命稀见文献汇编》（39），国家图书馆出版社，2011。

二 民国文献

1. 福建去毒总社编《福建去毒总社第十二期季报》（清宣统元年冬至民国三年夏），福建省图书馆古籍部铅印本。

2. 福建省政府秘书处统计室编《福建省统计年鉴》（第一回）（合订本），1937。

3. 张遵旭：《福州及厦门》，福建省图书馆馆藏铅印本，1916。

4. 京师警察厅消防处编《消防汇编》，民国八年排印本。

5. 林传甲总纂《大中华福建地理志》，中国地学会，1919。

6. 〔日〕东亚同文会：《支那省别全志》第 14 卷《福建省》，东亚同文会发行，1920。

7. 潘守正、薛凤彤：《福建乡土教科书》，福州公教印书馆，1920。

8. 佚名：《消防警察》，上海世界书局，铅印本。

9. 上海东区救火会编《上海东区救火会报告册》1922，上海图书馆近代文献阅览室馆藏铅印本。

10. 上海西区救火会编《上海西区救火会收支报告册（1923 年 7 月起 12 月止），上海图书馆近代文献阅览室馆藏铅印本。

11. 上海南区救火会编《上海南区救火会报告册　成立大会概况》（1925 年），上海图书馆近代文献阅览室馆藏铅印本。

12. 福州鼓泰十社商事研究所编《福州鼓泰十社商事研究所征信录》，1924。

13. 鼓泰救火会编《鼓泰救火会第十四届（1924）征信录》，1925。

14. 榕南救火会编《福州榕南救火会民国丙寅年信征录》，1927。

15. 盛叙功编《福建省一瞥》，上海商务印书馆，1927。

16. 魏应骐编《福州歌谣甲集》，国立中山大学语言历史研究所民俗学会丛书，1928。

17. 陈文涛编《福建近代民生地理志》，远东印书局，1929。

18. 佚名：《龙潭社社长污秽详情——许伯禧》，福建省图书馆古籍部馆藏铅印本。

19. 六境庙产保管委员会编《六境庙产保管委员会报告书》，福建省图书馆古籍部馆藏铅印本，1931。

20. 杨腾峰：《木业心得录》，福建省图书馆古籍部铅印本，1931。

21. 欧阳英：《指导闽侯自治第一次报告书》（1931 年 6 月），福建省图书馆古籍部馆藏铅印本。

22. 欧阳英编《社会化的县政府》，闽侯县政府印行，1933。

23. 郑宗楷编《福州便览》，环球印书馆，1933。

24. 陈衍纂、欧阳英修《闽侯县志》，上海书店出版社，1933。

25. 福建省政府建设厅编《福建建设报告》，福建省政府建设厅编印，1934。

26. 郑拔驾编《福州旅行指南》，商务印书馆，1934。

27. 周子雄等：《福州指南》，福建师范大学图书馆古籍部馆藏铅印本，1934。

28. 林步瀛：《榕荫草堂集》，大华印书局，1935。

29. 包明芳编著《中国消防警察》，商务印书馆，1935。

30. 王孝泉：《福建财政史纲》，福建省县政人员训练所，1935。

31. 卢世延编《福建经济地理讲义》，福建省县政人员训练所，1935。

32. 福建省会公安局编《福建省会公安局业务纪要》（1934 年 2 月 15 日至 1937 年 2 月 14 日），福建省图书馆古籍部馆藏铅印本。

33. 〔日〕野上英一增订《福州案内记》，福建省图书馆古籍部馆藏油印本，1937。

34. 福建省县政人员训练所编《闽政三年》，福建省政府秘书处，1937。

35. 〔日〕野上英一：《福州考》，1937 年，徐吾行译，福建师范大学图书馆古籍库馆藏手抄汉译本。

36. 陈达：《南洋华侨与闽粤社会》，商务印书馆，1938。

37. 何敏先编《走遍林森县》，福建省图书馆古籍部铅印本，1945。

38. 佚名编《榕腔杂钞》，福建省图书馆古籍部馆藏抄本。

39. 翁礼馨：《福建之木材》，福建省政府秘书处，1940。

40. 陈文涛编《福州市上下古今谈》，福建省图书馆古籍部馆藏抄本，1941。

41. "台湾总督府外事部"编《福建のこと》，台北印刷株式会社，1941。

42. 严灵锋编《福州要览》，1947 年铅印本。

43. 翁礼馨：《福建之木材》，福建省政府秘书处，1940。

44. 李景铭编《闽中会馆志》，福建省图书馆铅印本，1942。

45. 福州市贫儿教养院编《福州市贫儿教养院第一届征信录》，福建省图书馆馆藏铅印本。

46. 佚名编《刘建绪任内福建士绅名录》，福建省图书馆古籍部馆藏手稿。

47. 陈世鸿编《闽侯县统计遍览》，福建省图书馆古籍部油印本。

48. 福建省会公安局：《福建省会户口统计》（1934 年），福建省图书馆古籍部馆藏铅印本。

49. 福建省政府统计处编印《福建省社会统计手册》（1947 年），福建省图书馆古籍部馆藏铅印本。

50. 严灵峰编《福州市警察局三十六年度业务检讨会议汇刊》，福建省图书馆古籍部馆藏铅印本。

51. 福州市市政筹备处编印《福州市小统计》（1945 年 12 月），福建省图书馆古籍部馆藏铅印本。

52. 福建省银行经济研究室编《福建十年》，福建省图书馆古籍部铅印本，1945。

53. 何敏先编《走遍林森县》，福建省图书馆古籍部馆藏铅印本，1945。

54. 何敏先：《福建纵横》，教育图书出版社印行，1946。

55. 旅闽广东同乡清祭冬赈会会部编印《旅闽广东同乡清祭冬赈会会部名录》，福建省图书馆古籍部铅印本。

56. 胡朴安编著《中华全国风俗志》，河北人民出版社，1988。

57. 蔡人奇等编《藤山志·洪塘小志·闽江金山志·螺洲志·五夫子里志稿·海口特志·海口续志·梅花志·长乐六里志》，上海书店出版社，1992。

58. 邓拓：《中国救荒史》，北京出版社，1998。

59. 赵尔巽等纂《清史稿》，中华书局，1998。

60. 何振岱纂《西湖志》，海风出版社，2000。

61. 郁达夫、吴秀明主编《郁达夫全集》，浙江大学出版社，2007。

三 近代报刊

1. 《申报》
2. 《华报》
3. 《闽省会报》
4. 《北洋官报》
5. 《福建白话报》
6. 《奋兴报》
7. 《福建时报》
8. 《民国日报》
9. 《鹭江报》
10. 《福建省政府公报》
11. 《东方杂志》
12. 《福建文化》
13. 《闽政月刊》
14. 《新建设》
15. 《实报》
16. 《东南日报》
17. 《闽政与公余旬刊》
18. 《福建赈务消息》
19. 《福建善救月刊》
20. 《福建新闻》
21. 《闽侨月刊》
22. 《福建赈济概况》
23. 《福建官报》
24. 《新福建》
25. 《闽政导报》
26. 《福建银行季刊》
27. 《华商联合会报》
28. 《万国公报》

29. 《正谊杂志》

30. 《圣公会报》

31. 《觉民报》

32. 《闽政简报》

33. 《内政公报》

34. 《教会新报》

35. 《实业季报》

36. 《益闻录》

37. 《通问报》

38. 《福建警政月刊》

39. 《道路月刊》

40. 《警高月刊》

41. 《宁波市政月刊》

42. 《福建财政月刊》

43. 《警务杂志》

44. 《福建农业》

45. 《旅行杂志》

46. 《励志》

47. 《中外经济周刊》

48. 《统计副隽》

49. 《礼拜六》

50. 《麻疯季刊》

51. 《新路周刊》

52. 《气象汇报》

53. 《社会半月刊》

54. 《新生周刊》

55. 《木业界》

56. 《宪兵杂志》

四 资料汇编

1. 福建省文史馆编《福建省历史上自然灾害记录（修订本风雹霜雪海潮地震灾害部分）》，内部发行，1960。

2. 福建省气象局、中央气象局研究所合编《华东地区近五百年气候历史资料》，福建人民出版社，1978。

3. 福建师范大学历史系：《鸦片战争在闽台史料选编》，福建人民出版社，1982。

4. 《清实录》，中华书局，1985。

5. 林金枝、庄为玑：《近代华侨投资国内企业史资料选辑（福建卷）》，福建人民出版社，1985。

6. 中国民主建国会福州市委员会、福州市工商业联合会合编《福州工商史料》，内部发行，1987。

7. 法学教材编辑部、《中国法制史资料选编》编写组编《中国法制史资料选编》，群众出版社，1988。

8. 中央气象局、气象科学研究院：《中国近五百年来旱涝分布图集》，地图出版社，1988。

87. 史学出版社辑《实学报》，《近代中国史料丛刊三编》第80辑，台北，文海出版社，1991。

9. 吴亚敏、邹尔光等译编《近代福州及闽东地区社会经济概况》，华艺出版社，1992。

10. 中国第一历史档案馆编《光绪朝朱批奏折》，中华书局，1995。

11. 谭其骧主编《中国历史地图集》，地图出版社，1996。

12. 李采芹主编《中国火灾大典》，上海科学技术出版社，1997。

13. 水利电力部水管司科技司、水利水电科学研究院：《清代浙闽台地区诸流域洪涝档案史料》，中华书局，1998。

14. 陈泽平：《福州方言熟语歌谣》，福建人民出版社，1998。

15. 《北京图书馆藏家谱丛刊·闽粤（侨乡）卷》，北京图书馆出版社，2000。

16. 中国第二历史档案馆、中国海关总署办公厅编《中国旧海关史料

（1859~1948）》，京华出版社，2001。

17. 福建省地方志编纂委员会编《福建省历史地图集》，福建省地图出版社，2004。

18. 福州市政协文史资料委员会：《福州文史集粹》，海潮摄影出版社，2006。

19.《清代档案史料选编》，上海书店出版社，2010。

20. 林家钟编选《明清福州竹枝词》，内部刊物，打印本。

五　馆藏档案

1.《福建省建设厅关于鼓泰救火会请拨赵真君庙宇及通贤境为会所的训令》，1929 年 1 月，福建省档案馆馆藏民国档案：全宗号 36—案宗号1—编号 82。

2.《福建闽侯仓育救火会为追悼杨孝钧请予嘉奖的函》，1932 年 5 月，福建省档案馆馆藏民国档案：全宗号 36—案宗号 16—编号 11。

3.《福建省建设厅关于福州龙台救火会呈设火警灯塔地点，请派员履勘的批》，1933 年 10 月，福建省档案馆馆藏民国档案：全宗号 36—案宗号4—编号 290。

4.《福建省建设厅关于帮洲救火会禁止攀龙社第四道出入口不得建筑房屋，致妨火政，经省会工务处的指令》，1934 年 4 月，福建省档案馆馆藏民国档案：全宗号 36—案宗号 5—编号 410。

5.《福建省政府社会处福州安乐救火会卷》，1940 年 2 月，福建省档案馆馆藏民国档案：全宗号 6—案宗号 1—编号 911。

6.《市政处关于本市各救火会理监事改选、请假、辞职等问题的训令、指令、呈文》，1944 年 1 月，福州市档案馆馆藏民国档案：全宗号901—案宗号 3—编号 83。

7.《市政处关于本市各救火会理监事改选、就职典礼、辞职等问题的指令》，1944 年 1 月，福州市档案馆馆藏民国档案：全宗号 901—案宗号3—编号 84。

8.《福州市西洪镇公所呈报冬令赈米情形由案》，1944 年 2 月，福州市档案馆馆藏民国档案：全宗号 901—案宗号 3—编号 66。

9. 《省府、市政处关于本市社会救济事业办理情况,冬令救济,收容工作及市社会救济协会成立报告表暨组织规则等的呈文、训令、指令》,1944 年 2 月,福州市档案馆馆藏民国档案:全宗号 901—案宗号 3—编号 66。

10. 《市府关于防疫、推行公共卫生,换领卫生检验执照等的训令、指令、来往文书》,1944 年 3 月,福州市档案馆馆藏民国档案:全宗号 901—案宗号 3—编号 56。

11. 《市政处关于社会团体人员要求发给证明书、通行证、申请入会及闽侯律师公会规则、暨扶植救火团体决议案等的呈文、指令、公函》,1943 年 12 月至 1944 年 7 月,福州市档案馆馆藏民国档案:全宗号 901—案宗号 3—编号 81。

12. 《省保安司令部、市府、市警察局关于处理荣军滋生事端的指令、代电、呈文》,1944 年 7 月,福州市档案馆馆藏民国档案:全宗号 901—案宗号 3—编号 68。

13. 《市政处、市警察局关于调查本市风、火、水灾情形及善后救济贷款工作等的训令、指令、呈文》,1944 年 7 月,福州市档案馆馆藏民国档案:全宗号 901—案宗号 3—编号 68。

14. 《省、市府、市政处关于电报风灾损失、私立医院被敌毁坏损失的代电、呈文》,1944 年 9 月,福州市档案馆馆藏民国档案:全宗号 902—案宗号 7—编号 394。

15. 《整编福州救火会等民众武力》,1945 年 1 月,福建省档案馆馆藏民国档案:全宗号 1—案宗号 5—编号 2732。

16. 《省府、市政处关于禁止迎神庙会及普渡迷信活动,查禁马戏班让儿童作残酷表演供人娱乐等的训令、指令、呈文》,1945 年 8 月,福州市档案馆馆藏民国档案:全宗号 901—案宗号 3—编号 274。

17. 福州救火联合会:《创始历略报告书》,1945 年 10 月,福建省档案馆馆藏民国档案:全宗号 2—案宗号 8—编号 104。

18. 《市政处、市救火会关于防火、恢复战前火警鸣炮敲钟办法及江滨路火灾情形的呈文、指令、代电》,1945 年 9 月至 1945 年 12 月,福州市档案馆馆藏民国档案:全宗号 901—案宗号 3—编号 232。

19. 《省、市关于办理收复区、重灾区急赈、冬赈救济及市救济院增设妇女教养所等的训令、函电》，1946 年 1 月，福州市档案馆馆藏民国档案：全宗号 902—案宗号 7—编号 419。

20.《省、市府关于私立救济机构应依法立案及儿童教养救济机构改称问题的代电、训令》，1946 年 6 月，福州市档案馆馆藏民国档案：全宗号 902—案宗号 7—编号 178。

21.《省、市府关于报送本市地方消防组织报告表的训令》，1946 年 9 月，福州市档案馆馆藏民国档案：全宗号 901—案宗号 3—编号 826。

22.《省、市府关于救火联合会申请组织励志社、呈报各救火会改选情形、理监事就任日期、职员名册及调查路通救火会非法任用临警员、令发消防讨论会记录等的训令、呈文、代电、批示》，1946 年 9 月，福州市档案馆馆藏民国档案：全宗号 902—案宗号 7—编号 229。

23.《市民呈请迁移花炮厂的报告》，1946 年 9 月，福州市档案馆馆藏民国档案：全宗号 902—案宗号 6—编号 573。

24.《市府、市警察局关于市救火会、市民池依肇等要求归还借用房屋的训令、批示》，1946 年 10 月，福州市档案馆馆藏民国档案：全宗号 902—案宗号 6—编号 671。

25.《市警察局关于防火宣传、检查工作的训令、呈文》，1946 年 12 月，福州市档案馆馆藏民国档案：全宗号 902—案宗号 6—编号 575。

26.《福建省银行关于捐助多项经费给董事会的公函》，1947 年 2 月，福建省档案馆馆藏民国档案：全宗号 24—案宗号 6—编号 682。

27.《市府关于市芝西救火会呈报募款购置救火器械等问题的指令》，1947 年 4 月，福州市档案馆馆藏民国档案：全宗号 902—案宗号 7—编号 939。

28.《市府、大根区公所关于筹募保甲经费、召开保民大会等有关地方自治工作的训令、代电及大根区第一次区务会议记录》，1947 年 5 月，福州市档案馆馆藏民国档案：全宗号 901—案宗号 3—编号 1102。

29.《市府、大根区公所关于征集地方抗战史料、办理区保人员被控案件、查禁违法书刊、严防放火、查缉逃犯、处理治安民间纠纷及涉外事案件等的训令、代电、公函》，1947 年 8 月，福州市档案馆馆藏民国档案：全宗号 901—案宗号 3—编号 1017。

30.《市府关于呈报洋中保等处火灾发赈情形受灾调查表名册等的指

令、呈文、代电》，1947 年 8 月，福州市档案馆馆藏民国档案：全宗号901—案宗号 7—编号 763。

31.《市芝西救火会给市府关于演剧鸣谢赞助者问题的呈文》，1947 年 10 月，福州市档案馆馆藏民国档案：全宗号 902—案宗号 7—编号 506。

32.《福建省银行关于福州救火联合会向本行借款给董事会的公函》，1947 年 10 月，福建省档案馆馆藏民国档案：全宗号 24—案宗号 6—编号 1057。

33.《市府、台江、仓山区公所关于筹组、成立调解委员会的笺函、呈文》，1947 年 12 月，福州市档案馆馆藏民国档案：全宗号 901—案宗号 3—编号 1043。

34.《市路通救火会给市府关于征求会员、会员登记及互选理事长等问题的代电》，1947 年 12 月，福州市档案馆馆藏民国档案：全宗号 902—案宗号 7—编号 504。

35.《市府关于市路通救火会报送廿届当选监事名册的呈文、指令》，1947 年 12 月，福州市档案馆馆藏民国档案：全宗号 902—案宗号 7—编号 503。

36.《福州救火联合会关于呈报理事长徐建禧辞职，选举王调勋接充及转报送各救火会选举理监事情形和陈浩官呈控勒索等给市府呈文》，1947 年 12 月，福州市档案馆馆藏民国档案：全宗号 902—案宗号 7—编号 503。

37.《省、市府关于防火设备、宣传等的训令、指令、会议纪录》，1947 年 12 月，福州市档案馆馆藏民国档案：全宗号 901—案宗号 7—编号 941。

38.《省立医学院请饬吉祥山救火联合会停止演戏》，1948 年 3 月，福建省档案馆馆藏民国档案：全宗号 6—案宗号 4—编号 2355。

39.《市府关于市救火联合会报送各救火会会员名册及会徽图样的指令、呈文》，1948 年 4 月，福州市档案馆馆藏民国档案：全宗号 902—案宗号 7—编号 1324。

40.《市警察局、市救火联合会关于仓育车救火会援丁林佛惠殴打临警员事件的报告、公函、批示》，1948 年 6 月，福州市档案馆馆藏民国档案：全宗号 902—案宗号 6—编号 1。

41.《市警察局关于各分局呈报发生火警情况及处理易于发生火患的工厂和火主的报告、训令、讯问笔录》，1948 年 6 月，福州市档案馆馆藏民国档案：全宗号 902—案宗号 6—编号 469。

42.《市警察局暨各分局关于本市消防工作概况、防火宣传、检查的训令、布告、公函》，1948 年 10 月，福州市档案馆馆藏民国档案，全宗号 902—案宗号 6—编号 468。

43.《省府、水文总站、市府、警察局关于本市"6·18"等水灾灾情报告处理情形及拟定预防本市洪水警报办法等的训令、批示、呈文》，1948 年 12 月，福州市档案馆馆藏民国档案：全宗号 901—案宗号 3—编号 1260。

44.《各救火会所被占请制止》，1948 年 12 月，福建省档案馆馆藏民国档案：全宗号 11—案宗号 9—编号 6537。

45.《小桥警察分局关于防火、义警编训、民枪登记、人力车夫训练、管理、劝止谢神演戏及工商行业、摊贩、乞丐、流氓等的调查管理的训令、代电》，1949 年 1 月，福州市档案馆馆藏民国档案：全宗号 902—案宗号 5—编号 423。

46.《市救火联合会关于东井津、竹林、藤山等救火会改选理监事等问题的呈文》，1949 年 5 月，福州市档案馆馆藏民国档案：全宗号 901—案宗号 7—编号 1537。

47.《市政处关于屠宰业公会、澡堂业工会和救火会、医学会等社会团体恢复组织改选理监事及接收伪商会文卷等的呈文、指令》，1949 年 6 月，福州市档案馆馆藏民国档案：全宗号 901—案宗号 3—编号 306。

48.《省水利局、气象所、市府、警察局关于气象、洪水水位、受灾情形的代电、报告》，1949 年 6 月，福州市档案馆馆藏民国档案：全宗号 901—案宗号 3—编号 1047。

49.《市府、警察局关于市区火灾情形的报告、指令》，1949 年 6 月，福州市档案馆馆藏民国档案：全宗号 901—案宗号 3—编号 1041。

50.《本会组织概况、组织法、名单》，1950 年，福建省档案馆藏档案：全宗号 88—案宗号 4—编号 19。

六　近今著作

1. 〔美〕艾志端:《铁泪图——19 世纪中国对于饥馑的文化反应》,曹曦译,江苏人民出版社,2011。

2. 〔日〕滨下武志:《近代中国的国际契机——朝贡贸易体系与近代亚洲经济圈》,朱荫贵、欧阳菲译,中国社会科学出版社,1999。

3. 〔加〕卜正民、若林正:《鸦片政权:中国、英国和日本,1839～1952 年》,弘侠译,黄山书社,2009。

4. 〔加〕卜正民:《为权力祈祷:佛教与晚明中国士绅社会的形成》,张华译,江苏人民出版社,2005。

5. 蔡勤禹:《国家、社会与弱势群体——民国时期的社会救济(1927～1949)》,天津人民出版社,2003。

6. 蔡勤禹:《民间组织与灾荒救治——民国华洋义赈会研究》,商务印书馆,2005。

7. 曹树基等编《田祖有神——明清以来自然灾害及其社会应对机制》,上海交通大学出版社,2007。

8. 常建华:《清代的国家与社会研究》,人民出版社,2006。

9. 陈宝良:《中国的社与会》(增订本),中国人民大学出版社,2011。

10. 陈国栋:《东亚海域一千年:历史上的海洋中国与对外贸易》,山东画报出版社,2006。

11. 陈桦、刘宗志:《救灾与济贫——中国封建时代的社会救助活动(1750—1911)》,中国人民大学出版社,2005。

12. 陈孝华:《福建工人运动史要录:1927～1949》,厦门大学出版社,1999。

13. 陈旭麓:《近代中国社会的新陈代谢》,上海人民出版社,1992。

14. 陈业新:《明至民国时期皖北地区灾害环境与社会应对研究》,上海人民出版社,2008。

15. 陈业新:《灾害与两汉社会研究》,上海人民出版社,2004。

16. 陈支平:《近 500 年来福建的家族社会与文化》,生活·读书·新知三联书店,1991。

17. 陈遵统等编纂《福建编年史》，福建人民出版社，2009。

18. 戴鞍钢：《港口·城市·腹地——上海与长江流域经济关系的历史考察（1843~1913）》，复旦大学出版社，1998。

19. 戴一峰：《区域性经济发展与社会变迁：以近代福建地区为中心》，岳麓书社，2004。

20. 〔美〕杜赞奇：《文化、权力与国家——1900~1942年的华北农村》，王福明译，江苏人民出版社，1996。

21. 杜正贞：《村社传统与明清士绅：山西泽州乡土社会的制度变迁》，上海辞书出版社，2007。

22. 段伟：《禳灾与减灾：秦汉社会自然灾害应对制度的形成》，复旦大学出版社，2008。

23. 樊如森：《天津与北方经济现代化（1860~1937）》，东方出版中心，2007。

24. 方平：《晚清上海的公共领域（1895~1911）》，上海人民出版社，2007。

25. 〔德〕斐迪南·滕尼斯：《共同体与社会——纯粹社会学的基本概念》，林荣远译，北京大学出版社，2010。

26. 费孝通：《乡土中国·生育制度》，北京大学出版社，1998。

27. 冯天瑜、陈锋主编《武汉现代化进程研究》，武汉大学出版社，2002。

28. 冯贤亮：《太湖平原的环境刻画与城乡变迁（1368~1912）》，上海人民出版社，2008。

29. 〔日〕夫马进：《中国善会善堂史研究》，伍跃、杨文信、张学锋译，商务印书馆，2005。

30. 复旦大学历史地理研究中心主编《港口—腹地和中国现代化进程》，齐鲁书社，2005。

31. 复旦大学历史地理研究中心主编《自然灾害与中国社会历史结构》，复旦大学出版社，2001。

32. 傅衣凌、杨国桢主编《明清福建社会与乡村经济》，厦门大学出版社，1987。

33. 傅衣凌：《明清农村社会经济》，生活·读书·新知三联书店，1980。

34. 甘满堂：《村庙与社区公共生活》，社会科学文献出版社，2007。

35. 高红霞：《上海福建人研究（1843~1953）》，上海人民出版社，2008。

36. 龚书铎主编《中国社会通史》，山西教育出版社，1996。

37. 〔美〕顾德曼：《家乡、城市和国家：上海的地缘网络与认同（1853~1937）》，宋钻友译，上海古籍出版社，2004。

38. 桂勇：《邻里空间：城市基层的行动、组织与互动》，上海书店出版社，2008。

39. 何一民主编《近代中国城市发展与社会变迁（1840~1949年）》，科学出版社，2004。

40. 何一民主编《近代中国衰落城市研究》，巴蜀书社，2007。

41. 侯仁之主编《北京城市历史地理》，北京燕山出版社，2000。

42. 〔美〕黄宗智：《华北的小农经济与社会变迁》，中华书局，1986。

43. 佳宏伟：《区域社会与口岸贸易——以天津为中心（1867~1931）》，天津古籍出版社，2010。

44. 金观涛、刘青峰：《观念史研究：中国现代重要政治术语的形成》，法律出版社，2009。

45. 〔日〕井上彻、杨振红编《中日学者论中国古代城市社会》，三秦出版社，2007。

46. 瞿同祖：《清代地方政府》，范忠信、晏锋译，法律出版社，2003。

47. 〔英〕科大卫：《近代中国商业的发展》，周琳、李旭佳译，浙江大学出版社，2010。

48. 〔美〕孔飞力：《中华帝国晚期的叛乱及其敌人：1796~1864年的军事化与社会结构》，谢亮生等译，中国社会科学出版社，1990。

49. 李国祁：《中国现代化的区域研究：闽浙台地区，1860~1916》，台北，中研院近代史研究所，1982。

50. 李汉林、渠敬东：《中国单位组织变迁过程中的失范效应》，上海人民出版社，2005。

51. 李汉林等：《组织变迁的社会过程——以社会团结为视角》，东方出版中心，2006。

52. 李明伟：《清末民初中国城市社会阶层研究（1897~1927）》，社会科学文献出版社，2005。

53. 李文海、夏明方主编《天有凶年——清代灾荒与中国社会》，生活·读书·新知三联书店，2007。

54. 李文海、周源：《灾荒与饥馑：1840~1919》，高等教育出版社，1991。

55. 李文海等：《中国近代十大灾荒》，上海人民出版社，1994。

56. 李文治、江太新：《中国宗法宗族制和族田义庄》，社会科学文献出版社，2000。

57. 李向军：《清代荒政研究》，中国农业出版社，1995。

58. 李孝悌编《中国的城市生活》，新星出版社，2006。

59. 梁其姿：《面对疾病：传统中国社会的医疗观念与组织》，中国人民大学出版社，2012。

60. 梁其姿：《施善与教化——明清的慈善组织》，河北教育出版社，2001。

61. 〔美〕林达·约翰逊主编《帝国晚期的江南城市》，成一农译，上海人民出版社，2005。

62. 林金水主编《福建对外文化交流史》，福建教育出版社，1997。

63. 林立强：《晚清闽都文化之西传：以传教士汉学家卢公明为个案》，海洋出版社，2010。

64. 林庆元：《福建船政局史稿》，福建人民出版社，1999。

65. 林庆元主编《福建近代经济史》，福建教育出版社，2001。

66. 林尚立：《社区民主与治理：案例研究》，社会科学文献出版社，2003。

67. 林汀水：《历史地理论文选》，香港，香港人民出版社，2005。

68. 林拓：《文化的地理过程分析——福建文化的地域性考察》，上海书店出版社，2004。

69. 林星：《城市发展与社会变迁：福建城市现代化研究（1843~1949）——以福州、厦门为中心》，天津古籍出版社，2009。

70. 林耀华：《金翼——中国家族制度的社会学研究》，庄孔韶、林宗成译，生活·读书·新知三联书店，2000。

71. 林耀华：《义序的宗族研究——附：拜祖》，生活·读书·新知三联书店，2000。

72. 刘君德、靳润成、张俊芳编著《中国社区地理》，科学出版社，2004。

73. 刘志强、张利民主编《天津史研究论文选辑》，天津古籍出版社，2009。

74. 鲁西奇、林昌丈：《汉中三堰：明清时期汉中地区的堰渠水利与社会变迁》，中华书局，2011。

75. 鲁西奇：《区域历史地理研究：对象与方法——汉水流域的个案考察》，广西人民出版社，2000。

76. 鲁哲：《论现代市民社会的城市治理》，中国社会科学出版社，2008。

77. 罗荣渠：《现代化新论——世界与中国的现代化进程》，商务印书馆，2004。

78. 罗澍伟主编《近代天津城市史》，中国社会科学出版社，1993。

79. 〔美〕罗威廉：《汉口：一个中国城市的商业和社会（1796～1889）》，江溶、鲁西奇译，中国人民大学出版社，2005。

80. 罗肇前：《福建近代产业史》，厦门大学出版社，2002。

81. 〔德〕马克斯·韦伯：《儒教与道教》，洪天富译，江苏人民出版社，1993。

82. 马敏、朱英：《传统与近代的二重变奏：晚清苏州商会个案研究》，巴蜀书社，1993。

83. 马敏：《官商之间——社会剧变中的近代绅商》，天津人民出版社，1995。

84. 孟正夫：《中国消防简史》，群众出版社，1984。

85. 〔英〕莫里斯·弗里德曼：《中国东南的宗族组织》，刘晓春译，王铭铭校，上海人民出版社，2000。

86. 〔美〕帕森斯：《社会行动的结构》，张明德、夏遇南、彭刚译，译林出版社，2003。

87. 皮明庥主编《近代武汉城市史》，中国社会科学出版社，1993。

88. 秦晖、苏文：《田园诗与狂想曲：关中模式与前近代社会的再认识》，中央编译出版社，1996。

89. 秦晖：《政府与企业以外的现代化：中西公益事业史比较研究》，浙江人民出版社，1999。

90. 〔日〕三木聪：《明清福建农村社会の研究》，北海道大学出版会，2002。

91. 桑兵、赵立彬主编《转型中的近代中国》，社会科学文献出版社，2010。

92. 〔美〕施坚雅主编《中国农村的市场和社会结构》，史建方、徐秀丽等译，中国社会科学出版社，1998。

93. 施坚雅主编《中华帝国晚期的城市》，叶光庭等译，中华书局，2000。

94. 〔英〕施美夫：《五口通商城市游记》，温时幸译，北京图书馆出版社，2007。

95. 史红帅：《明清时期西安城市地理研究》，中国社会科学出版社，2008。

96. 〔日〕松浦章：《清代海外贸易史の研究》，京都，朋友书店，2002。

97. 苏新留：《民国时期河南水旱灾害与乡村社会》，黄河水利出版社，2004。

98. 谭其骧：《长水集》，人民出版社，1987。

99. 唐力行：《商人与文化的双重变奏——徽商与宗族社会的历史考察》，华中理工大学出版社，1997。

100. 唐力行主编《国家、地方、民众的互动与社会变迁》，商务印书馆，2004。

101. 唐文基主编《福建古代经济史》，福建教育出版社，1995。

102. 唐文基主编《16～18世纪中国商业革命》，社会科学文献出版社，2008。

103. 唐晓峰：《人文地理随笔》，生活·读书·新知三联书店，2005。

104. 汪汉忠：《灾害、社会与现代化——以苏北民国时期为中心的考察》，社会科学文献出版社，2005。

105. 汪征鲁主编《福建史纲》，福建人民出版社，2003。

106. 王笛：《茶馆：成都的公共生活和微观世界1900～1950》，社会科学文献出版社，2010。

107. 王笛：《街头文化——成都公共空间、下层民众与地方政治，1870~1930》，李德英等译，中国人民大学出版社，2006。

108. 王笛：《跨出封闭的世界——长江上游区域社会研究（1644~1911）》，中华书局，1993。

109. 王尔敏：《五口通商变局》，广西师范大学出版社，2006。

110. 王建革：《传统社会末期华北的生态与社会》，生活·读书·新知三联书店，2009。

111. 王健：《利害相关：明清以来江南苏松地区民间信仰研究》，上海人民出版社，2010。

112. 王利华主编《中国历史上的环境与社会》，生活·读书·新知三联书店，2007。

113. 王列辉：《驶向枢纽港：上海、宁波两港空间关系研究（1843~1941）》，浙江大学出版社，2009。

114. 王铭铭、王斯福主编《乡土社会的秩序、公正与权威》，中国政法大学出版社，1997。

115. 王铭铭：《村落视野中的文化与权力——闽台三村五论》，生活·读书·新知三联书店，1997。

116. 王铭铭：《社区的历程：溪村汉人家族的个案研究》，天津人民出版社，1996。

117. 王奇生：《革命与反革命：社会文化视野下的民国政治》，社会科学文献出版社，2010。

118. 王日根：《明清民间社会的秩序》，岳麓书社，2003。

119. 王日根：《乡土之链：明清会馆与社会变迁》，天津人民出版社，1996。

120. 王双怀：《明代华南农业地理研究》，中华书局，2002。

121. 王卫平、黄鸿山：《中国古代传统社会保障与慈善事业：以明清时期为重点的考察》，群言出版社，2005。

122. 王先明：《近代绅士——一个封建阶层的历史命运》，天津人民出版社，1997。

123. 王振忠：《近600年来自然灾害与福州社会》，福建人民出版社，1996。

124. 王振忠：《明清徽商与淮扬社会变迁》，生活·读书·新知三联书店，1996。

125. 王振忠：《明清以来徽州村落社会史研究——以新发现的民间珍稀文献为中心》，上海人民出版社，2011。

126. 王振忠：《日出而作》，生活·读书·新知三联书店，2010。

127. 隗瀛涛主编《中国近代不同类型城市综合研究》，四川大学出版社，1998。

128. 魏光奇：《官治与自治——20世纪上半期的中国县制》，商务印书馆，2004。

129. 魏光奇：《有法与无法——清代的州县制度及其运作》，商务印书馆，2010。

130. 〔法〕魏丕信：《18世纪中国的官僚和荒政》，徐建青译，江苏人民出版社，2003。

131. 魏文享：《中间组织——近代工商同业公会研究（1918~1949）》，华中师范大学出版社，2007。

132. 巫仁恕：《激变良民：传统中国城市群众集体行动之分析》，北京大学出版社，2011。

133. 吴巍巍：《西方传教士与晚清福建社会文化》，海洋出版社，2011。

134. 夏明方：《民国时期自然灾害与乡村社会》，中华书局，2000。

135. 〔日〕小浜正子：《近代上海的公共性与国家》，葛涛译，上海古籍出版社，2003。

136. 忻平：《从上海发现历史——现代化进程中的上海人及其社会生活1927~1937》（修订版），上海大学出版社，2009。

137. 徐茂明：《江南士绅与江南社会（1368~1911年）》，商务印书馆，2004。

138. 徐天胎编著《福建民国史稿》，福建人民出版社，2009。

139. 徐小群：《民国时期的国家与社会：自由职业团体在上海的兴起（1912~1937）》，新星出版社，2007。

140. 徐晓望主编《福建通史》（近代卷），福建人民出版社，2006。

141. 薛菁：《闽都文化述论》，中国社会科学出版社，2009。

142. 杨齐福：《科举制度与近代文化》，人民出版社，2003。

143. 〔美〕杨庆堃：《中国社会中的宗教：宗教的现代社会功能与其历史因素之研究》，范丽珠等译，上海人民出版社，2007。

144. 杨伟兵：《云贵高原的土地利用与生态变迁（1659~1912）》，上海人民出版社，2008。

145. 叶舟：《繁华与喧嚣——清代常州城市社会》，南京大学出版社，2012。

146. 尹玲玲：《明清两湖平原的环境变迁与社会应对》，上海人民出版社，2008。

147. 犹他家谱学会、沙其敏、钱正民编《中国族谱地方志研究》，上海科学技术文献出版社，2003。

148. 游子安：《善与人同——明清以来的慈善与教化》，中华书局，2005。

149. 余新忠：《清代江南的瘟疫与社会——一项医疗社会史的研究》，中国人民大学出版社，2003。

150. 余英时：《士与中国文化》，上海人民出版社，1987。

151. 俞可平：《社群主义》，中国社会科学出版社，2005。

152. 虞和平：《商会与中国早期现代化》，上海人民出版社，1993。

153. 翟学伟：《中国社会中的日常权威：关系与权力的历史社会学研究》，社会科学文献出版社，2004。

154. 张海林：《苏州早期城市化现代化研究》，南京大学出版社，1999。

155. 张建民、鲁西奇主编《历史时期长江中游地区人类活动与环境变迁专题研究》，武汉大学出版社，2011。

156. 〔美〕张信：《二十世纪初期中国社会之演变——国家与河南地方精英1900~1937》，岳谦厚等译，中华书局，2004。

157. 张研：《清代族田和基层社会结构》，中国人民大学出版社，1991。

158. 张仲礼：《中国绅士：关于其在十九世纪中国社会中作用的研究》，李荣昌译，上海社会科学院出版社，1991。

159. 张仲礼等主编《长江沿江城市与中国近代化》，上海人民出版社，2002。

160. 张仲礼主编《东南沿海城市与中国近代化》，上海人民出版社，1996。

161. 张仲礼主编《中国近代城市企业·社会·空间》，上海社会科学院出版社，1998。

162. 章开沅、罗福惠主编《比较中的审视：中国早期现代化研究》，浙江人民出版社，1993。

163. 章开沅、马敏、朱英主编《中国近代史上的官绅商学》，湖北人民出版社，2000。

164. 赵世瑜：《狂欢与日常——明清以来的庙会与民间社会》，生活·读书·新知三联书店，2002。

165. 郑丽生：《福州风土诗》，福建人民出版社，2012。

166. 郑丽生：《郑丽生文史丛稿》，海风出版社，2009。

167. 郑培凯、陈国成主编《史迹·文献·历史：中外文化与历史记忆》，广西师范大学出版社，2008。

168. 郑芸：《现代化视野中的早期市民社会——苏州市民公社个案分析》，社会科学文献出版社，2007。

169. 郑振满：《乡族与国家——多元视野中的闽台传统社会》，生活·读书·新知三联书店，2009。

170. 郑振满等主编《民间信仰与社会空间》，福建人民出版社，2003。

171. 仲伟民：《茶叶与鸦片：十九世纪经济全球化中的中国》，生活·读书·新知三联书店，2010。

172. 周振鹤：《体国经野之道：中国行政区划沿革》，上海书店出版社，2009。

173. 朱浒：《地方性流动及其超越——晚清义赈与近代中国的新陈代谢》，中国人民大学出版社，2006。

174. 朱健刚：《国与家之间：上海邻里的市民团体与社区运动的民族志》，社会科学文献出版社，2010。

175. 朱维干：《福建史稿》，福建教育出版社，1986。

176. 朱英：《近代中国商人与社会》，湖北教育出版社，2002。

177. 庄孔韶：《银翅——中国的地方社会与文化变迁》，生活·读书·新知三联书店，2000。

178. 邹逸麟：《椿庐史地论稿》，天津古籍出版社，2005。

七　期刊论文

1. 白纯：《抗战后的南京救火会》，《民国档案》2007 年第 1 期，第 104~110 页。

2. 曹树基：《鼠疫流行与华北社会的变迁（1580~1644）》，《历史研究》1997 年第 1 期，第 17~32 页。

3. 陈春声：《信仰空间与社区历史的演变——以樟林神庙系统的研究为中心》，《清史研究》1999 年第 2 期，第 1~13 页。

4. 陈克：《十九世纪末天津民间组织与城市控制管理系统》，《中国社会科学》1989 年第 6 期，第 172~188 页。

5. 陈支平：《闽江流域上下游经济的倾斜性联系》，《中国社会经济史研究》1995 年第 2 期，第 21~30 页。

6. 丰萧：《权力与制衡——1946 年嘉兴县的乡镇自治》，《社会学研究》2001 年第 5 期，第 95~107 页。

7. 冯筱才、夏冰：《民初江南慈善组织的新变化：苏城隐贫会研究》，《史学月刊》2003 年第 1 期，第 87~94 页。

8. 冯筱才：《中国商会史研究之回顾与反思》，《历史研究》2001 年第 5 期，第 148~167 页。

9. 高芮中：《社团合作与中国公民社会的有机区别》，《中国社会科学》2006 年第 3 期，第 110~123 页。

10. 黄宽重：《从中央与地方关系互动看宋代基层社会演变》，《历史研究》2005 年第 4 期，第 100~117 页。

11. 黄忠怀：《庙宇与华北平原明清村落社区的发展》，中国地理学会历史地理专业委员会：《历史地理》第 21 辑，上海人民出版社，2005，第 194~208 页。

12. 黄忠鑫：《清末民初福州的古田商帮——以福州古田会馆碑刻为中心的考察》，《中国经济史研究》2012 年第 1 期，第 161~167 页。

13. 姜修宪：《制度变迁与中国近代茶叶对外贸易——基于福州港的个案考察》，《中国社会经济史研究》2008 年第 2 期，第 68～73 页。

14. 姜义华：《中国传统家国共同体及其现代嬗变》，《河北学刊》2009 年第 3 期，第 53～58 页。

15. 李明、汤可可：《社会结构变迁视野下的苏州市民公社考论》，《上海师范大学学报》（哲学社会科学版）2009 年第 3 期，第 80～89 页。

16. 李守郡：《清末结社集会档案》，《历史档案》2012 年第 1 期，第 38～82 页。

17. 李文海、朱浒：《义和团运动时期江南绅商对战争难民的社会救助》，《清史研究》2004 年第 2 期，第 17～26 页。

18. 李细珠：《清末民变与清政府社会控制机制的效能——以长沙抢米风潮中的官绅矛盾为视点》，《历史研究》2009 年第 4 期，第 69～85 页。

19. 林敦奎：《晚清福建水灾概述》，《福建论坛》1993 年第 5 期，第 49～54 页。

20. 林汀水：《明清福建的疫疠》，《中国社会经济史研究》2005 年第 1 期，第 49～62 页。

21. 刘怀玉：《马克思哲学中的社会有机体概念》，《学术研究》2007 年第 10 期，第 16～22 页。

22. 路风：《单位：一种特殊的社会组织形式》，《中国社会科学》1989 年第 1 期，第 72～89 页。

23. 罗桂林：《传统延续与制度创新——近代福州的社会救济事业研究》，《社会科学》2006 年第 1 期，第 74～83 页。

24. 罗桂林：《国民政府初期福州的台湾籍民问题》，《台湾研究集刊》2006 年第 2 期，第 69～76 页。

25. 罗晓翔：《明代南京的坊厢与字铺——地方行政与城市社会》，《中国社会经济史研究》2008 年第 4 期，第 52～60 页。

26. 马波：《清代闽台地区主要灾种的时空特征及其与人类活动的关系述论》，《中国历史地理论丛》1997 年 2 期，第 47～62 页。

27. 彭南生、胡启扬：《近代城市社会管理中的市民参与——以民国汉口保安公益会为例》，《江苏社会科学》2012 年第 1 期，第 197～203 页。

28. 彭南生：《五四运动与上海马路商界联合会的兴起》，《华中师范大学学报》2012 年第 3 期，第 69~73 页。

29. 邱捷：《广州商团与商团事变——从商人团体角度的再探讨》，《历史研究》2002 年第 2 期，第 53~66 页。

30. 邱捷：《民国初年广东乡村的基层权力机构》，《史学月刊》2003 年第 5 期，第 89~96 页。

31. 邱捷：《清末广州居民的集庙议事》，《近代史研究》2003 年第 5 期，第 187~203 页。

32. 邱捷：《清末民初地方政府与社会控制——以广州地区为例的个案研究》，《中山大学学报》（社会科学版）2001 年第 6 期，第 46~58 页。

33. 任放：《明清长江中游市镇经济所依托的自然及人文环境》，中国地理学会历史地理专业委员会：《历史地理》第 19 辑，上海人民出版社，2003，第 199~205 页。

34. 任云兰：《论华北灾荒期间天津商会的赈济活动（1903~1936）——兼论近代慈善救济事业中国家与社会的关系》，《史学月刊》2006 年第 4 期，第 105~110 页。

35. 任云兰：《民国灾荒与战乱期间天津城市的社会救助（1912~1936 年）》，《中国社会经济史研究》2005 年第 2 期，第 72~77 页。

36. 桑兵：《论清末城镇社会结构的变化与商民罢市》，《近代史研究》1990 年第 5 期，第 55~73 页。

37. 沈松侨：《从自治到保甲：近代河南地方基层政治的演变，1908~1935》，《中研院近代史研究所集刊》1989 年第 18 期，第 189~219 页。

38. 水海刚：《近代闽江流域上下游间经济联系再考察：以粮食贸易为视角》，《中国社会经济史研究》2010 年第 3 期，第 69~75 页。

39. 水海刚：《中国近代通商口岸城市的外部市场研究——以近代福州为例》，《厦门大学学报》（哲学社会科学版）2011 年第 2 期，第 118~125 页。

40. 苏州市档案馆：《苏州观前大街市民公社相关档案（一）》，《民国档案》2011 年第 3 期，第 11~33 页。

41. 孙竞昊：《经营地方：明清之际的济宁士绅社会》，《历史研究》2011 年第 3 期，第 91~111 页。

42. 唐力行：《从区域史研究走向区域比较研究》，《上海师范大学学报》（哲学社会科学版）2008 年第 1 期，第 74～79 页。

43. 汪毅夫：《清季驻设福建的外国领馆和外国领事》，《福建师范大学学报》（哲学社会科学版）2003 年第 3 期，第 6～11 页。

44. 王娟：《清末民初北京地区的社会变迁与慈善组织的转型》，《史学月刊》2006 年第 2 期，第 97～105 页。

45. 王均、祝功武：《清末民初时期北京城市社会空间的初步研究》，《地理学报》1999 年第 1 期，第 69～76 页。

46. 王奇生：《论国民党改组后的社会构成与基层组织》，《近代史研究》2000 年第 2 期，第 45～85 页。

47. 王奇生：《民国时期乡村权力结构的演变》，周积明、宋德金主编《中国社会史论》下卷，湖北教育出版社，2005，第 549～590 页。

48. 王卫平：《清代江南地区的育婴事业圈》，《清史研究》2000 年第 1 期，第 75～85 页。

49. 王卫平：《清代苏州的慈善事业》，《中国史研究》1997 年第 3 期，第 145～156 页。

50. 王振忠：《方言、宗教文化与晚清地方社会——以美国哈佛大学燕京图书馆所藏"榕腔"文献为中心》，《社会科学》2009 年第 6 期，第 124～136 页。

51. 王振忠：《徽州"五通（显）"与明清以还福州的"五帝"信仰》，《徽州社会科学》1995 年第 1～2 期，第 91～97 页。

52. 王振忠：《历史社会地理研究刍议》，《中国历史地理论丛》2005 年第 4 期，第 6～13 页。

53. 王振忠：《历史自然灾害与民间信仰——以近 600 年来福州瘟神"五帝"信仰为例》，《复旦学报》（社会科学版）1996 年第 2 期，第 77～82 页。

54. 王振忠：《契兄、契弟、契友、契父、契子——围绕着日本汉文小说〈孙八救人得福〉的历史民俗背景解读》，《汉学研究》2000 年第 1 期，第 46～116 页。

55. 王振忠：《清代琉球人眼中福州城市的社会生活——以现存的琉球官话课本为中心》，《中华文史论丛》2009 年第 4 期，第 46～116 页。

56. 魏立华、闫小培、刘玉亭：《清代广州城市社会空间结构研究》，

《地理学报》2008 年第 6 期, 第 613~624 页。

57. 吴滔:《清代江南社区赈济与地方社会》,《中国社会科学》2001年第 4 期, 第 181~191 页。

58. 夏明方:《论 1876 至 1879 年间西方新教传教士的对华赈济事业》,《清史研究》1997 年第 2 期, 第 83~92 页。

59. 小田:《清末民初江南乡镇社会的权力结构变动》,《历史档案》1998 年第 2 期, 第 98~104 页。

60. 谢湜:《清代杭州城市管理与社会生活——以火政为中心的研究》,《华学》第 7 辑, 中山大学出版社, 2004, 第 319~332 页。

61. 谢湜:《宋元时期太湖以东地域开发与政区沿革》,《史林》2010年第 5 期, 第 67~77 页。

62. 熊月之、张生:《中国城市史研究综述 (1986~2006)》,《史林》2008 年第 1 期, 第 24~38 页。

63. 徐茂明:《明清时期江南社会基层组织演变述论》,《社会科学》2003 年第 4 期, 第 91~99 页。

64. 徐天胎:《福建历代之饥馑》,《福建文化季刊》第 1 卷第 3 期,1941 年 9 月, 第 1~33 页。

65. 杨焕鹏:《论抗战后杭州地区保甲运作中的保长与保干事》,《历史档案》2004 年第 4 期, 第 122~128 页。

66. 余新忠:《清中后期乡绅的社会救济——苏州丰豫义庄研究》,《南开学报》1997 年第 3 期, 第 62~70 页。

67. 张家玉、刘正刚:《晚清火灾及防御机制探讨: 以广州为例》,《安徽史学》2005 年第 3 期, 第 31~36 页。

68. 张祥稳:《晚清皖江城市火灾及其应对机制研究——以对外开埠通商后的 "皖江巨镇" 芜湖为例》,《清史研究》2012 年第 2 期, 第 91~98 页。

69. 赵晓峰、张红:《庙与庙会: 作为关中农村区域社会秩序整合的中心——兼与川系农村、华南农村区域经济社会性质的对比分析》,《民俗研究》2012 年第 6 期, 第 133~141 页。

70. 赵耀双:《天津近代民间消防组织——水会》,《民俗研究》2003年第 3 期, 第 123~130 页。

71. 周秋光、曾桂林：《近代慈善事业与中国东南社会变迁（1895～1949）》，《史学月刊》2002 年第 11 期，第 84～94 页。

72. 朱英：《戊戌时期民间慈善公益事业的发展》，《江汉论坛》1999 年第 11 期，第 66～71 页。

73. 邹怡：《清代城市社会公共事业的运作——以杭州城消防事业为中心》，《清史研究》2003 年第 4 期，第 19～32 页。

八　硕士、博士论文

1. 郑力鹏：《福州城市发展史研究》，博士学位论文，华南理工大学，1991。

2. 邱澎生：《清代苏州的会馆公所与商会》，博士学位论文，台湾大学，1995。

3. 王仲：《强势国家与民间社团之命运——以民国苏州商会为例（1927～1937）》，博士学位论文，苏州大学，2002。

4. 杜丽红：《20 世纪 30 年代的北平城市管理》，博士学位论文，中国社会科学院研究生院，2002。

5. 陈怡行：《明代的福州：一个传统省城的变迁》，硕士学位论文，台湾暨南大学，2004。

6. 罗桂林：《现代城市的建构——1927～1937 年福州的市政管理与公共事业》，博士学位论文，厦门大学，2006。

7. 姜修宪：《环境·制度·政府——晚清福州开埠与闽江流域经济变迁（1844～1911）》，博士学位论文，复旦大学，2006。

8. 陈享冬：《民国时期的广州消防研究》，硕士学位论文，广州大学，2006。

9. 水海刚：《近代闽江流域经济与社会研究（1861～1937）》，博士学位论文，厦门大学，2006。

10. 李平亮：《晚清至民国时期南昌的地方精英与社会权势转移》，博士后报告，中山大学，2006。

11. 吴媛媛：《明清时期徽州的灾害及其社会应对》，博士学位论文，复旦大学，2007。

12. 彭志军:《民国时期南昌消防事业研究》,硕士学位论文,南昌大学,2008。

13. 丁芮:《北洋政府时期京师警察厅研究》,博士学位论文,中国社会科学院研究生院,2011。

14. 彭志军:《官民之间:苏州民办消防事业研究(1914~1954年)》,博士学位论文,上海师范大学,2012。

15. 何韶颖:《清代广州佛教寺院与城市生活》,博士学位论文,华南理工大学,2012。

16. 胡启扬:《民国时期的汉口火灾与城市消防(1927~1937)》,博士学位论文,华中师范大学,2012。

附录 1

《福建省福州市救火会章程》

第一章 总纲

第一条： 本会系由地方人士所组织，定名为救火会。

第二条： 本会以维持善举，消防火患，裨益地方为宗旨。

第三条： 本会接受闽侯县党部之指导，闽侯县政府之监督及福州警察局与福州救火联合会之指挥。

第四条： 本会应加入福州救火联合会为会员，并按届由理事中选出二人代表出席火联会。

第五条： 本会会所设于福州市。

第六条： 本会区域以范围，另绘区域图缴存联会备案。

第二章 会员

第七条： 本会以在本区域范围内商民或住户赞助常年捐及富有救火经验并依照本章程第二章第十条之规定者，皆得为本会会员。

第八条： 会员应享之权利。

（1）有选举及被选举之权。

（2）发言权及表决权。

（3）本会所举办各项事业之利益。

第九条： 会员应尽之义务。

（1）有缴纳常费特别捐之义务。

（2）遵守本会章程及议决案并现行法规之义务。

（3）有互相维持火政之义务。

（4）除加入中国国民党外，不得参加其他非法政治团体。

第十条：会员入会之手续。

（1）须由本会会员二人以上之介绍。

（2）须经理事之通过。

第十一条：会员退会之规定。

（1）有反动之言论及其行为者。

（2）犯有本惩戒条例之一者。

第十二条：有左列情事之一者，不得充本会会员。

（1）褫夺公权者。

（2）有反革命言论及行为者。

（3）受破产之宣告尚未复权者。

（4）吃食鸦片及其代用品者。

（5）无行为能力者。

第三章 职员

第十三条：本会由会员大会选举理事（　）人、监事（　）人，由理事互选常务理事长一人主持会务。

第十四条：本会组织系统如下。

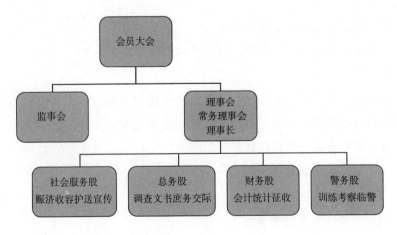

第十五条：理事会之职务如下。

（1）对外代表本会。

（2）执行会员大会议决案。

（3）支配本会会费及财政。

（4）召集会员大会。

（5）议决第四章第二十三条列举各项事务。

第十六条：监事之职权如下。

（1）稽核本会财政。

（2）审查本会会务之进行情形。

（3）依据本会会章决定会员及职员等违背本会会章之处分。

第十七条：常务理事会之职权如下。

（1）执行理事会之议决案。

（2）办理日常事务。

（3）指挥事务员办理会务。

（4）召集理事会。

第十八条：理事长之职务如下。

（1）召集常务理事会并任主席。

（2）督促常务理事会各股主任股员及事务员办理事务。

（3）负责经费之出入。

第十九条：本会理事会之下，得设下列各股，均由理事兼任，但警务股下之临警员，不以理事兼任为原则。

（一）总务股：本股设主任一人，股员若干人，分置调查、文书、庶务、交际四组，调查组办理内外务调查事宜，文书组办理本会来往文件、保管案卷、编制表册，庶务组办理会中一切购置、修缮及登记物品、器具、设备会场应用器物。交际组代表本会对内对外一切交际事项。

（二）警务股：本股设正副主任各一人，股员若干人，分置临警、训练、考察三组。临警组专理遇警出援工作，并得按年推选临警维持员一人，送充联合会担任火场职务。训练组专理本会应援队、援丁训练、指挥灾区救护等事。考察组专理考察本会器械之优劣，各临警员丁之勤惰及编查统计灾区情形等事。

（三）财务股：本股设立主任一人，股员若干人。分置会计、统计、征收三组，会计组等专理本会出入账目及编造日报表、征信录等事，统计组计划本会之收支款目之统计及编造预决算等事，征收组专理本会向各地段征收经费等事。

（四）社会服务股：本股设主任一人、股员若干人，分置收容、护送、赈济组办理赈济灾区贫胞难胞事宜。宣传组办理编辑、讲演及其他宣传事宜。

第二十条：本会设书记一人，办事员若干人，常川驻会办公。

第二十一条：本会职员任期为一年，但连选得连任之。

第二十二条：本会之职员除书记办事员外概系义务职。

第四章　任务

第二十三条：本会应办之事务列下。

（1）关于火政之改良研究最新施救之方法，并将研究之所得贡献福州救火联合会以供采择。

（2）关于本会区域内救火防护之设备及本市火警之出援。

（3）图书馆及书报之设置。

（4）关于每年被灾统计之调查。

（5）其他社会服务事业之举办。

（6）关于政府命令办理之各项消防工作。

第五章　会议

第二十四条：本会会员大会每半年举行一次，但理事会认为必要时，或经会员三分之一以上之请求得临时召集之。

第二十五条：本会理事会每月开会一次，由常务理事会召集之。如遇紧要特别事件，经理事三人以上之提议，得请理事长召集临时理事会，但开会时须有理事，除请假外，过半数之出席方为有效。

第二十六条：本会监事会每月开会一次。

第二十七条：本会常务理事会每月开会两次，由理事长召集之。

第二十八条：本会遇必要时，得开理监联席会议。

第二十九条：本会设临警员丁救火训练会，每月开会一次，由常务理事召集之。

第六章　经费

第三十条：本会之经费如下。

（1）常费向本区域范围内之商铺住户抽收，业主全年半个月之租金。

（2）特别捐如有临时事件，应需之款不在预算内者，经理事会议决，得向会员及商铺或殷户募集之。

（3）政府之补助费。

第三十一条：本会会员费办法规定如下。

（1）本会经费之支配，应有预算决算。

（2）事务费每月由常务理事会决算报告理事会，并送交监事会审核后公布之。

（3）一切经费预算决算，每年由理事会编制经监事会审核公布后，再行呈报主管机关备案。

（4）修改预算书应由会员大会或理事会决定之。

（5）监事会审查范围以不超出预算为度。

（6）收支各款须经理事长签名盖章，方为有效。

（7）存款如逾百元以上者，须存本会所指定之银行或商店。

第七章　解散清算

第三十二条：本会如有下列情形之一者，即行解散。

（1）经本会会员大会或理监联席议决，并经福州救火联合会之许可后，呈请主管党政机关核准时。

（2）主管行政官署依法之处分时（但本会系慈善性质，如因当事人办理不善，请主管党政机关核准时）。

第三十三条：本会议决解散后，由各会员中互推五人以上，为清算人，办理清算手续，如不能善祗，可重行改组。

第三十四条：清算人之责任以清算手续完了时为止，推出时得呈请主管党政官署指定之。

第八章　附则

第三十五条：本会之分组轮值出勤及章程、警纪、奖励、惩戒、抚恤、取缔各项悉依照福州救火联合会之规定办理之。

第三十六条：本会办理细则另定之。

第三十七条：本章程经会员大会通过，呈请主管党政机关核准后，施行之。

第三十八条：本章程如有未尽事宜，得由会员大会修正之，并经主管党政机关核准后施行之。

资料来源：《市府、市警察局、市救火联合会关于报送本市地方组织报告表及救火会章程的训令、呈文》，1946年3月，福建省档案馆馆藏民国档案：全宗号902—案宗号6—编号587。

附录 2

福州救火会各会情况（一）

会别	人数	临警员 援丁	理事长 维持员 会员代表		设备	地址
榕西救火会 （鼓楼分局）		22 80	林仲举 林仲举	周大福 林为民	人力龙	西门关帝庙
芝西救火会 （鼓楼分局）		22 80	刘 昌 林炎藩	董训榕 董训榕	人力龙	三民路 448
榕北救火会 （鼓楼分局）		22 80	王莆康 范意济	黄义通 谢善璋	人力龙	北门珠妈庙
榕南救火会 （大根区分局）		22 80	陈寿藩 陈寿藩	陈伯熙 吴永和	人力龙	下南路 （电话 4551）
钟玉救火会 （大根区分局）		32 60	田珍莹 郑亦康	张 勋 洪一棠	人力龙 汽龙	宫巷 （电话 4496）
东井津救火会 （大根区分局）		22 80	姚仲石 姚仲石	王盛民 黄振远	人力龙 （"二·二四"罹难 林逸全同志纪念）	东街竹林境
鼓泰救火会 （鼓楼分局）		（22） （80）	曹笑三 曹笑三	郑伯铨 陈少陵	人力龙， 已置帮浦机 1	双门前 （电话 4486）
仓育车救火会 （大根区分局）		22 80	陈 亘 史希善	史希善 林坦西	人力龙	仓前

续表

会别	人数	临警员援丁	理事长维持员会员代表	设备	地址
斗南洗马茶亭救火会（小桥区分局）		32 50	林义志　高宝云 高宝云　陈霖英	汽龙	茶亭庵 （电话 4572）
醴泉救火会（小桥区分局）		22 40	林　平　刘洪潮 张光祺　林　平	拆屋队	白马巷
独山救火会（小桥区分局）		22 80	李少怀　程孝义 李少怀　程孝义	人力龙	洋中亭
达道救火会（小桥区分局）		22 80	蔡松龄　陈则隆 蔡松龄　高品芳	人力龙 （民国 23 年福建省 政府总检阅救火会 赛跑总优胜）	戏坪前
纸帮救火会（小桥区分局）		22 80	陈苍梧　曾鼎 林苍梧　林光宇	人力龙	上锭街
双杭救火会（小桥区分局）		32 10	蔡友兰　李少怀 徐建禧　陈幼鸿	汽龙 （民国 23 年福建省 政府总检阅救火会 登梯比赛总优胜）	隆平路 （电话 2242）
横山（铺前）救火会（小桥区分局）		22 80	郭榕庭　刘冠璋 郭榕庭　刘冠璋	人力龙	铺前
油帮救火会（小桥区分局）		22 80	张一介　林世逻 陈树勋　林世逻	人力龙	龙岭顶 （电话 2904）
龙潭救火会（小桥区分局）		22 80	王德凤　林振华 陈鸿铿　林振华	人力龙	桥仔头拿公庙 （电话 2608）
龙台救火会（小桥区分局）		22 80	陈公珪　甘昭熙 刘兆枫　甘用光	人力龙	塔仔兜 （电话 2968）
沙合中惠救火会（小桥区分局）		22 80	薛增荣　林荫绥 薛增荣　林荫绥	人力龙	一真庵
银湘救火会（小桥区分局）		22 80	陈彦樵　陈升泉 陈彦樵　林家宏	人力龙	药王庙

会别	人数	临警员 援丁	理事长维持员 会员代表	设备	地址
义洲救火会 （小桥区分局）		22 80	杨文宽　刘道明 杨文宽　林发仁	人力龙 （"三·三七"罹难 黄银藩同志纪念）	义洲泰山庙
帮洲救火会 （小桥区分局）		22 80	叶纪让　郑孝澄 林正铨　梁吐玉	人力龙 （"一·一二"罹难 林阙歌同志纪念）	打索埕 （电话：2130）
嘉崇（八铺）救火会 （小桥区分局）		22 80	叶云坤　杨师德 郭幼卿　郑世勋	人力龙	复出庵
竹林救火会 （小桥区分局）		22 80	谢永霖　林道财 谢永霖　林道财	人力龙	三保尚书庙
安乐救火会 （台江区分局）		22 80	郑宏观　李天烺 蒋竹山　陈冠鸿	人力龙	洲边土地庙 （电话2269）
沧洲救火会 （台江区分局）		22 80	王捷安　林西贤 林西贤　王捷安	人力龙，已置 帮浦机一辆	后洲沧洲庵隔壁 （电话2422）
瀛洲救火会 （台江区分局）		22 80	陈钦泉　黄仁庆 阮景光　何祥澜	人力龙	白马庙
胜兴救火会 （台江区分局）		22 80	魏　耿　郭奇藩 林福铭　陈本修	人力龙	三圣庙 （电话2019）
苍霞救火会 （台江区分局）		22 80	唐萱　赵修郎 唐萱　苏兆民	人力龙	东金寺 （电话2134）
路通救火会 （台江区分局）		22 89	刘洪业　林孝树 刘洪业　郭　敏	人力龙	水部龙津境 （电话2085）
万寿救火会 （台江区分局）		32 80	刘子英　黄庆林 高书聪　刘子英	汽龙	坞尾尚书庙 （电话2243）
琼水救火会 （台江区分局）		22 80	林翼德　陈怀远 林翼德　陈怀远	人力龙	水部三官堂 （电话4675）
闽南救火会 （仓山区分局）		22 80	陈春弗　何发政 陈春弗　林书承	人力龙	天安寺 （邹奶庙电话2915）

续表

会别	人数	临警员援丁	理事长维持员会员代表	设备	地址
上渡救火会（仓山区分局）		22 80	林幼丞　黄滋藩 林幼丞　黄滋藩	人力龙	上渡檀越境（电话 2641）
冯泛高救火会（仓山区分局）		32 30	江秀清　林宜江 沈幼兰　洪锡九	汽龙（首先设帮浦汽车头消防）	塔亭（电话 2708）
藤山救火会（仓山区分局）		32 30	王调勋　陈金榜 王调勋　孟秀彦	汽龙	下渡十锦祠（电话 2631）
后屿救火会（闽侯县第二区）		22 60	叶天炳　刘孟时 叶天炳　林　岩		后屿乡
布帮救火会（民国 33 年有）					夏街
锡铸救火会（民国 33 年有）					铺顶前

资料来源：福州救火联合会《创始历略报告书》，1945 年 10 月，福建省档案馆馆藏民国档案：2-8-104。

福州救火会各会情况（二）

会别	创办时间	1944年临警员援丁	1949年人数	理事长 维持员 会员代表	设备	地址
榕西救火会	1928年10月	22 80	93	林仲举 周大福 林仲举 林为民	人力龙	西门关帝庙
芝西救火会	1924年1月	22 80	80	刘 昌 董训榕 林炎藩 董训榕	人力龙	三民路448 鼓楼关帝庙
榕北救火会	1923年11月	22 80	98	王莆康 黄义通 范意济 谢善璋	人力龙	北门珠妈庙
榕南救火会	1924年11月	22 80	90	陈寿藩 陈伯熙 陈寿藩 吴永和	人力龙	下南路（电话4551）
钟玉救火会	1924年11月	32 60	94	田珍莹 张 勋 郑亦康 洪一棠	汽龙	宫巷（电话4496）
东井津救火会	1924年4月	22 80	94	姚仲石 王盛民 姚仲石 黄振远	人力龙	东街竹林境
鼓泰救火会	1910年	(22) (80)	130	曹笑三 郑伯铨 曹笑三 陈少陵	人力龙，置帮浦机	双门前（电话4486）
仓育车救火会	1930年3月	22 80	104	陈 亘 史希善 史希善 林坦西	人力龙	仓前[1]

续表

会别	创办时间	1944年临警员援丁	1949年人数	理事长 维持员 会员代表	设备	地址
斗南洗马茶亭救火会	1914年4月	32 50	108	林义志 高宝云 高宝云 陈霖英	汽龙	茶亭庵（电话4572）
醴泉救火会	1930年9月	22 40	80	林 平 刘洪潮 张光祺 林 平	拆屋队	白马巷
独山救火会	1928年9月	22 80	209	李少怀 程孝义 李少怀 程孝义	人力龙	洋中亭
达道救火会	1925年1月	22 80	50	蔡松龄 陈则隆 蔡松龄 高品芳	人力龙	戏坪前
纸帮救火会	1906年	22 80	119	陈苍梧 曾 鼎 林苍梧 林光宇	人力龙	上酰街
双杭救火会	1914年4月	32 10	120	蔡友兰 李少怀 徐建禧 陈幼鸿	汽龙	隆平路（电话2242）
横山（铺前）救火会	1927年1月	22 80	120	郭榕庭 刘冠璋 郭榕庭 刘冠璋	人力龙	铺前
油帮救火会	1907年	22 80	102	张一介 林世逻 陈树勋 林世逻	人力龙	龙岭顶（电话2904）
龙潭救火会	1899年	22 80	123	王德凤 林振华 陈鸿铿 林振华	人力龙	桥仔头拿公庙（电话2608）
龙台救火会	1915年4月	22 80	40	陈公珪 甘昭熙 刘兆枫 甘用光	人力龙	塔仔兜（电话2968）
沙合中惠救火会	1929年	22 80	102	薛增荣 林荫绥 薛增荣 林荫绥	人力龙	一真庵
银湘救火会[2]		22 80		陈彦樵 陈升泉 陈彦樵 林家宏	人力龙	药王庙
义洲救火会	1926年4月	22 80	130	杨文宽 刘道明 杨文宽 林发仁	人力龙	义洲泰山庙

会别	创办时间	1944年临警员援丁	1949年人数	理事长 维持员 会员代表	设备	地址
帮洲救火会	1926年4月	22 80	130	叶纪让 郑孝澄 林正铨 梁吐玉	人力龙	打索埕（电话：2130）
嘉崇（八铺）救火会	1901年	22 80	170	叶云坤 杨师德 郭幼卿 郑世勖	人力龙	复出庵
竹林救火会	1911年4月	22 80	120	谢永霖 林道财 谢永霖 林道财	人力龙	三保尚书庙
安乐救火会	1914年4月	22 80	136	郑宏观 李天烺 蒋竹山 陈冠鸿	人力龙	洲边土地庙（电话2269）
沧洲救火会	1926年4月	22 80	175	王捷安 林西贤 林西贤 王捷安	人力龙，已置帮浦机一辆	后洲沧洲庵隔壁（电话2422）
瀛洲救火会	1917年4月	22 80	168	陈钦泉 黄仁庆 阮景光 何祥澜	人力龙	白马庙
胜兴救火会	1925年8月	22 80	122	魏耿 郭奇藩 林福铭 陈本修	人力龙	三圣庙（电话2019）
苍霞救火会	1935年5月	22 80	130	唐萱 赵修郎 唐萱 苏兆民	人力龙	东金寺（电话2134）
路通救火会	1922年5月	22 89	96	刘洪业 林孝树 刘洪业 郭敏	人力龙	水部龙津境（电话2085）
万寿救火会	1901年	32 80	116	刘子英 黄庆林 高书聪 刘子英	汽龙	坞尾尚书庙（电话2243）
琼水救火会	1924年5月	22 80	115	林翼德 陈怀远 林翼德 陈怀远	人力龙	水部三官堂（电话4675）
闽南救火会[3]	1902年6月	22 80	113人	陈春弗 何发政 陈春弗 林书承	人力龙	天安寺（电话2915）
上渡救火会	1924年4月	22 80	120	林幼丞 黄滋藩 林幼丞 黄滋藩	人力龙	上渡檀越境（电话2641）

续表

会别	创办时间	1944 年临警员援丁	1949 年人数	理事长　维持员　会员代表	设备	地址
冯泛高救火会	1926 年 1 月	32 30	130	江秀清　林宜江 沈幼兰　洪锡九	汽龙	塔亭娘奶庙（电话 2708）
藤山救火会	1908 年 6 月	32 30	200	王调勋　陈金榜 王调勋　孟秀彦	汽龙	下渡十锦祠（电话 2631）
后屿救火会（闽侯县第二区）		22 60		叶天炳　刘孟时 叶天炳　林　岩		后屿乡
布帮救火会（民国 33 年有）						夏街
锡铸救火会（民国 33 年有）						铺顶前

注：1. 此处仓前并非仓前路，而应为仓前街，其他材料则明确注明"春育亭"。

2. 不知是何种原因，1949 年统计中，没有列出银湘救火会情况，但该会解放时确实存在。

3. 此处成立时间有误，根据《英领事混争天安寺纪实》和当时报刊资料，闽南救火会应成立于 1908 年，之所以登记 1902 年，主要是警察局未详细调查，后人对此亦无精确回忆。

4. 本表和附表 2 有重合之处，考虑到排版问题，难以在一张表内列出如此多信息，故单独列出，并形成对比。

资料来源：福州救火联合会《创始历略报告书》，1945 年 10 月，福建省档案馆馆藏民国档案：2-8-104。而创办时间、1949 年人数数据则来自《市警察局报送消防组织及设备情形，驻卫警、乡镇户口暨社会状况、警察局所名称、自卫枪炮种类数目、稽查员人数等八种调查表及有关文件》，福州市档案馆藏资料：902-5-399。

附录4

1949 年之前全国各地救火会分布

省份	市县	数量	创办时间	创办者	功能	名称	备注
直隶	京师	16	1858 年	绅商	救火 巡捕	水局	《光绪七年六月二十六日京报全录》，《申报》1881 年 8 月 2 日，第 3 页
	通州	4	1890 年	铺商	救火	水局	《潞河寒雁》，《申报》1890 年 1 月 16 日，第 2 页
	徐水县	1	1933 年之前	城绅	救火	保安水社	（民国）《徐水县新志》卷 5，《政治记》
	天津	80	康熙初	盐商	救火 民俗 团练 巡逻	水会	（光绪）《重修天津府志》卷 7，《恤政》
	清苑县	4	不详	绅民	救火	水会	《整肃街道示》，《申报》1902 年 1 月 8 日，第 2 页
	潞河	4	1894 年	铺商 会首	救火	水会 水局	《潞河春鲤》，《申报》1894 年 3 月 22 日，第 3 页

续表

省份	市县	数量	创办时间	创办者	功能	名称	备注
直隶	保定	7	1851年	知县	救火	水社	《保义水社公所碑文》（1917年），晓舟、恩厚：《保定水社》，《河北文史资料》第28辑，河北人民出版社，1989，第174页
	静海	9	1843年	不详	救火	水局水会	（民国）《静海县志》，亥集，《政事部》
	文安县	1	1870年前	士绅	救火	水会	（民国）《文安县志》卷9，《艺文志》
	南皮	5	不详	商民	救火	水会水局	（民国）《南皮县志》卷3，《风土志商·民生状况》
	青县	6	不详	不详	救火	水会水局	（民国）《青县志》卷3，《杂置》
	丰润	1	1838年间	邑绅，附设于善会	救火	水局	（光绪）《丰润县志》卷3，《武备》
	大城县	1	1830年左右	知县创办	救火	救火会	（同治）《苏州府志》卷170，《人物三十四》
	涿县	2	1937年之前	不详	救火	水会	（民国）《涿县志》第4编《党政组织》第2卷，《团体五》
	丰南	1	1862年	士绅	救火	水会	李俊胜：《早年民间的消防组织——"宣庄十善水会"》，《丰南史志资料选编》第1辑，1984，第171页

续表

省份	市县	数量	创办时间	创办者	功能	名称	备注
山东	德州	3	1846 年	绅耆	救火	水会	（民国）《德县志》卷 13，《风土志·慈善》
	济宁	1	清末	善人	救火	救火会	（民国）《济宁县志》卷 3，《文献略·职官·登进·人物·艺文》
	青岛	1	不详	外侨	救火	义勇消防团	参见《内政年鉴·警政编》（1935年），《中国消防警察》，转引自孟正夫《中国消防简史》，群众出版社，1984，第242页
	临沂	2	1872 年	商家	救火	水龙会	（民国）《临沂县志》卷 5，《食货》
山西	太原	4	不详	不详	不详	不详	参见《内政年鉴·警政编》（1935年），《中国消防警察》，转引自孟正夫《中国消防简史》，群众出版社，1984，第242页
上海	上海	数十所，设立救火联合会	开埠之后	商界人士	以救火为主，兼设治安、救灾，但时间较短	水龙局、救火会	（民国）《上海县续志》卷 2，《建置上》
	川沙县	多处	1909 年	如上	如上	救火会	（民国）《川沙县志》卷 21，《警务志》
	青浦县	多处	不详	官绅	救火	救火会	（民国）《青浦县续志》卷 2，《岁时·占验》

续表

省份	市县	数量	创办时间	创办者	功能	名称	备注
上海	嘉定县	多处	同治年间	商家	救火	救火会	（民国）《嘉定县续志》卷 2，《管建制》
	南汇县	多处	不详	不详	救火	救火会	（民国）《南汇县续志》卷 8，《祠祀志》
	宝山县	9	咸丰年间	绅商	救火	水龙会，救火会	（民国）《宝山续县志》卷 10，《消防》
广东	广州	水龙达百条	1890 年	善堂绅董	救火	火会水会	《粤东火警》，《申报》1890 年 1 月 27 日，第 3 页
	清远县	1	1934 年	商民	救火	慈善救火会	（民国）《清远县志》卷 11，《市政》
	连县	5	光绪年间	商民，后商会为主力	救火	水龙公所	胡增贤、曾群星：《连县消防设施的历史变迁》，《连县文史资料》第 9 辑，1990，第 132 页
	梅县	1	1921 年	商会	救火	商会消防队	袁清源整理《梅县商会的警卫队及消防救卫队》，《梅县市工商史料》第 2 辑，1986，第 23 页
	韶关	1	1926 年	商会	救火	消防队	谢昌寿：《韶关市区消防队早年建立的经过》，《韶关文史资料》第 9 辑，1987，第 140 页
	揭阳	1	1890 年	知县捐资倡办，并督绅筹资设立	救火	水龙局	（光绪）《揭阳县志续志》卷 4，《灾详篇》

省份	市县	数量	创办时间	创办者	功能	名称	备注
广东	郁南县	1	1934 年	商会	救火	慈善消防会	一愚、李立：《追昔看今话消防》，《郁南文史》第 12 辑，1992，第 82 页
	四会县	1	1931 年之前	商人	救火	救火会	四会县地方志编纂委员会编《四会县志》第 22 编《公安司法》，1996，第 692 页
辽宁	牛庄	1	1890 年	不详	救火	水会	《牛庄信息》，《申报》1890 年 5 月 29 日，第 1 页
	奉天	1	1894 年	绅董	救火	保城水会	《水会保城》，《申报》1894 年 7 月 3 日，第 1 页
	营口	1	1884 年	巨商公设	救火	水会	《营口火警》，《申报》1884 年 7 月 16 日，第 2 页
	开原县	1	1918 年	商会	救火	消防队，市民水会	(民国)《开原县志》卷 9，《实业》
	昌图县	1	1887 年	知府设	救火	水会	(民国)《昌图县志》第 10 编《志慈善》，第 22 页
	辽阳县	10	1905 年前	商民自理	救火	水会	(民国)《辽阳县志》第 4 编，《人事》
吉林	安东	1	1923 年	商会	救火	水会	(民国)《安东县志》卷 6，《商业》；卷 8，《消防》
	怀德县	1	1920 年左右	商会	救火	水会	(民国)《怀德县志》卷 8，《实业》
	奉化县	1	1881 年	知县倡捐，劝谕绅商集资	救火	水会	(光绪)《奉化县志》卷 4，《建置》
	梨树县	1	1880 年	县令劝谕城商集资	救火	水会	(民国)《梨树县志》，《大事记》

续表

省份	市县	数量	创办时间	创办者	功能	名称	备注
湖南	湘潭	25	光绪年间	商人、士绅	救火	水龙公所	（光绪）《湘潭县志》卷 7，《礼典》
	长沙	6	道光年间	附属善堂	救火	水龙	（光绪）《长沙县志》卷 9，《保息·同善堂》
	沅陵	1	1845 年之前	官拨经费	救火	水龙局	（同治）《沅陵县志》卷 12，《仓储附育婴堂 放生》
湖北	武昌	61 处	不详	不详	救火	救火会	参见《内政年鉴·警政编》（1935 年），《中国消防警察》，转引自孟正夫《中国消防简史》，群众出版社，1984，第 241 页
	汉口	甚多	1878 年	商帮	救火	水龙局	《篷厂失火》，《申报》1878 年 4 月 6 日，第 2 页
	保靖县	2	1924 年	商会	救火	水龙	傅建：《迁陵镇大火与联甲街大火》，《保靖文史资料》第 4 辑，1990，第 178 页
	巴陵县	1	1885 年之前	不详	救火	水龙局	（光绪）《巴陵县志》卷 9，《建置志二 公所》
	宜昌	1	1901 年	绅董	救火	水龙局	《彝陵近事》，《申报》1901 年 11 月 26 日，第 2 页
	沙市	多个	1890 年	商绅	救火	救火会	《救火酿祸》，《申报》1895 年 10 月 8 日，第 2 页

续表

省份	市县	数量	创办时间	创办者	功能	名称	备注
湖北	大冶县	1	1884 年前	不详	救火	水龙局	（光绪）《大冶县志续编》卷 4，《建制与善堂》
	宜都市	1	1882 年	商铺绅士	救火	水龙	林朝新：《陆城使用水龙始末》，《枝城市文史资料》第 3 辑，1988，第87页
浙江	宁波	18 个，设立救火联合会	1874 年	各行号	救火	水龙局救火会	《甯郡杂述》，《申报》1874 年 7 月 17 日，第 3 页；《宁波市政月刊》第 2 卷第 5 号，1929 年，第 6~7 页
	鄞县	数个	1893 年之前			水龙会	《预防火患示》，《申报》1893 年 1 月 29 日，第 2 页
	温州	多处	同治年间	置于庙中	救火	水龙	《温郡筹防》，《申报》1884 年 8 月 13 日，第 2 页
	绍兴市	1	咸丰年间	商绅	救火团练	水龙会	陈锦：《蠡城被寇记》，南京大学历史系太平天国史研究室编《江浙豫皖太平天国史料选编》江苏人民出版社，1983，第 255 页
	海宁	不详	1925 年	不详	不详	水龙局	《台州》，《申报》1925 年 9 月 20 日，第 3 张 11 版
	嘉善县	1	1924 年之前	商店员工和居民	救火	救火会	《嘉善》，《申报》1924 年 7 月 24 日，第 3 张第 12 版

续表

省份	市县	数量	创办时间	创办者	功能	名称	备注
浙江	杭州	多处	康乾年间	地方士绅	救火	义集	（清）范祖述：《杭俗遗风》，"义民救灾"条
	萧山	随处皆有、不胜枚举	晚清	不详	不详	水龙局	南开大学地方文献研究室、杭州市萧山区人民政府地方志办公室整理《萧山县志稿》，南开大学出版社，2010，第290页
	金华	不详	1912 年前	不详	救火	水龙会	《县知事示：各会水龙救火要政》，《金华县公报》第7期，1912年，第6页
	湖州	遍布城镇	1915 年之前	不详	救火	救火会	《救火会开落成会纪事》，《申报》1915年11月17日，第2张第10版
	嘉兴		1754 年	各坊业主	救火	水龙	（清）杨谦纂、李富孙补辑、余楙续补《梅里志》卷7，《蠲恤一》
	镇海	57 会	1858 年		救火	水龙	（民国）《镇海县志》卷12，《善举》
江苏	扬州	40	1878 年	善堂	救火	水龙局	《失慎遗灾》，《申报》1878年3月25日，第3页
	如皋	12	同治年间	居民铺户捐备	救火	水龙局	（同治）《如皋县续志》卷1，《建置》
	芜湖	1	1896 年	街坊店董	救火	水龙局	《芜湖秋泛》，《申报》1896年8月30日，第2页

续表

省份	市县	数量	创办时间	创办者	功能	名称	备注
江苏	镇江	1	1908年	邑人	救火	水龙局	(民国)《丹徒县志》卷9,《摭余》
	南京	86处	乾隆年间	绅士	救火	水龙局	(同治)《续纂江宁府志》卷14之9,《人物三十》
	溧水	2	同治年间	不详	不详	水龙局	(同治)《续纂江宁府志》卷14之9,《人物》
	江浦	1	同治年间复设	民捐	救火	水龙局	(同治)《续纂江宁府志》卷14之9,《人物三十三》
	铜山县	1	1869年	官设	救火	水龙局	(同治)《徐州府志》卷16,《建制考》
	句容	2	1874年	士民捐办	救火	水龙局	(光绪)《续纂句容县志》卷4,《时政》
	江都	17	1886年	邑人本镇士商	救火	水会水龙局	(民国)《续修江都县志》卷2下,《建置志》
	阜宁县	13区均设	民国前	地方公私团体	救火	救火会水龙局	(民国)《阜宁县新志》卷4,《内政志二 卫生 自治》
	高邮	城内9座,城外5座	1809年	监生	救火	水龙局	(道光)《续增高邮州志》第6册,《善举》
	海门县	十余所	1875年	不详	救火	水龙局消防所救火会	(民国)《海门县图志》卷5,《政治志下》
	海陵	3所	1838年	各铺户捐置	救火	水龙局	(咸丰)《古海陵县志》卷1,《官署》

续表

省份	市县	数量	创办时间	创办者	功能	名称	备注
江苏	宝应县	十余架	1812 年	钱庄	救火	水龙局	（民国）《宝应县志》卷 5，《善举》
	高淳	2	1870 年左右	知县倡，铺户同建	救火	水龙局	（民国）《高淳县志》卷 2，《建置·官守》
	盐城	32 处	1928 年	不详	救火	水龙局	（民国）《续修盐城县志稿》卷 10，《公益志》
	江都县	城内 35 分会，城外 15 分会	不详	不详	救火	水会救火会	（民国）《江都县新志》卷 2，《建设》
	泰州	19	1798 年	里人公置商民合力	救火	水仓水龙局救火会	（道光）《泰州志》卷 7，《公署，义局，附十四》
	武进	7	19 世纪 70 年代左右	不详	救火	水龙局	（光绪）《武进阳湖县志》卷 3，《营建，善堂》
	泰兴	14	1886 年之前	士绅	救火	水龙局救火会	（光绪）《泰兴县志》卷 8，《建置志三》
	六合县	2	不详	不详	救火	水龙局	（光绪）《六合县志》卷 3，《建置志》
	金坛县	1	1867 年	知县饬议，铺户捐置	救火	水龙会	（民国）《重修金坛县志》卷 4 之 2，《赋役志》
	吴江	1	1923 年	地方绅士	救火		《水龙办矣》，《吴江》第 65 期，1923 年，第 2 页
	苏州	50 余会	1881 年	商界人士	救火	水龙所龙社救火会	参见彭志军《官民之间：苏州民办消防事业研究（1914~1954 年）》，博士学位论文，上海师范大学，2012

省份	市县	数量	创办时间	创办者	功能	名称	备注
江苏	常熟	25	光绪年间		救火治安	水龙会	王介心：《常昭合志》卷17，《善举》
	昆山	11	1919年之前	商人居多	救火、治安	水龙社	《赛龙会之冲突》，《申报》1919年5月28日，第2张第8版
	宿迁	14所	约为晚清（待考）	文会"有人望人士"，武会为群众	救火	救火会	梓瑜：《宿城救火会》，《宿迁县文史资料》第4辑，1984，第32页
	无锡	数十家	1866年	商界人士	救火	水龙社救火会	《定期演龙》，《申报》1916年1月29日，第2张第7版。《无锡救火联合会来函》，《无锡旅刊》第118期，1926年，第4页
	宜兴	1	抗战前	商会	救火	救火会	郁一心、郁一鸣：《我的祖父郁驯鹿》，《宜兴文史资料》第34辑，2006，第119页
	丹阳	11	1917年后	各商铺从业人员	救火	救火会	仲伯：《县城救火会始末》，《丹阳文史资料》第12辑，1997，第89页。
	淮安	10处	1860年左右	地方绅士	救火、救灾	水龙局	（清）李元庚：《淮安河下志》卷16，《杂缀》
	常州	多个	1926年前	宗祠基金、商会	救火	救火会	《松江》，《申报》1926年10月5日，第2张第7版
	张家港	金王两姓	道光中				（清）金鹤翀：《金村小志》，《张家港旧志汇编》，凤凰出版社，2006，第267页

续表

省份	市县	数量	创办时间	创办者	功能	名称	备注
安徽	安庆	各段	1898 年	不详	救火	水龙局	《皖垣火警》，《申报》1898 年 1 月 5 日，第 2 页
	宿松	1	民国	商民集资	救火	水龙局	（民国）《宿松县志》卷 4，《民政志·地方自治》
	宁国	1	1891 年	附生	救火	水龙局	（民国）《宁国县志》卷 1，《舆地志中·局所》
	马鞍山	1	1948 年	矿山	救火	救火会	《马鞍山救火会简章》，《马鞍山市志》第 2 辑，黄山书社，1992，第 305 页
	舒城	3	1894 年	府宪拨款	救火	水龙局	（光绪）《续修舒城县志》卷 8，《舆地志公署》
	歙县	许多村庄均设有之	清末	与上海联系密切的徽商	不详	水龙局救火会	徽文：《徽州消防文化特色初识》，《黄山学院学报》2003 年第 1 期，第 21~25 页
	休宁	万安等富庶商镇	同治年间	各商号捐资，置办庙中	救火	水龙	李俊：《徽州消防文献发微》，《徽学》第 2 卷，安徽大学出版社，2002，第 402~420 页
	当涂	8	清季	商会、镇绅	救火	旧称救火会，又名水龙局	（民国）《当涂县志》，《民政志》
	太湖	2	1884 年	街绅	不详	水龙局	（民国）《太湖县志》卷 4，《舆地志四，公所》
	兴化	20 余处	1875 年	邑绅	救火	济急局、水龙局、救火会	（民国）《续修兴化县志》卷 1，《舆地志》

省份	市县	数量	创办时间	创办者	功能	名称	备注
安徽	怀宁县	6	同治间	民立	救火	水龙局	（民国）《怀宁县志》卷4,《公局》
	繁昌县	1	1867年	不详	救火	水龙局	《狄港镇水龙碑记》,郭珍仁:《狄港镇百年消防史》,《繁昌文史资料》第6辑,1989,第110页
	广德县	9	抗战前	民办、商办	救火	义勇消防队	郑书琴、金珍月:《水龙与水龙会》,《广德文史资料》第3辑,1990,第99页
	潞城	数个	1898年	不详	不详	水龙局	《潞水凉波》,《申报》1898年11月2日,第2页
	屯溪	6	1929年	商店、庄户	救火	救火会	戴笃行:《解放前屯溪救火会》,《屯溪文史》第2辑,1989,第155页
江西	景德镇	1	1830年左右	官倡	救火	水龙局	（光绪）《宁津县志》卷8,《人物志（上）仕绩》
	庐江	1	1868年	官倡	救火	水龙局	（光绪）《续修庐州府志》卷16,《食货志》
	吉安县	1	1938年前	不详	救火	救火会	《令吉安县县政府:令仰所属警局及救火会迅将消防队员即日编组妥订计划切实筹办整训由》,《政治旬刊》第67期,1938年,第18~19页

续表

省份	市县	数量	创办时间	创办者	功能	名称	备注
江西	玉山	1	1938 年	商会	救火	救火会	陈水忠口述《玉山商会救火会》,《玉山文史资料》第 2 辑,1986,第153 页
	赣州	1	1904 年	商会	救火	救火队	谢宇杨:《赣州府商事会的保安救火队》,《赣州文史资料选辑》第 2 辑,1986,第 67 页
	南昌	10	1912 年	商团	救火	救火会	《本市商团救火部之沿革》,《江西民报》第 7 卷,1934 年 5 月 4 日,第 8 版,转引自彭志军《民国南昌消防事业研究》,硕士学位论文,南昌大学,2007,第 18 页
陕西	甘泉县	1	1865 年之前	善堂	救火	水龙局	(民国)《甘泉县续志》卷 4 下,《民赋考下》
广西	贵县	1	1933 年	商会	救火	救火会	(民国)《贵县志》卷 2,《社会团体》
	梧州	1	1903 年	商民	救火	永清堂(水龙局)	梁福波:《梧州消防事业沿革》,《梧州文史资料选辑》第 13 辑,1988,第 54 页
	南宁	6	不详	不详	救火	义勇消防队	杨月凤:《民国期间南宁消防设施》,《南宁文史资料》第 12 辑,1990,第 140 页

省份	市县	数量	创办时间	创办者	功能	名称	备注
福建	建瓯	1	1950 年之前	泥匠公会担任，各界捐助	救火	永安社救火会	（民国）《建瓯县志》卷20，《惠政》
	南平	1	1932 年	商店捐款	救火	救火会	陈启华：《南平救火会概况》，《南平文史资料》第 3 辑，1998，第 62 页
	涵江	1	1932 年	士绅	救火	救火会	程德鲁：《涵江救火会与涵江义务消防队》，《涵江文史资料》第 1 辑，第 176 页
	长乐	数个	1923 年	商会	救火	救火会	实地调查
	宁化	1	1896 年	县令创办，醵资而成	救火	保安局	（民国）《宁化县志》卷 11，《惠政志》
	厦门	1	1920 年	商界	救火	益同人救火会	（民国）《厦门市志》卷 15，《其他各种团体》
	石狮（石码）	3	不详	商界	救火	救火会义务消防队	赖郑祥：《抗战期间的石码义务消防队》，《龙海文史资料》第 9 辑，1987，第 5 页
	龙溪	3	1938 年	商界	救火	救火会	福建省龙海县地方志编纂委员会编《龙海县志》卷 26，《公安司法》，东方出版社，1993，第 730 页
	顺昌	1	1917 年	福州会馆	救火	救火会	张镇整理《福州会馆与救火会》，《顺昌文史资料》第 7 辑，1989，第 58 页

续表

省份	市县	数量	创办时间	创办者	功能	名称	备注
福建	沙县	1	1893 年	不详	不详	救火会	《沙县救火会庆祝五十六周年纪念摄影》，摄于 1949 年 12 月 16 日
	永安	3	1938 年	内迁永安的福州官员	救火	救火会	魏启东：《永安救火会》，《永安文史资料》第 8 辑，1989，第 138 页
	福清	1	解放前	商人	救火	救火会	实地调查
	建阳	1	1935 年	有声望，热心公益	救火	救火会	张金盛：《解放前麻沙民众联防救火会》，《建阳文史资料》第 12 辑，1991，第 62 页
贵州	桐梓县	1	1874 年	官倡	救火	水龙局	（民国）《续遵义府志》卷 3,《公署》
	安顺县	1	1939 年	商会	救火	救火会	孙起延：《抗日战争时期安顺义勇消防队的成立和解放经过》，《安顺文史资料选辑》第 4 辑，第 62 页
	榕江县	1	光绪朝后期	商人	救火	消防会	周永和口述、李少文整理《回忆榕江城关民间的消防队》，《榕江文史资料》第 3 辑，第 125 页
云南	大理下关	2	1928 年	进步知识分子	救火		禾乃：《下关最早建立的消防队》，《大理市文史资料》第 2 辑，1985，第 87 页

省份	市县	数量	创办时间	创办者	功能	名称	备注
新疆	迪化	1	1911	商会（津帮商人）	救火	水会	韩毓麟：《火神庙与清平水会》，《乌鲁木齐文史资料》第 4 辑，1982，第 16 页
四川	温江	1	1937 年	本地长辈和士绅	救火	消防会	伍成德：《平安消防会的由来》，《温江文史资料选辑》第 2 辑，1989，第 62 页
重庆	巴县	多处	1883 年	绅商	救火	水会	（民国）《巴县志》卷 17，《自治·慈善》
河南	周口县	5	1876 年左右	士绅、商民	救火	太平会	周鸿魁、孙本书、李振铎：《周口太平会简介》，《周口文史资料》第 7 辑，1990，第 154 页

注：此表系根据各地方志、文史资料、报刊等相关资料制作而成，尚有缺漏，有待弥补，其中文史资料存在不足之处，或为当事人回忆，或记载当地碑刻，有一定参考价值，因此在无其他史料的情况下，则引用之。

致　谢

　　而立之年，能进复旦大学攻读博士学位，既是幸运，又是挑战。回溯一千多个日日夜夜，或忙碌于光华楼，或奔波于图书馆，尽可能汲取新知，弥补基础薄弱。查资料、写论文、听讲座成为校园生活的主旋律，虽然清苦单调，却充满快乐与希望。

　　感谢王振忠先生，使我获得珍贵的求学机会。先生坦荡的心胸、渊博的学识、严谨的学风，使我受益颇多。能得到良师的教导，我深感庆幸。感谢周振鹤、姚大力、吴松弟等复旦大学历史地理研究所的老师，他们授课风格各异，或洞幽烛微，或锋芒犀利，充满真知灼见，令我如醍醐灌顶，深受启发，学力得以精进。

　　感谢唐力行、徐茂明、李晓杰、朱荫贵、马学强等老师，他们在论文答辩过程中，给予宽容与勉励，提出宝贵的建议。感谢北京大学张帆教授、厦门大学王日根教授、中山大学朱健刚教授、福建师范大学杨齐福教授对本书写作的赐教与帮助。

　　感谢薛理禹、陈熙、黄忠鑫、魏毅、江伟涛等同学。求学期间，我们彼此共勉，分享快乐，为共同的目标而努力。2011 年 6 月，当得知我有儿子的消息后，各位同窗好友，前来庆祝的美好情景，成为毕生难以抹去的珍贵记忆。

　　在查找资料的过程中，我得到福建省档案馆、福建省图书馆特藏部、福州市档案馆、福州市博物馆等多位朋友的帮助，他们或牵线搭桥，或慷慨赠送资料。在进行田野调查的过程中，许多福州老依伯、老依姆热情回答我所提出的各种问题，介绍救火会当年的空间布局。在他们的支持下，我得以不囿于史料，从多角度展示救火会鲜活的特性，更深刻地体会到救火会与城市联系之紧密。在此，对诸位新老朋友谨表谢意。

感谢中共福建省委党校刘大可教授、曹敏华教授、郭若平教授对我的关爱与支持。感谢家乡乡贤无私相助，恩情难忘，铭刻在心。

最后，要感谢我的家人。求学期间，我忙于学业，在家时间不足百天。妻子不仅要忙于工作，更要料理家事，却始终鼓励我写好论文，并时常交流学习心得。史地结缘，或许是冥冥之中的安排。求学期间，爸妈和岳母代我承担起了家庭责任，悉心照顾宝宝，为我免除后顾之忧。没有家人的全力支持，学业难以维系。

徐文彬
2018 年元旦于榕城

图书在版编目（CIP）数据

　　近代民间组织与灾害的应对：以福州救火会为论述
中心 / 徐文彬著. -- 北京：社会科学文献出版社，
2018.3
　　（海西求是文库）
　　ISBN 978-7-5201-2096-8

　　Ⅰ.①近…　Ⅱ.①徐…　Ⅲ.①社会团体 - 救灾 - 研究
- 福州　Ⅳ.①D632.5

　　中国版本图书馆 CIP 数据核字（2017）第 327546 号

· 海西求是文库 ·

近代民间组织与灾害的应对
—— 以福州救火会为论述中心

著　　者 / 徐文彬

出 版 人 / 谢寿光
项目统筹 / 王　绯
责任编辑 / 孙燕生

出　　版 / 社会科学文献出版社 · 社会政法分社 （010）59367156
　　　　　　地址：北京市北三环中路甲 29 号院华龙大厦　邮编：100029
　　　　　　网址：www.ssap.com.cn
发　　行 / 市场营销中心 （010）59367081　59367018
印　　装 / 北京季蜂印刷有限公司

规　　格 / 开本：787mm×1092mm　1/16
　　　　　　印张：18.5　字数：301 千字
版　　次 / 2018 年 3 月第 1 版　2018 年 3 月第 1 次印刷
书　　号 / ISBN 978-7-5201-2096-8
定　　价 / 79.00 元